云南师范大学学术精品文库

欧佩克市场行为
与中国石油产业安全

OPEC'S MARKET BEHAVIOR
AND CHINA'S OIL INDUSTRY SECURITY

姜艳庆 著

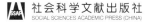

社会科学文献出版社
SOCIAL SCIENCES ACADEMIC PRESS (CHINA)

序

　　石油输出国组织（简称"欧佩克"）成立于1960年，是一个由中东、非洲和拉丁美洲主要产油国联合组建的，旨在协调和统一成员国相互之间石油政策，并确定最适宜的手段来维护它们各自和共同利益的国际石油经济贸易组织。欧佩克成立的初衷是打破美国、英国等西方发达国家石油资本的垄断，稳定国际石油价格、维护产油国基本的石油权益、保障产油国能够获得稳定的石油收入。在20世纪60年代的初创期，欧佩克成功抑制了国际石油标价的下滑趋势，从西方垄断石油资本手中夺回部分石油权益，引起世界各国的广泛关注。20世纪70年代，两次石油危机的爆发改变了国际石油市场的竞争格局，欧佩克作为一个发展中产油国的石油卡特尔，通过自身石油战略的实施，彻底摧毁西方发达国家垄断资本掠夺性的石油租让制，使组织成员国基本收回了石油资源主权和定价权，其战略目标也从稳定油价变为不断提高油价。然而，由于石油资源的重要性、不可替代性和稀缺性，石油市场一直以来都是大国之间进行政治权力博弈的主战场。在国际石油市场的风云变幻中，欧佩克的市场地位几经沉浮。经历了20世纪80~90年代联合防御的困难时期，以及21世纪以来的震荡调整时期。与70年代的黄金时期相比，欧佩克在国际石油市场上的地位略有下降。然而，历经60余年的发展，目前，作为国际上运行最成功的卡特尔组织，欧佩克在国际石油市场中仍占据举足轻重的地位。

中国的石油产业是在极其落后和十分薄弱的基础上发展起来的，新中国成立以来，经过70余年艰苦卓绝的发展，中国石油产业取得举世瞩目的成就，为中国经济和社会发展做出了重要贡献。然而，伴随中国经济的持续快速增长，国内石油供需矛盾日益凸显，中国石油产业对外依赖程度持续提升。目前，中国作为世界上第二大石油消费国和第一大石油进口国，2020年中国进口石油5.42亿吨，其中来自欧佩克国家的有2.74亿吨，占中国石油进口总量的一半以上。作为国际石油市场中最重要的石油供给方和中国最重要的石油进口来源，欧佩克的市场行为如何影响中国石油产业？影响程度如何？

自欧佩克成立以来，学界关于欧佩克的研究成果颇丰，石油产业安全也是社会各界专家、学者们关注的领域。然而，系统分析欧佩克市场行为与中国石油产业之间关系的研究非常少。姜艳庆博士的专著《欧佩克市场行为与中国石油产业安全》在充分吸收前人研究成果的基础上，从理论基础到发展现实，从内部运行机制到外部影响因素，对欧佩克的市场行为进行明确界定和系统性分析。作者将欧佩克市场行为界定为价格行为和产量行为两个方面，分阶段系统梳理欧佩克发展历程，并对欧佩克石油价格体系和产量配额制度的演变、发展和实施状况进行深入分析，涉及欧佩克组织机构职能的发挥、欧佩克内部制度和石油政策，以及各成员国政治、经济发展状况与相互之间的关系。同时，欧佩克市场行为受非欧佩克产油国、石油需求国市场行为、世界经济形势等外部因素影响。基于对欧佩克市场行为的系统性分析，作者从价格机制和数量机制两个方面分析欧佩克市场行为对中国石油产业的影响，并针对中国石油产业存在的风险，提出保障中国石油产业安全的对策。

从产业经济分析的视角，无论是从在现代经济社会中的地位，还是对中国经济的重要性来看，石油业都需要给予足够的可持续的关注。可以说，姜艳庆博士的这部专著开了一个好头。

姜艳庆于 2010 年进入中国人民大学经济学院攻读经济学博士学位，本书系其在博士论文的基础上，经过多年潜心研究和持续不断的修改成稿。在这项研究成果即将付梓之际，我作为作者的博士研究生导师，颇感欣慰，相信这项研究成果的出版，能够为能源经济、产业组织、石油安全等相关领域人员的研究提供有价值的参考。

是为序。

吴汉洪

2021 年 10 月 10 日

摘　要

　　石油被誉为"工业的血液""黑色的金子"，是支撑一国国民经济持续稳定发展的战略性资源。中国自 1993 年开始成为石油净进口国以来，石油进口依存度持续攀升，中国石油产业的国际石油市场参与度也逐步提升，同时越来越多地受国际石油市场发展趋势的影响。欧佩克作为国际石油市场中最重要的石油供给方和中国最重要的石油贸易合作对象，其市场行为必定会对中国石油产业产生较大影响。

　　本书以国际石油卡特尔欧佩克为主要研究对象，通过对欧佩克内部运行机制及外部影响因素的分析，进一步分析欧佩克市场行为对中国石油产业安全的影响。本书首先从资源经济理论、产业组织理论和石油安全理论三个角度为本研究搭建好理论框架，为欧佩克市场行为及其影响机制的分析奠定坚实的理论基础。

　　欧佩克是由中东、非洲和拉美主要产油国发起成立的一个旨在协调和统一相互间石油政策，并确定最适宜的手段来维护它们各自和共同利益的国际石油经济贸易组织。自 1960 年成立至今，历经 60 余年的发展，目前欧佩克共有包括阿尔及利亚、安哥拉、刚果（布）、赤道几内亚、加蓬、伊朗、伊拉克、科威特、利比亚、尼日利亚、沙特阿拉伯、阿联酋和委内瑞拉在内的 13 个成员国，控制着全世界 79%的石油储量、39% 的石油产量，以及 50% 的石油出口量，在国际石油市场中占有举足轻重的地位。作为一个成功运行 60 余年的卡特尔，欧佩克主要通过石油价格体系和产量配额制度来实现其卡特尔目标。目前，欧佩克以 13 个成员国的 13 种石油价格加权平均计算得出的欧佩克一篮子参考价格作为测定目标价格的工具。产量配额制度是指欧佩克为保护本组织的石油收益，对石油资源进行管理、分配和控制的制度。在欧佩克发展过程中，石油价格体系和产量配额制度之间相辅相成，紧密联系。欧佩克可通过调整石油产量以实现特定的目标价格，亦可基于不同的价格水平确定不同的石油产量以谋求石油收益最大化。

欧佩克的市场行为受内部和外部多重因素影响而具有不确定性。本书构建多组博弈模型，系统分析了欧佩克成员国之间，以及欧佩克与非欧佩克产油国、石油需求国之间相互影响和制衡的关系，并得出有效结论。在内部，欧佩克市场行为受成员国竞争地位失衡、成员国间存在分歧，以及组织内部缺乏有效监管机制等因素约束；就外部而言，欧佩克市场行为受非欧佩克产油国竞争能力提升、石油需求大国间合作加强，以及国际石油需求不确定等因素制约。

中国的石油产业是在极其落后和十分薄弱的基础上发展起来的。新中国成立以来，历经 70 余年的艰难发展，中国石油产业取得举世瞩目的成就，成为支撑国民经济发展和推动工业化进程的战略性基础产业。然而，一方面，中国经济持续快速增长导致国内石油供需不平衡，而中国石油市场现存的结构性缺陷制约了石油产业组织效率的提高，石油产业对外依存度过高；另一方面，由于石油价格机制存在缺陷，虽然中国是世界第五大石油生产国、第二大石油消费国和第一大石油进口国，但中国在国际石油定价上的权重很低，中国石油价格与国际石油价格被动接轨，并未反映国内市场的实际供求关系。

在系统分析欧佩克市场行为及其影响因素之后，本书结合中国石油产业发展实际，深刻剖析欧佩克市场行为影响中国石油产业的传导机制。欧佩克通过价格机制和数量机制影响中国石油产业。一方面，由于中国石油价格与国际石油价格接轨，欧佩克市场行为的变化通过价格机制传导至国际石油市场引起国际油价波动，进而引起中国石油价格的波动。本书构建了一个 VAR 模型，引入欧佩克石油价格和中国石油价格两组月度时间序列数据，对这一传导机制进行实证检验。实证结果与理论分析结论一致。另一方面，欧佩克多年来与中国保持良好的石油合作关系，是中国最重要的石油进口来源，欧佩克国家的产量行为会直接影响中国石油进口数量及中国石油企业对外战略的实施，最终影响中国国内石油供应。本书以居中国石油进口来源前五位的欧佩克国家——沙特阿拉伯、伊拉克、安哥拉、阿联酋和科威特为例，分析欧佩克与中国的石油贸易与合作。

由于欧佩克市场行为的诸多不确定性以及中国石油产业自身发展存在的不足，欧佩克市场行为对中国石油产业的影响使中国石油产业面临三方面的风险：欧佩克石油价格波动带来的价格风险；欧佩克石油产量变化造成的进口风险，以及中国石油战略储备不足导致的储备风险。针对中国石油产业面临的风险，首先，中国应通过优化石油定价机制和发展中国石油期货市场等方式争取国际石油定价权，规避石油价格波动风险；其次，中国应深化与中亚里海地区的哈萨克斯坦、阿塞拜疆、土库曼斯坦，非洲的苏丹、埃及，以及拉丁美洲的墨西哥和阿根廷等国家的石油贸易与能源合作，拓展石油进口来源，分散石油进口风险；最后，中国应加快推进石油储备体系建设，保障国内石油供应。

关键词：欧佩克　卡特尔　价格机制　石油安全　博弈论

目　录

图目录

表目录

第 1 章　导论

　　石油①是一种非常重要的战略性资源，重要性体现在它是支撑经济发展的基本能源，在当今世界的能源格局中占主导地位。石油输出国组织（Organization of the Petroleum Exporting Countries，OPEC），简称"欧佩克"，是由中东、非洲和拉丁美洲主要产油国组成的一个旨在协调和统一相互间石油政策，并确定最适宜的手段来维护它们各自和共同利益的国际石油经济贸易组织，是国际石油市场中最重要的石油供应主体。而中国目前是世界第二大石油消费国和第一大石油进口国。作为中国最重要的石油进口来源，欧佩克是如何运作的？其石油政策的制定与实施受哪些因素影响？欧佩克市场行为如何影响中国石油产业？影响程度如何？本书将对欧佩克市场行为及其对中国石油产业安全的影响展开系统深入的研究。

---

① 石油又称原油，是一种黏稠的、深褐色液体，主要成分是各种烷烃、环烷烃、芳香烃的混合物。石油经过加工提炼，可得到石油燃料、润滑剂和润滑脂、沥青和石油焦、石油溶剂与化工原料等石油产品，称为成品油。国内有的文献中将原油以及由原油炼制的汽油、柴油、航空煤油和航空汽油等成品油统称为"石油"。为避免概念上的混淆，本书所提及的"石油"专指"原油"。

1.1 研究背景及意义

本书基于欧佩克在世界石油供应格局中占主导地位，而中国石油产业对外依存度较高，中国石油产业受世界石油市场影响程度较高的现实背景，分析欧佩克市场行为及其对中国石油产业安全的影响。本研究具有一定的理论价值和现实意义。

1.1.1 研究背景

石油在国民经济中占据比较重要的战略地位，是现代工业生产中不可或缺的一种重要能源和化工原料，被誉为"工业的血液"。石油在经济发展中的突出作用主要体现在两方面：一方面，石油作为一种重要的经济元素，在国民经济构成中占有较大的比重，社会生产、流通、分配和消费的许多产业部门均与石油产业及其相关联的上下游产业密切相关，各行业经济利润在各个国家、各个产业之间的转移都会不同程度地受石油价格波动的影响；另一方面，石油作为一种基础性能源，在全球能源消费格局中所占比重接近50%，如果一个国家内部发生石油供应短缺，那么，与石油消费相关的各种政治、经济、社会活动会受到较大影响，甚至有可能发生军事冲突和社会动荡。由于石油资源的不可再生性和在未来很长一段时间内的不可替代性，伴随世界经济增长，石油在世界能源格局中的地位举足轻重。与其他商品一样，石油价格是由石油的供求关系决定的。但由于石油作为基础能源的特殊性，石油供给影响价格的程度远远高于石油需求影响价格的程度。在国际石油市场中，欧佩克是最重要的石油供给方，它在国际石油市场中的地位不容忽视。

从国际石油市场上的供给方来看，欧佩克是最重要的石油供给主体，欧佩克的市场地位及其组织特性，决定了其对国际石油市场的影响力。首先，从欧佩克的石油生产能力来看，OPEC Annual Statistical Bulletin 2020 显示：2019 年，欧佩克已探明石油储量为 12265.43 亿桶，约占世界已探明石油储量的 79%；欧佩克石油产量为 2937.53 万桶／日，约占世界平均日产量的 39%，凭借强大的储量、产量以及低成本，欧佩克的市场行为对国际石油市场具有较强的影响力。其次，从欧佩克性质来看，欧佩克是产油国政府间联盟，欧佩克干预市场的能力远远强于企业间联盟组建而成的卡特尔。最后，欧佩克致力于加强自身组织能力建设，积极主动与非欧佩克产油国、石油需求国加强联系，共同合作。因此，欧佩克在国际石油市场上的影响力是公认的。

从国际石油市场上的需求方来看，中国是世界第二大石油需求国和第一大石油进口国。自 1993 年成为石油净进口国以来，中国石油进口量持续上升，石油产业对外依赖程度持续提高，中国石油产业参与国际石油市场的程度也逐步加深，同时也越来越多地受国际石油市场发展趋势的影响。2020 年，中国进口石油 5.42 亿吨，石油进口依存度高达 83.25%。其中从欧佩克国家进口石油 2.74 亿吨，占进口石油总量的 50.49%[①]。

在此背景下，本书将对欧佩克市场行为及其对中国石油产业安全的影响展开深入研究。

1.1.2 研究意义

基于欧佩克在国际石油市场上的地位，并结合中国石油产业发展实际，研究欧佩克市场行为及其对中国石油产业的影响具有重要的理

---

① 数据来源于中国海关总署数据库。其中，中国石油进口依存度、中国从欧佩克国家进口石油数量和占比系笔者根据海关总署相关数据计算所得。

论价值和现实意义。

就理论价值而言，从现有的国内外相关文献来看，目前尚未有文献就欧佩克市场行为与中国石油产业之间的关系进行系统研究。本书试图构建一个石油输出国组织（欧佩克）的市场行为影响石油输入国（中国）石油产业的传导机制，并从理论上系统梳理支撑这种影响机制的理论基础，这对于丰富相关领域的研究，具有一定的理论价值。

就现实意义而言，石油产业的安全与稳定是一国经济持续稳定发展的重要保障，在中国石油产业对外依赖程度持续提高、受国际市场影响程度日益加深的情况下，研究影响中国石油产业的重要外部影响因素，明确中国石油产业目前存在的问题和风险，并提出有效的政策建议，对于保障中国石油产业安全具有一定的现实意义。

1.2 文献综述

20 世纪 70 年代以前属于廉价石油时代，石油价格长期稳定在较低水平，人们对石油价格的波动和石油市场的运行关注较少。20 世纪 70 年代的石油危机导致石油市场的波动和石油价格的快速上涨，引起经济学家对石油价格波动和石油市场运行的广泛关注，并产生诸多研究成果。

1.2.1 欧佩克市场行为研究综述

20 世纪 60 年代以前，国际石油市场主要由西方石油寡头控制，1960 年欧佩克成立之后，各成员国联合起来为争取共同的石油权利而斗争。20 世纪 70 年代的两次石油危机，使欧佩克成为控制国际石油市场的重要力量，在此后的 40 余年中，欧佩克在国际石油市场上始终发挥着重要作用，引起众多学者的关注。

1.2.1.1　关于欧佩克内部运行机制的研究

欧佩克是一个由中东、非洲和拉丁美洲主要产油国联合组建的国际石油经济贸易组织，成员国以"维护世界石油市场稳定运行、维持合理的石油价格、振兴民族经济以及争取国际经济新秩序"为共同目标，然而欧佩克本质上是一个由主权国家组成的国际集团（余建华，2006），尽管各成员国具有依赖石油收入、倾向于扩大市场份额等共同特点，鉴于地域分布广泛、政治制度各异、资源禀赋、依赖石油程度、与美国关系亲疏等不同，欧佩克内部的异质性特点十分突出（Adelman，1993），这一切决定了欧佩克协调各成员国立场的难度很大，特别是推动减产和持续履约的难度巨大，欧佩克组织内部的凝聚力堪忧（单卫国，2019）。欧佩克成员国之间关系的平衡是维持欧佩克稳定运行的重要因素。

一直以来，欧佩克对其成员国执行生产配额缺乏有效监督检查机制和相应的处罚机制，成员国对配额存在部分履行、完全履行和歧视性履行等多种情况，超配额生产情况时有发生（刘朝全等，2020）。Sel Dibooglu 和 Salim N. AlGudhea（2007）运用阈值协整方法，检验每一个欧佩克成员在实际油价上涨和下跌期间的欺骗行为。大多数欧佩克成员国会采取不同的行动以应对油价的上涨，它们应对油价上涨的行为要比应对油价下跌的行为积极得多。对于典型的周期性冲击，大多数成员无视中长期的实际油价导向进行超额生产。然而，在应对真正大的石油价格冲击时，大部分成员都能够达成一个所谓的"公共财政论证"（public finance argument），据此，它们缩减产量以应对实际石油价格的下跌，或者增加产量以应对实际石油价格的上涨。在一个沙特阿拉伯和其他欧佩克成员国有欺骗行为的扩展模型中，Salman（2009）等学者发现沙特阿拉伯的欺骗行为和其他成员国的欺骗行为之间的关系并不显著，脉冲响应函数显示，对于典型的周期性冲击，沙特阿拉伯和其他的欧佩克成员国都不会对他国的欺骗行为有所响应。然而，当某些欧佩克成员国的欺骗行为造成较大的影响时，沙特阿拉伯会采取针锋相对的策略对过分的欺骗行为进行强有力的反击。

欧佩克内部制度中，最重要的制度是产量配额制度，该制度是形成卡特尔的关键，欧佩克制度的建立关系到卡特尔内部各个成员的基本利益。欧佩克产量配额制度于1982年3月正式制定并实施，但一直以来欧佩克从未公开明确其产量配额的分配公式，20世纪80年代末，欧佩克试图就石油产量配额的分配形成一个统一精确的公式，但还是失败了。石油产业的研究者们从欧佩克产量配额制度实施开始，便试图通过各种方式说明配额的分配过程。尽管很多学者认为欧佩克的产量限制通常对石油价格的影响较小，且欧佩克成员国的超额生产现象也较为严重，但理解配额的分配过程始终是很必要的。John Gault（1999）等学者认为，第一，现实中欧佩克产量配额的削减缺乏依据，比如1998年初开始，欧佩克以1998年2月的产量为基准线实施了一系列产量配额的削减，但并没有对划定基准线的理由进行说明。第二，欧佩克成员常常不遵守配额制度，很大一部分原因可能是它们认为配额的分配并不公平（Salman，2009）。第三，如果欧佩克采用一个明确的公式来分配配额，这将使各成员相信配额分配的公平性而加以执行。Salman（2009）也认为当欧佩克总产量配额相对接近于欧佩克总生产能力的时候，如果欧佩克转而采用一个基于成员生产能力的公式，则这种转变更容易一次实现。Gault（1999）等学者发现欧佩克配额的分配看似基于特定的准则，通过加总可以很明显地看到，配额的分配呈现显著的一致性。他们受协议理论和心理测量建模的启发，建立了4个包含不同参数的模型，试图模拟欧佩克各成员国石油产量配额分配的过程，4 个模型都为结果所支持，但他们更倾向于最简单的分配公式，因为这样可以免除讨价还价的问题。

在欧佩克产量配额制度的实施效果方面，总体而言，欧佩克违反配额生产的情况较为普遍，但欧佩克总产量及各成员国石油产量超出或不足配额生产的状况均表现出一些特点和规律，有很多学者专注于这方面问题的研究。Kyle Hyndman（2008）对欧佩克成员国实施配额制度的情况进行实证分析，结果表明欧佩克成员国维持配额协议能力的非对称性——在经济形势较好的时期，倾向于增加总配额，但在经济形势不好的时期，未必会减少总配额。他在研究欧佩克会议关于应对石油剩余需求变化的决议和存货变化的决议之间关系时，进一步验证了这一结论。另外，研究还表明，无论是积极的还是消极的冲击，欧佩克更倾向于对更高的配额达成协议。Hamed Ghoddusi、Masoud Nili 和 Mahdi Rastad（2017）认为在过去的几十年里，违反配额已成为欧佩克国家的常态。因此他们提出一个带有经验证据的理论模型来解释欧佩克成员国遵守或违反配额的动机。他们构建了一个具有配额分配规则和内生产能选择的卡特尔模型，并利用 1995～2007年的季度数据对理论模型进行实证检验，其经验证据与理论框架一致。该理论框架认为，在经济形势好的时候，产能限制作为一种强制机制起作用，而在经济形势不好的时候，欧佩克的配额制度也会对其成员产生一定的约束作用。

关于产量配额制度的实施是否使欧佩克成员国从中获益，Pindyck（1978）认为，欧佩克通过产量控制增加的利润在 50%～100%，而 Griffin 在其 1992 年发表的论文中指出，欧佩克的卡特尔收益只有 25% 左右。Berg 等（1997）则认为各成员国组建欧佩克，实施卡特尔协议之后的利润总和与组建前相比，最多只增加了约 18%。

Jose Noguera 和 Rowena A. Pecchecnino（2007）指出，欧佩克卡特尔的形成是为了促进两个经济目标的实现：一个是微观经济目标——降低石油市场的波动性；另一个是宏观经济目标——促进成员国经济的发展。自从这个卡特尔把产量配额作为唯一的工具以后，两个目标之间的冲突与矛盾日益凸显，即如果一个石油生产国既关心石油产业利润，又关心宏观经济稳定，产出稳定的目标可能与欧佩克成员国的目标相矛盾。目前，由于欧佩克对即期利润的过度追逐，以及企图用一个工具来实现两个完全不同的目标，欧佩克成员国的非石油部门发展受到阻碍。对这些国家而言，当前的最优产出将会导致未来的经济衰退。

1.2.1.2 关于欧佩克市场行为外部影响因素的研究

欧佩克是国际石油市场上最重要的石油供应者，石油市场上还同时存在同样作为石油供应方的非欧佩克产油国和作为石油需求方的石油消费国。在大部分文献中，通常以古诺模型和斯塔克尔伯格模型为基础，分析欧佩克与非欧佩克产油国之间的博弈。如 Salant（1976）就引入纳什—古诺模型，即假设欧佩克和非欧佩克产油国为国际石油市场上的两个寡头，二者均已知并接受市场剩余产量，进而确定自己的石油产量，基于该假设，Salant 构建欧佩克和非欧佩克产油国以及各石油需求国之间的动态博弈结构，分析国际石油市场价格的大致走向。而 Pindyck（1978）和 Jostein Tvedt（2002）则引入斯塔克尔伯格模型，Pindyck（1978）假设欧佩克考虑其余石油生产者对自己销售策略的反应；Jostein Tvedt（2008）则将欧佩克假设为国际石油市场上的低成本领导者，非欧佩克产油国是跟随者，非欧佩克产油国的成本由过去和现在的生产投资决定。由于卡特尔成员了解自身石油产量影响国际石油价格的能力，因而，卡特尔在高油价与引致非欧佩克加大投资的风险间做出选择，以此决定自己的产量策略。关于产油国的石油产量策略，Stephane Dees（2010）等认为欧佩克采取的是一种弹性产量供给策略，即平衡石油供给与需求的合作性供给和满足成员国基本石油收益的竞争性供给，而非欧佩克国家由于彼此之间没有结盟，采取的是竞争性供给策略。

Ratti 和 Vespignani（2015）扩展了 Kilian（2009）的结构 VAR 模型，以研究石油价格、全球总需求以及欧佩克和非欧佩克产量之间的关系和反馈效应。他们的研究结果表明，欧佩克的行为发生了转变，从 1974～1996 年对非欧佩克生产行为的反应转变为 1997～2012 年对油价上涨的反应。Noha H. A. Razeka 和 Nyakundi M. Michieka（2019）根据全球石油市场的变化对欧佩克的作用进行实证检验，并考虑到非欧佩克产油国的重要性日益增加，以及中国作为影响石油价格的重要出口市场的作用。实证结果表明，欧佩克仍然是石油市场的重要参与者，但石油价格受到全球石油需求特别是中国石油需求、非欧佩克产油国行为以及石油金融化的影响。Luis A. Gil-Alana、Yadollah Dadgar 和 Rouhollah Nazari（2020）运用部分整合的方法来分析欧佩克和非欧佩克在世界石油市场中的地位。他们通过测试分数积分序列的持续程度来分析 1973 年 1 月至 2018 年 4 月世界、欧佩克和非欧佩克石油产量的时间序列。结果表明，均值回归发生在世界和欧佩克产量的情况下，但不发生在非欧佩克产量的情况下。因此，如果外部冲击对石油生产产生负面影响，非欧佩克国家必须采取更强有力的措施。由此他们认为，21 世纪，尤其是 2020～2030 年，国际石油市场的稳定和可持续发展迫切需要欧佩克和非欧佩克之间的合作。

张照志、王安建（2010）认为欧佩克与非欧佩克间石油供需不平衡的矛盾已十分突出，并且将长期存在。伴随欧佩克组织能力的不断强化，欧佩克将继续依靠其在石油资源禀赋和剩余产能等方面的优势，在与非欧佩克国家竞争与合作的博弈过程中，强化产量控制行为的实施，通过产量控制影响石油价格，从而最大限度地保障自己的经济利益和维持自己在国际政治经济格局中的地位。王震、许娟和王鸿雁（2006）等基于 Chatterjee 和 Samuelson 建立的简单的双方叫价拍卖模型来解释欧佩克与石油进口国之间的价格博弈，并基于米尔格罗姆—罗伯茨（Milgrom-Roberts）垄断限价模型来分析欧佩克与非欧佩克产油国之间的博弈过程。"页岩革命"使美国迅速超过沙特阿拉伯和俄罗斯成为世界第一大产油国，全球石油市场形成欧佩克、非欧佩克产油国和美国三足鼎立的格局（富景筠，2020）。石油输出国组织从欧佩克扩展到"欧佩克+"，甚至进一步扩展至"泛欧佩克+"（何鸿，2020）。新冠肺炎疫情冲击与石油市场供给层面不稳定三角关系的共同作用，导致油价进入动荡期，欧佩克和非欧佩克产油国竞相提升产量、争夺市场份额（富景筠，2020）。

1.2.1.3 关于欧佩克影响国际石油市场的研究

关于欧佩克对国际石油市场的影响，学界始终存在两种观点。大部分学者认为，欧佩克市场行为对国际石油市场的波动始终起着非常重要作用；也有小部分学者认为，伴随非欧佩克产油国的发展、国际能源格局发生变化，欧佩克在国际市场上的地位有所下降，其作用也正在弱化。1986 年的油价冲击使学者们开始质疑欧佩克对国际石油市场和石油价格的影响（Dées et al.，2007；Kaufmann et al.，2004）。2014 年石油价格的下跌再次引发这一争论。一种观点认为，欧佩克从市场份额战略向合作战略的转变影响了国际石油市场形势和石油价格。另一种观点则认为，虽然欧佩克市场行为与国际石油市场和石油价格仍然具有相关性，但欧佩克不再被视为能够主导石油市场的卡特尔。

Griffin（1985）、Wirl（2004）、Jones（1990）等学者，基于霍特林的可耗竭资源模型，对欧佩克的石油供给行为进行研究，研究表明1973 年发生的石油价格冲击，以及进而造成的石油危机并不是由矿物资源稀缺性加剧所致，而是作为石油供给方卡特尔的欧佩克采取行动控制石油供给，蓄意操控石油市场的结果。Robert K. Kaufmann（2005）引入 1986~2000 年的数据建立国际石油价格与欧佩克石油产量配额、欧佩克石油产量、经济合作与发展组织国家石油储备规模的协整模型，研究结果表明欧佩克石油产量与国际石油价格之间存在长期协整关系，并且欧佩克石油产量变化是国际石油价格波动的格兰杰因，但反之结论不成立。Stephane Dees、Pavols Karadeloglou、Robert K. Kaufmann 和 Marcelo Sanchez（2007）等学者构建了国际石油市场模型，分析国际石油市场上石油供给、需求对国际石油价格的影响。模型结论表明，欧佩克配额及产量变化能够迅速对国际石油价格产生重大影响，而非欧佩克国家的石油供给和石油需求的变化对国际石油价格产生的影响甚微。Frondel 和 Horvath（2018）在 Kaufmann（2004）等学者的模型基础上建立了模型，他们发现，美国石油产量和国际石油价格之间存在着重要的长期关系，并得出结论认为欧佩克市场行为与国际石油价格之间仍然是相关的。在分析欧佩克与世界石油安全之间的关系过程中，Stephen P. A. Brown、Hillard G. Huntington（2017）认为，欧佩克的成本结构和市场行为使其成为"边际石油产量"的主要生产方，这意味着欧佩克在为应对世界石油需求变化而进行的生产调整中占据重要份额，未来石油需求的增长将严重依赖欧佩克的石油生产。

Kyle Hyndman（2008）运用事件分析方法分析欧佩克行为及其对石油价格和石油业股票收益的影响，并得出清晰的结论。当欧佩克减少总配额，石油价格将会上涨，并且可能对三个次级市场的异常收益产生积极影响。当总配额上升，将不会有明显的异常收益产生。只要欧佩克不实施消极行为，所有部门都能够获得显著的异常收益。也有一些研究关注的是欧佩克生产决策方面的新闻在国际石油市场波动方面的作用（Schmidbauer and Rösch，2012；Mensi et al.，2014；Ji and Guo，2015；Loutia et al.，2016；Gupta and Yoon，2018；Gupta and Lau，2019；Derbali et al.，2020 等）。Konstantinos Gkillas、Rangan Gupta 等学者（2021）运用非参数分位数因果检验，分析欧佩克会议日期和产量公告在预测国际石油市场价格波动方面的作用。实证结果表明，欧佩克发布的关于生产决策方面的新闻确实会引起国际石油市场的波动。

国内大多数学者支持欧佩克市场行为对国际石油市场和石油价格波动影响程度最大的观点。余建华（2006）指出，欧佩克成员国凭借其得天独厚的石油资源禀赋和在国际石油能源格局中的重要地位，在协调成员国之间的石油政策、捍卫石油资源国的共同利益、抗衡西方发达国家的剥削与掠夺、维护国际石油市场相对稳定方面起着非常重要的作用。由于欧佩克在国际石油市场上所起的关键作用，欧佩克市场行为肯定会影响石油价格的变化趋势，这是毋庸置疑的（魏宁，2007）。梁琳琳（2009）在详细分析国际石油价格波动特征的基础上，构建 GARCH 族模型，引入欧佩克石油产量和产量事件发布两个变量，分析了欧佩克产量行为影响国际石油价格波动的传导途径和影响力度。研究结论表明，由于影响的传导机制存在时滞，滞后 2 期的石油产量和产量事件发布是影响国际油价波动的主要因素，而欧佩克当期产量影响国际油价波动的程度较小。王震、许娟和王鸿雁（2006）构建博弈模型分析欧佩克对国际石油价格的影响力，认为虽然欧佩克对国际石油市场拥有强大的控制力，但是非欧佩克的生产能力的提升、技术进步、能源节约、能源替代等因素都对其构成直接的威胁。因此，欧佩克并不能够随心所欲地制定高价。只要博弈的时间足够长，欧佩克自身就有将其价格限定在某一稳定范围内的动机，而欧佩克的动机本身来源于其对未来的预期和对长期利益的偏好，因此，欧佩克将继续在世界石油市场中扮演一个价格稳定者的角色。

为了应对 20 世纪 80 年代的低油价，欧佩克成员国降低了产量，到 1985 年，它们的闲置产能达到了全球原油产量的 17%。而到 2016 年，欧佩克的闲置产能较低，约占全球原油产量的 2.3%。从而限制了其增加产量以缓冲供求冲击对油价影响的能力，并导致部分学者质疑欧佩克在市场中的影响力。Refk Selmi、Jamal Bouoiyour 和 Amal Miftah（2020）研究了欧佩克闲置产能对国际石油市场石油供应和石油价格波动的影响，研究结果表明，欧佩克使用闲置产能降低了石油价格对地缘政治风险的反应，但幅度不大，因此欧佩克闲置产能对保持石油市场的稳定影响有限。

国内也有学者支持欧佩克影响力有所削弱的观点。陶宁丽（2006）认为欧佩克的重要性主要体现在其对国际石油价格一定程度的影响力上，随着欧佩克石油产量的增加或者减少，国际石油价格也会产生一些波动。然而，陶宁丽明确指出，伴随非欧佩克产油国的崛起，国际石油价格并不完全受欧佩克控制。非欧佩克的市场份额从 20 世纪 80 年代中期开始超过了欧佩克的市场份额，对欧佩克形成强有力的竞争。另外，全球经济形势、石油生产国政治局势、国际能源署石油储备的增加或释放、发展中国家石油储备基地的建设等因素都有可能对国际石油价格产生影响。李天籽、王智辉（2007）通过对欧佩克的石油价格体系和产量配额制度等内部运行机制进行系统分析之后，提出欧佩克并不具备操纵和控制国际石油价格的能力的观点。孙竹、李志国（2011）采用事件研究法并进行相关性分析后发现，2007～2011年欧佩克石油剩余产能对石油期货短期价格的冲击性影响并不显著，原因是石油短期价格虽然受石油剩余产能、美元汇价、投机资金规模等因素的影响而波动，但油价最终将恢复到实体经济供求所决定的均衡水平上。何静、李村璞（2011）通过分析发现，国际石油价格与欧佩克石油产量之间的关系是非线性的，欧佩克石油产量对于国际石油价格的影响存在门槛效应。2014年下半年，国际油价暴跌，供需关系、地缘政治、金融炒作等影响油价的诸多因素依然在起作用，欧佩克外部面临着市场供应对手日益强大，燃油税升高和能源补贴减少致使石油需求放缓，绿色环保加码驱动能源转型加快等严峻挑战。与此同时，欧佩克组织内部矛盾重重难以协调，治理能力和市场作用越来越受到质疑（单卫国，2019）。刘朝全、石卫和罗继雨（2020）认为，随着非欧佩克国家石油产量的增长，以及消费国储备体系的逐步完善，欧佩克对世界石油市场的主导力大大下降。"页岩革命"的爆发改变了国际能源体系的格局，随着石油产量的迅速上升，美国以主要产油国身份重归世界石油舞台，西方国家自20世纪70年代以来首次拥有了通过石油生产活动左右国际石油市场的能力。加之俄罗斯极力促成"欧佩克+"的建立，欧佩克的市场影响力被大幅削弱（曹峰毓，2020）。

1.2.1.4 关于欧佩克是否属于卡特尔的争论

欧佩克自成立以来，就被大多数经济学文献定义为一个典型卡特尔组织，各成员国组建卡特尔的目的是追求更高的石油利润。在实践中，欧佩克确实体现出传统卡特尔组织所具备的一些基本特征，但与传统卡特尔组织相比，欧佩克又具有一些明显特性。综览研究欧佩克行为的文献可以发现，大部分研究支持欧佩克是卡特尔的论断，但也有部分研究指出欧佩克成员之间只存在类似卡特尔的行为。

支持欧佩克属于卡特尔的学者认为，欧佩克通过对石油价格体系和石油市场的垄断维持自己市场份额并保证成员国的石油收入（张照志、王安建，2010）。欧佩克卡特尔目标的实现，有赖于石油价格体系和产量配额制度两种工具，在实践中，欧佩克根据世界政治局势和经济形势、世界石油供需状况以及能源替代的发展状况，决定两种工具的使用方式。卡特尔的组建和存续取决于两个因素：一是它所面对的剩余需求曲线是缺乏弹性的；二是它能够发现并且能够有效阻止成员的欺骗行为（魏宁，2007）。欧佩克作为一个卡特尔组织，其成功运行主要得益于以下几方面因素：欧佩克的石油资源禀赋和剩余生产能力为卡特尔的成功实施提供物质基础；欧佩克组织机构及公共职能不断完善为卡特尔的成功实施提供组织保障；世界石油市场供需矛盾日益凸显为欧佩克成功实施卡特尔行为提供机遇（张照志、王安建，2010）。20 世纪 70 年代以来，欧佩克成功地将国际石油价格提高到远远高于生产成本的水平。

反对欧佩克是一个严格卡特尔的观点中，部分学者认为欧佩克只是一个松散的卡特尔，部分学者认为欧佩克是一个有分歧的卡特尔，甚至有学者完全否定以卡特尔理论来分析欧佩克。A. F. Alhajji 在 2000 年对当时已公开发表的关于欧佩克是否属于卡特尔的 13 篇文献结论进行统计，其中只有 2 篇文献的研究结论支持欧佩克是卡特尔组织，其他 11 篇研究结论只是部分支持在国际石油市场中存在某种形式的寡头垄断。Griffin（1985）对 1971~1983 年的国际石油价格季度数据进行考察，认为欧佩克的市场行为属于不完全的卡特尔行为。Adelman（1993）提出，欧佩克类似于一个松散的卡特尔，并且受到多种因素的影响，有的因素强化其市场势力，有的因素弱化其市场势力，两股势力相互影响、相互抵消之后的效应就是欧佩克影响市场的能力，但由于两股势力本身受多重因素影响，从而导致这种效应极不稳定。Adelman 经研究进一步指出，20 世纪 70 年代中后期的欧佩克更类似于一个追求石油价值最大化的集团。基于这一设想，可以确定欧佩克应采取的最优生产策略，即根据折现理论加以计算，便能够找到实现净现值最大化的生产方案。该理论被称为"欧佩克追求最大价值理论"。总之，欧佩克的供应战略尽管比纳什—古诺寡头垄断更严格，但仍然比完美卡特尔更宽松。此外，面对弹性需求，卡特尔合谋更有可能持续，众所周知，全球石油需求是非弹性的，这为欧佩克为何与完美卡特尔的行为不一致提供了另一个结构性解释（Samuel J. Okullo、Frédéric Reynès，2016）。

部分学者则认为欧佩克是一个存在分歧的卡特尔。Hnyilicza 和 Pindyck（1976）将欧佩克分为两组，分别称为"节约型国家"和"挥霍型国家"，挥霍型成员国对资金有迫切需求，它们的能源贴现率低于节约型国家。Hnyilicza 和 Pindyck 主要对这两组国家的议价能力进行研究。沿着这个研究思路，相关研究得出结论：无论采取什么产量决策，欧佩克成员国之间都存在冲突。Vincent Brémond、Emmanuel Hache 和 Valérie Mignon（2011）通过检验不同欧佩克国家的产量决策是否一致，以及它们是否能够影响石油价格来确定欧佩克是否属于卡特尔，研究结论表明欧佩克的影响力并不是稳定的，一般而言，反石油冲击之后欧佩克的影响力有所凸显，但是其他各个时段中，欧佩克只是一个价格接受者。如果将欧佩克分为"节约型国家"和"挥霍型国家"，卡特尔特征只在某些成员国之间有所体现。

有的学者认为欧佩克并不适合垄断或者卡特尔模型。A. F. Alhajji 和 David Huettner（2000）认为卡特尔理论并不适合用来分析欧佩克，他们将欧佩克与其他商品卡特尔，如盐卡特尔、锡卡特尔等进行对比分析后发现，欧佩克并不具备卡特尔的基本特征，比如欧佩克内部并没有建立起规范的产量或价格水平控制机制，对于违反规定的成员进行惩罚的相关条款也并不健全，欧佩克组织职能并不能有效发挥，因而不具备操纵和控制国际石油价格的能力（李天籽、王智辉，2007）。Bohi 和 Toman（1993）认为石油市场具有竞争性和投机性，消费者对石油市场的预期可能会影响石油市场的竞争和投机，消费者对石油资源的恐慌甚至有可能引起石油危机，因此，他们认为欧佩克在国际石油市场上并不具备垄断能力。Khalid M.、Kisswani（2016）引入 1994~2014 年的季度和月度数据，对欧佩克是否属于卡特尔进行实证检验，结果显示，欧佩克成员国的产量之间没有协整关系，表明不存在卡特尔行为，而且欧佩克的产量调整并不会导致油价上涨，两者之间呈相反的关系。

1.2.2　中国石油产业研究综述

新中国的石油产业是在极其落后和十分薄弱的基础上发展起来的，经历 70 余年艰苦卓绝的发展，中国石油产业取得举世瞩目的成就，但也存在旧体制遗留下来的一些弊端。结合本书的研究重点，本部分内容从中国石油产业发展、国际石油价格与中国石油价格之间关系、中国石油产业安全及对策几方面对相关研究进行综述。

1.2.2.1　关于中国石油产业发展的研究

夏大慰、陈代云（2000）基于结构—行为—绩效的分析框架对中国的石油产业组织进行了研究，他认为由于石油产业结构水平较低，石油市场行为不规范以及石油企业管理体制不健全等因素的制约，中国石油产业市场绩效尚未达到良好水平。韩冬炎（2004）从石油产业集中度、石油产品差异化、石油企业的规模经济、石油产业的进入与退出壁垒四个方面分析了中国石油产业的市场结构，并得出中国石油市场是国际化的市场，石油产品差异化程度较低，且石油的供给和需求弹性较低等结论。刁艳华（2006）基于我国石油产业的发展现状及实施产业规制的原因，系统研究了我国石油产业结构的优化与产业规制能力提升的问题。相关研究还基于产业组织理论、博弈论和规制理论，并结合中国石油产业的发展现状，对中国石油产业组织的运行进行系统研究，并提出优化我国石油产业规制的对策。徐小杰（2009）基于国际金融危机背景对中国石油产业进行研究，他认为近十年来，中国发展状况良好，但仍存在国内石油供需缺口继续加大，石油价格被动与国际石油价格接轨，国内贸易体制僵化，进出口贸易未能及时与国际石油价格相协调等问题。李忠民、孙耀华（2011）则主要关注我国石油产业的行政性垄断研究，他们指出，在我国石油产业发展取得一定成就的同时，石油产业行政性垄断所造成的问题也日益突出。霍健（2017）基于 SCP 范式，研究了后石油时代中国石油产业面临的环境变化、中国石油产业结构和企业行为的演进特点，并围绕塑造后石油时代的能源政策环境；推进石油产业结构的演化，打破壁垒，使各类企业充分竞争；进而通过市场化改革的方式推动中国石油公司提升全球竞争力等几个方面，提出优化中国石油产业发展的对策。

石油价格是石油产业的重要经济杠杆，是影响石油产业发展及其经济效果的重要政策因素，也是国家管理和调控石油工业经济的重要手段。20 世纪 90 年代中后期以来，中国石油定价机制经历了从传统的计划定价向与国际接轨的市场化定价的重要转变。这种变迁并非简单的国家强制性制度变迁的结果，其背后隐含着国家、国有石油企业、石油消费群体等行动者之间围绕定价机制变革而构建起来的特定权力游戏（梁波、王海英，2017）。自 1998 年中国石油价格与国际石油价格接轨以来，中国被动接受国际石油价格波动的弊端日益凸显，根据国际市场石油价格水平制定国内油价的这种定价方式反映了国际石油市场供求状况，而忽略了国内石油市场的实际石油供求（高洁，2007）。焦建玲、余炜彬、范英、魏一鸣（2004）对中国石油价格体系的变迁做了比较详细的回顾，指出了中国石油价格体系存在的问题，并提出了切实可行的改革建议。刘希宋、韩冬炎、崔立瑶、陈蕊等（2006）对中国石油价格体制、石油价格构成、石油价格波动等问题进行系统研究，将石油价格机制改革划分为单一的国家计划调控、双轨制、与国际接轨三个阶段，并提出目前中国石油价格机制存在：石油价格的制定不能刺激企业自觉提高生产效率；石油价格中的政策因素和经营性因素模糊不清；石油价格的制定或调整缺乏科学性；对价格管制缺乏有效的社会监督机制等问题。匡梅（2007）在研究我国现行石油价格体制运行现状的基础上，运用实证分析和比较分析等方法，分析当前我国石油价格体制变革的基本思路，其研究目的在于探讨完善我国石油价格体制的对策。张蕾累（2007）通过投入产出模型的测算，对我国石油市场价格变动影响其他各行业的状况进行客观描述，基于此，对中国石油价格机制进行深入探讨，通过分析指出，目前中国石油定价机制存在诸多问题，包括石油价格并未反映国内石油市场供求状况，缺乏国际石油价格剧烈波动的缓冲避险体系，缺乏国际石油定价权等。

1.2.2.2　关于国际石油价格与中国石油价格之间关系的研究

在国内外石油价格的联动关系中，国际石油价格对我国国内石油价格具有绝对影响力，国际油价波动将迅速传导至中国国内石油市场，引起国内石油价格的变化（高洁，2007）。焦建玲等（2004）从动态角度对国际石油价格与中国石油价格之间的关系进行定量分析。

实证结果表明，在1997年1月至2003年6月，国际石油价格与国内石油价格之间存在长期协整关系，国际石油价格对中国石油价格的影响非常迅速且持续时间较长，中国石油价格对国际石油价格的影响相对滞后且影响力度很小。姜振飞和姜恒（2005）、李朴民等（2005）、杨夏鸣（2005）则进一步指出国际石油价格的波动不但会造成国内石油价格的波动，还会对一国经济发展、国际收支平衡等方面造成影响。魏巍贤、林伯强（2007）运用多种计量经济学方法和计量经济学工具对国内外石油价格的波动性及其相互之间的关系进行实证研究。结论表明，国内外石油价格的波动均呈现集聚性、持续性和风险"溢出效应"等特征，国际石油价格的波动对国内石油价格的波动具有导向作用，两组石油价格之间存在长期协整关系，但短期波动过程彼此有差异。陈宇峰、俞剑（2011）在前人研究结论的基础上，基于我国石油价格改革的阶段性特征，研究国际石油价格和国内石油价格在不同时期的动态关系演变过程，他们发现，国内石油价格与国际石油价格接轨以来，两者之间存在着稳定的长期均衡关系，且两者均呈现显著的"集聚"和"尖峰肥尾"特征。何启志、张晶、范从来（2007）构建动态相关系数的带Granger因果检验的多元随机波动模型（DGC-MSV），分析国内外石油价格波动传导机制与国内外石油价格波动的典型化事实，实证结果表明，中国、美国、英国石油期货价格、现货价格波动性之间的相关系数都是动态变化的；中国石油现货价格受美国石油现货价格的波动溢出影响，同时中国石油现货价格又对美国和英国的石油期货价格波动有显著溢出效应；中国石油市场的金融属性低于英国和美国石油市场。国际油价突变与中国原油对外依存度攀升增加了国际石油市场与中国石油产业间联系的复杂程度，厘清二者之间的关系有助于提升中国在国际石油市场的话语权。吕政、胡晨沛（2021）的研究表明，国际油价波动对中国石油行业股票价格指数变化起先导作用；中国石油开采、石油加工行业股指收益率与国际油价变动率存在双向的波动溢出效应；中国石油开采、石油加工、石油贸易行业股指收益率与国际油价变动率之间的动态相关系数均呈现明显的时变特征。因此，中国应抓住国际油价低位徘徊的有利窗口期，提升买方市场的定价话语权。

综合以上观点，自中国石油价格与国际石油价格接轨至今，中国一直都是国际石油价格的被动接受者。由于中国在国际石油市场上尚未具备与我国石油生产和消费相匹配的石油定价权，无法将国内石油供求情况反馈给国际市场，从而难以通过价格杠杆充分保护国内石油产业的发展（高洁，2007）。

1.2.2.3　关于中国石油产业安全及对策的研究

中国国内关于石油产业安全的理论研究起步较晚。自 1993 年中国成为石油净进口国以来，国内石油供需矛盾日益凸显，中国石油对外依存度不断提高，进入 21 世纪以后，中国石油产业的安全问题开始受到学术界、实业界和政界的广泛关注。

针对中国的石油产业安全，部分学者侧重于对石油安全状况进行测度。范秋芳（2007）从数量、价格和使用三个方面重新界定我国石油安全的深刻内涵，探讨了石油安全的基本标准，全面构建了我国石油安全预警理论完整的框架体系。徐凯、常军乾（2011）选取了石油储采比、石油消费对外依存度、石油消费增长速度、战略石油储备度、储量替代率、石油进口集中度、国际石油价格 7 项反映石油安全的核心指标，运用一种客观评价方法——灰色物元方法对中国石油产业安全情况进行分析，结论表明，进入 21 世纪以来，中国石油安全呈下降趋势，2005 年以后，石油安全状况更趋严重，正逐步向危险区转变。何贤杰等（2012）对中国石油安全形势进行定量评价。他们从国内资源保障能力、国际市场获取能力、国家应急调控能力、国内生产供应能力、环境安全控制能力 5 个方面，设计了石油安全评价指标体系；然后采用综合评分法，选取石油储采比、石油储量替代率、石油产量占世界总产量的比重、石油自给率、石油价格和石油储备水平等 10 个要素指标，构成一个全新的综合指标——石油安全度，用该指标评价中国石油安全状况。夏妍（2017）从 6 个方面选择 25 个指标，建立了较为全面的中国石油价格风险评价体系。研究结果表明，中国石油价格主要受自然、政治、经济、市场、技术和运输六大方面影响，在国际石油定价机制体系中的话语权很弱，而较高的石油进口依赖度又使中国石油价格受国际石油市场冲击明显，石油价格风险从较低等级逐步变成较高等级，并有缓慢上升的趋势。

　　部分学者侧重于对中国石油产业面临的风险进行定性分析，并提出有针对性的政策建议。李映（2007）经过分析认为，我国经济发展对石油的依赖程度越来越高，国内石油供需矛盾越来越大，石油供应的充足率越来越低，表明我国石油产业面临的风险越来越高，而风险主要来源于我国对国际石油价格波动的无能为力。苏杰（2010）基于我国石油资源供求现状的描述，分析了威胁我国石油安全的主要因素，他认为我国石油安全战略的制定与实施必须考虑以下几方面：①基于地缘政治的框架，扩大国际能源合作；②坚持"走出去"战略，推动我国企业融入国际石油市场；③增强国民能源节约意识，强化人才战略。冯跃威（2011）认为，随着经济全球化、法治化和金融化的发展，中国石油产业面临的风险由单一风险演变成复合型和制度竞争性风险，原有的传统风险管理模式已基本无效。目前，中国石油产业面临源自产业分工及其细化、产业链缺位、拒绝石油金融工程工具，以及经验决策等的风险。李学慧（2011）对我国石油产业的战略地位及对外依赖度越来越高的形势进行了分析，并提出保障我国石油安全的一系列措施。王胜利（2012）应用 SWOT 方法，对中国石油产业安全进行分析，他认为中国石油产业安全面临资源接替矛盾突出、对外依存度高、运输风险大、石油战略储备不足、人才竞争激烈等严峻挑战，进而提出资源接替、国际化、可持续、多元化、人才强企等保障中国石油产业安全的战略对策。马卫锋等（2005）等提出中国尝试构建完善的石油金融体系，包括制定建立石油产业发展基金、开放并做强石油衍生品市场，以此来规避石油价格风险，为中国经济的稳定发展提供支持。王峰和喻艳莉（2005）、刘恩忠等（2007）等提出要实施进口多元化的发展战略。在进口来源方面，改变过度依赖中东石油的现状，开展与中亚、俄罗斯及非洲的能源合作和石油贸易；在进口渠道方面，应为开辟陆上通道而做出努力。2020 年，新冠肺炎疫情出现使国际能源格局呈现诸多新变化，中国石油安全面临新的挑战，主要包括：中国石油企业因不可抗力产生的违约风险与国家对外战略之间的协调问题，中国石油进口对世界石油市场的价格变动更为敏感，以及中国石油安全的地缘政治风险越发复杂等（富景筠，2020）。中国应加强形势研判，利用自身在全球能源市场上的角色，制定切实可行的应对之策，提升在全球能源治理体系中的地位，以更好地维护国家能源安全，保障国民经济长期发展对能源的需求（张茂荣，2020）。于宏源（2020）认为新冠肺炎疫情后，中国经济的复苏必然需要足够的能源支持，而油价震荡对中国来说机遇与风险并存。中国应把握国际能源结构变革的机遇，加大石油进口和储备力度，深化与石油生产国的双边能源合作，推动绿色能源国际合作，积极参与全球能源治理。面对新一轮低油价，中国应从开阔思路推动油气上游市场化改革、推进中下游产业规模化发展与功能化整合、重视科技创新、深化合作、深化能源转型结构调整等方面优化石油产业发展（王越、韩志强，2020）。

在国内石油供应安全方面，中国深陷进口分散化、出口大国博弈和进口大国制衡三大困境中，中国应加强与核心出口地缘区的重点合作，与其他出口地缘区稳定合作并创新合作模式，与亚太其他进口国基于进口份额协调机制、来源错位竞争机制和国际贸易中心分工协作机制，开展区内互济交流合作，以改善中国在世界石油流动格局中的竞合环境，保障石油供需平衡、降低供给风险（夏四友等，2020）。目前，中国石油储备体系不完善，石油储备量远不足以保障中国石油安全。因此，石油储备体系的建设成为我国学术界、事业界和政府部门共同关注的热点问题之一。林伯强、杜立民（2010）从社会福利最大化视角出发，构建了一个静态局部均衡模型，并根据中国基本国情的实际数据，考察中国战略石油储备的最优规模。通过研究他们提出，由于当前中国石油进口需求的价格弹性相对较小，在这种情况下，中国战略石油储备的最优规模为80天进口量。陈柳钦（2012）从国内石油市场和宏观环境两个方面阐述了加快推进中国石油储备体系建设的紧迫性，并从法律法规、储备模式、储备规模、储备品种、储备主体、储备基地、储备筹资模式、储备方式，以及储备国际合作九个方面提出建立和完善中国石油储备体系的建议。王新新（2013）基于我国石油资源及石油储备状况，在借鉴发达国家石油储备体系建设经验的基础上，从石油储备立法、石油储备结构完善、石油储备资金筹集等多个角度提出了我国石油储备体系建设的发展建议。同时也指出逐步建立石油期货市场、分散购油风险、石油行业的市场化改革等，都是中国石油储备战略所不能忽视的。

1.2.3　文献述评

本书以欧佩克为主要研究对象，并研究其市场行为对中国石油产业安全产生的影响。一方面，20 世纪 70 年代的两次石油危机使主要发达国家经济遭受重创，欧佩克这个发展中产油国的政府间联盟引起社会各界的广泛关注，学术界对其进行研究并取得丰硕成果；另一方面，改革开放以来，随着中国经济的飞速增长，对石油的需求持续增大，引起国内石油的供需矛盾，社会各界对中国石油产业的关注度大幅提升。近四十年来，国内学术界对中国石油产业的研究取得较大进展，但仍存在以下不足。

1.2.3.1　对欧佩克市场行为及其影响因素的研究不够系统

长期以来，国内外学者从不同角度对欧佩克这一国际组织进行了较全面的研究，部分学者关注欧佩克内部运行机制，部分学者关注欧佩克的外部影响因素，部分学者关注欧佩克在国际石油市场上的地位和作用，但很少有学者将欧佩克作为一个国际石油市场上的市场主体，综合考虑市场行为及其影响因素的各个维度，对欧佩克市场行为进行纵深系统性研究。本书认为，系统研究欧佩克市场行为及其影响因素对于丰富卡特尔理论、全面了解当前的国际能源市场格局具有重要意义。

1.2.3.2　对威胁中国石油产业安全的根源的分析不够透彻

国内有大量文献运用各种方法、建立各种模型、设定各种指标对中国石油产业安全状况进行测评，也从各个角度分析中国石油产业面临的风险，并提出有针对性的政策建议。但是分析不够深入，大多数都只停留在对现状进行分析的层面，而没有深入系统地探寻威胁中国石油产业安全的根源。比如很多文献论及石油的供需矛盾，论及中国石油产业面临进口依存度过高，且进口来源过度集中的风险，但很少有文献对进口来源展开进一步分析。中国的石油进口来源如何影响中国石油产业，如何使中国石油产业面临风险等，这些问题都是值得深入研究的。

1.2.3.3 针对欧佩克与中国之间关系的研究较少

欧佩克和中国作为国际石油市场上最重要的供给方和需求方，目前系统分析二者之间关系的文献非常少，有部分文献研究欧佩克某个成员国与中国之间的石油贸易和能源合作关系，但几乎没有文献将欧佩克作为一个整体，研究欧佩克与中国之间的石油贸易和能源合作关系。本书认为，深入研究欧佩克与中国之间的关系，对于丰富石油经济领域的相关研究具有重要的理论价值，同时对认识中国石油产业面临的风险，并从国家层面提出保障中国石油产业安全的切实可行的对策具有重要的现实意义。

1.3 研究的主要内容及框架

1.3.1 主要内容

本书拟在系统分析欧佩克市场行为的基础上，结合中国石油产业发展实际，系统分析欧佩克市场行为对中国石油产业的影响，明确目前中国石油产业面临的风险，并以此提出保障中国石油产业安全的政策建议，共分为七个部分。

第一部分是导论。本部分内容从欧佩克在世界能源结构中的地位，以及中国石油产业发展状况的现实背景入手，在全面了解相关领域的研究现状及最新进展的基础上，明确本书主要内容及结构框架，并提出研究方法及可能的创新点。

第二部分是理论基础及基本概念界定。本部分拟从资源经济理论、产业组织理论和石油安全理论三个角度，系统梳理欧佩克市场行为及其影响机制的相关理论，为整个研究奠定坚实的理论基础，并对石油价格、市场行为、石油安全等基本概念进行明确界定。

第三部分是欧佩克市场行为的内部运行机制。本部分拟从欧佩克的发展历程及现状入手，呈现目前欧佩克在国际石油市场中的地位。欧佩克在发展过程中，主要通过石油价格体系和产量配额制度两种行为来实现其卡特尔目标。本部分内容拟构建一个卡特尔定价模型，分析欧佩克石油价格体系，并构建一个博弈模型分析欧佩克成员执行产量配额的状况，进而明确欧佩克市场行为的内部约束。

第四部分是欧佩克市场行为的外部影响因素。本部分拟构建博弈模型，分别分析非欧佩克产油国和石油需求国对欧佩克市场行为的影响，进而明确欧佩克市场行为的外部制约。

第五部分是欧佩克市场行为对中国石油产业安全的影响。本部分拟在分析中国石油产业发展状况的基础上，系统分析欧佩克市场行为影响中国石油产业的传导机制，并构建向量自回归模型（VAR），引入欧佩克石油价格和中国石油价格两组时间序列数据，就欧佩克石油价格对中国石油价格的影响进行实证分析。

第六部分是中国石油产业存在的风险及对策。本部分拟基于前文的分析，明确目前中国石油产业存在的风险，并针对风险提出保障中国石油安全的政策建议。

第七部分是结论及展望。

1.3.2　结构框架

本书的逻辑与框架如图 1-1 所示。

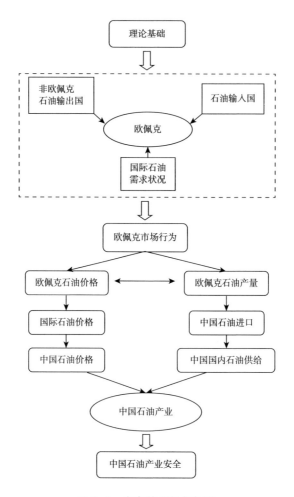

图 1-1　本书的逻辑与框架

1.4　研究方法及创新点

1.4.1　研究方法

本书涉及产业经济、能源经济、世界经济和数量经济等相关理论知识，运用定性分析与定量分析、实证分析与规范分析、理论建模与数量论证相结合的方法展开研究。

（1）定性分析与定量分析相结合的方法。本书运用定性分析方法分析欧佩克市场行为影响中国石油产业安全的传导机制，然后运用定量分析方法，构建向量自回归模型（VAR），引入时间序列数据，分析欧佩克价格影响中国石油价格的价格传导机制。

（2）实证分析与规范分析相结合的方法。本书运用实证分析法分析欧佩克市场行为对中国石油产业安全的影响，以及中国石油产业安全面临的问题和风险，进而对如何保障中国石油产业安全进行规范分析。

（3）理论建模与数量论证相结合的方法。本书基于理论基础的系统性梳理，构建卡特尔定价模型，分析欧佩克石油价格体系，并对欧佩克产量配额制度的实施状况进行数量论证；引入现实数据论证欧佩克成员国、非欧佩克产油国以及石油需求国在世界能源格局中的地位，并构建博弈模型分析欧佩克成员国之间，欧佩克与非欧佩克产油国、石油需求国之间相互影响和制衡的关系。

1.4.2 创新点

第一，系统梳理相关理论。目前国内外文献对欧佩克市场行为及其影响的研究主要偏重于实证方面，在理论阐述上也偏向于方法论的阐述，该研究领域相关文献的理论基础较薄弱且不成体系。本书在前人研究的基础上，试图将散见于各类文献中关于欧佩克市场行为及其影响的相关理论进行系统梳理，为本书的研究主题提供坚实的理论支撑和清晰的理论解释。

第二，构建博弈模型系统分析欧佩克市场行为及其影响因素。本书基于相关理论并结合欧佩克实际，明确界定欧佩克市场行为，并系统分析影响欧佩克市场行为的内部和外部因素。针对欧佩克内部，构建成员大国和成员小国之间的博弈模型，分析欧佩克产量配额制度的实施；针对欧佩克外部，构建博弈模型，分析欧佩克与非欧佩克产油国、石油需求国之间相互影响和制衡的关系。

第三，系统剖析欧佩克市场行为影响中国石油产业的传导机制。本书基于对欧佩克市场行为的分析，并结合中国石油产业发展实际，系统剖析欧佩克市场行为影响中国石油产业的传导机制。欧佩克市场行为通过石油价格波动和石油产量变化两个渠道影响中国石油价格和国内石油供应。一方面，构建 VAR 模型，引入欧佩克石油价格和大庆石油价格两组时间序列数据，对石油价格传导机制进行实证检验；另一方面，沙特阿拉伯、伊拉克、安哥拉、阿联酋和科威特五个国家是中国主要的石油进口来源国，本书详细分析了中国与这五个欧佩克国家之间的能源合作关系。

第2章　理论基础及基本概念界定

　　欧佩克作为一个成功运行了60余年的石油卡特尔组织，因掌握了石油这种不可再生的战略性资源，在国际石油市场格局中占据非常重要的地位。欧佩克市场行为会对国际石油市场产生影响，进而影响中国石油产业。而欧佩克市场行为又受其内部各成员国，以及外部非欧佩克产油国和石油需求国等各种因素的影响和制约。对现实问题的分析需要以充实的理论作为基础和支撑，欧佩克市场行为及其对中国石油产业的影响这一现实问题主要涉及资源经济、产业组织和国家石油安全等理论。本部分内容将系统梳理相关理论并对本研究所涉及的石油价格、市场行为、国家石油安全等基本概念进行界定。

2.1　自然资源经济理论

　　自然资源是指天然存在并有利用价值的自然物，如土地、矿藏、水力、生物、气候、海洋等资源，是生产的原料来源和布局场所。自然资源是人类社会赖以生存和发展的物质基础和能量源泉。人类经济社会的发展过程就是不断地对自然资源认识、开发和利用的过程。自然资源经济理论（Natural Resources Economics）的思想萌芽可以追溯到 17 世纪，英国资产阶级古典政治经济学的创始人——威廉·配第提出："土地为财富之母，劳动为财富之父"的著名观点，这一观点强调了自然资源在人类经济社会发展过程中的基础性作用。18 世纪到 20 世纪初，亚当·斯密、威廉姆·斯坦利·杰文斯、大卫·李嘉图、阿尔弗雷德·马歇尔等经济学家从自由市场的"稀缺"层面，基于自然资源的稀缺性，对经济与自然资源之间关系进行研究，并就二者之间的关系达成共识，即市场价格机制的有效运作可以解决自然资源的稀缺性。20 世纪 70 年代以来，全球性资源问题日益凸显，资源经济问题引起世界各国的广泛关注，资源经济理论受到社会各界的重视。资源经济学主要研究经济和资源协调一致的共同作用和发展的规律，经济系统和资源系统之间相互作用、相辅相成。

自然资源经济学将自然资源划分为可再生资源（renewable resources）和不可再生资源（deployable resources）。可再生资源是指那些可以通过自然力来保持或增加储藏量的自然资源，如阳光、水、风等。不可再生资源是指不可以运用自然力增加蕴藏量的自然资源。不可再生资源的初始禀赋是固定不变的，由于不具备自我增殖能力，随着损耗，不可再生资源的总量越来越少，如石油、天然气、煤等。由于本研究主要涉及的石油属于不可再生资源，本部分详细论述的自然资源价格理论和石油峰值理论主要针对不可再生资源，不可再生资源的稀缺性是这两个理论研究的出发点。

2.1.1 自然资源价格理论

自然资源价格理论是资源经济学的重要研究内容，其基本思想是"资源稀缺论"和"效用价值论"，核心内容是研究解决资源的有限性与人类对自然的无限依赖性的问题。研究资源价格的经典理论模型主要有可耗竭资源模型、影子价格模型和边际成本价格模型。

2.1.1.1　可耗竭资源模型

最早研究可耗竭资源定价的学者是格雷，格雷在《耗竭性假设下的租金》（1914）一文中指出，如果开采成本增加的幅度大于开采量增加的幅度，那么追求逐期利润现值最大化的行为将导致矿藏开采最优化。该思想涉及了约束条件下的动态最优化问题，但是格雷仅进行了理论上的推理，而没有进行严格的数学推导。

1931 年，美国经济学家霍特林（Hotelling）提出可耗竭资源模型，用于分析可耗竭资源的价格。在可耗竭资源模型中，霍特林把资源当作一种埋藏在地下的资产，构建该模型的目标是：通过模型分析，找出一种使该资产实现净现值最大化的最优定价方法。一方面，资源所有者可以在当期把资源开采出来，通过出售获得当期利润，并将当期利润用于购买其他形式的资产以获取更高的资本收益；另一方面，资源所有者可以暂时把资源保存在地下，假定资源价格随时间的推移而上涨，那么，资源所有者在以后的某个时间将资源开采出来时，预期可获得更高的远期收益。基于这两方面的考虑，资源所有者必须在"现在开采资源还是留待以后开采"之间做出抉择。如果资源资本收益率高于其他资本利率，则资源所有者会将资源暂时留存于地下，以期获得更高的远期收益；如果资源资本收益率低于其他资本利率，则资源所有者会在现期把资源开采出来，以获得更高的净现值；如果资源资本收益率等于其他资本利率，则资源所有者对于现在开采资源还是未来开采资源这两种选择无偏好。该模型得出的关于资源最优价格的结论是资源价格增长率等于贴现率，即霍特林法则：如果不考虑开采成本，实现资源最优消耗路径时，资源价格将以相当于市场利率的增长率增长。

考虑到不同市场结构对资源价格的影响有差异，霍特林分别就完全竞争市场和垄断市场论述可耗竭资源价格波动。在完全竞争市场中，生产者在不同时期开采相同数量的资源所获收益的贴现值应该保持一致，否则，理性的生产者，为了实现利润的最大化，将会选择在贴现值最大的时期开采出所有资源。如果石油开采并非集中于同一时期，那么石油价格的上涨幅度必然与利率水平相等。如果石油生产者预期石油价格上涨幅度小于利率上涨幅度，则石油生产者会增加现期石油开采量，加速收益变现，现期石油供给的增加将导致现期石油价格下降，远期石油价格上升；反之，如果石油生产者预期石油价格上涨幅度大于利率，理性的生产者就会减少现期石油开采，现期石油供给的减少将推动现期石油价格上涨，远期石油价格下降，整个过程循环反复，相互影响。在垄断市场上，由于石油生产者可以控制市场供给总量，他们将会依据利润最大化原则，决定最优开采量，通过最优开采量来决定石油价格。所谓最优开采量，就是根据一阶条件计算出来的使不同时期石油开采量的边际收益上涨速度等于利率的实际开采量。

基于霍特林的可耗竭资源模型，Dasgupta 和 Heal（1974）、Sweeney（1977）、Pindiyck（1978）等学者对霍特林法则进行了拓展。尽管研究目的和模型复杂程度不尽相同，但基本思路一致，可简单表述为以下模型：

目标函数：$max \int_0^T [P(y(t), x(t)) - C(x(t))] y(t) e^{-rt} dt$

约束条件：① $\dfrac{\partial x(t)}{\partial t} = -y(t)$

② $x(0) = x_0$

③ $\dfrac{dc(x)}{dx} < 0$

④ $P[y(t), x(t)] \leqslant \overline{P}, \forall t \in [0, t]$

$x(t)$ 为 t 时间点的存量，x_0 为初始点的存量，$y(t)$ 为单位时间开采量，即开采速度，价格 P 为内生变量，由市场供求情况和开采速度、存量决定。C 是成本，由生产技术决定。r 是贴现率，由经济增长等因素决定。

该模型在控制论中被称为"无终端约束的，终点时间可变的，带有对控制变量和状态变量不等式约束的极值控制问题"。模型有两个可以控制的变量——开采速度 $y(t)$ 和开采终止时间 T，它的解可根据庞特里亚金极大值原理来获得，模型求解得到的资源价格变动曲线可以较好地描述资源价格波动情况。

此外，盖特利等美国经济学家通过假设不同的石油市场结构，以及市场行为主体的不同行为方式，引入相关参数，构建了不同的理论模型来分析石油价格的形成机制、影响因素、波动幅度和未来趋势。

2.1.1.2　影子价格模型

影子价格又称"预测价格""最优价格"。20 世纪 30 年代末，荷兰经济学家詹恩·丁伯根（Jan Tinbergen）针对市场经济中的市场缺陷，提出"影子价格"这一概念，这是一种运用线性规划方式得出的计价方式，用以反映稀缺资源的最优配置状况。20 世纪 50 年代，苏联经济学家列·维·康托罗维奇（Kantorovitch）针对计划经济体系中全社会资源最优配置的实现提出"最优计划价格"。康托罗维奇"最优计划价格"与丁伯根"影子价格"的核心思想和内容大同小异，二者都是从稀缺性出发，以稀缺资源的优化配置为核心，以最大经济效益为目标的价格测算方法。但由于两位学者各自所处社会的制度不同，价格理论提出的出发点存在差异：丁伯根的理论以主观的边际效用价值论为基础，而康托罗维奇的理论同劳动价值论密切联系；丁伯根的理论被人们看成一种经营管理方法，主要运用于自由经济中的分散决策，而康托罗维奇的理论则被认为是一种价格形成理论，主要运用于计划经济中的集中决策。资源的影子价格能够反映资源的稀缺程度，如果资源的影子价格大于零，表示该资源较为稀缺，影子价格越高，表明稀缺程度越大；如果资源的影子价格等于零，表示该资源较为充裕，增加该资源并不会提高经济效益。

2.1.1.3 边际成本价格模型

西方经济学认为商品的价格取决于供给和需求的共同作用。美国著名经济学家乔治·约瑟夫·斯蒂格勒（George Joseph Stigler）认为："追求最大收益的理性经济人会对自己的成本和收益进行边际分析，从而得到各自的需求曲线和供给曲线，当市场同时满足买卖双方的需求时，市场就会形成一个均衡价格，在竞争市场上，这个均衡价格就等于商品生产的边际成本。"

边际机会成本（MOC）是微观经济学中用以分析生产者行为的基本理论，资源经济学中的边际机会成本从经济角度对资源开发利用所产生的客观影响进行抽象和度量。消耗一种自然资源会对社会产生影响，在资源价格大于边际机会成本的情况下，会抑制资源的正常消费；在资源价格小于边际机会成本的情况下，又会刺激资源过度使用；边际机会成本理论认为，资源的消耗使用包括三种成本：边际生产成本（MPC），指为了获取资源，生产者必须投入的生产成本；边际使用成本（MUC），指为了使用资源，消费者必须支付的使用成本；边际外部成本（MEC），指开采及使用此资源所造成的损失，既包括即期损失和远期损失，也包括环境污染、生态破坏等各种负的外部性。边际机会成本价格理论有效弥补了传统资源经济学理论对环境保护和可持续发展等因素的忽视，是对传统的资源与环境管理改革的有益探索，具有较高的理论价值和现实意义。此外，边际机会成本可以为资源环境保护相关政策的制定和实施提供依据。

尽管边际机会成本价格理论在衡量资源价格方面拥有诸多优势，但将其应用于石油价值的实际测算仍存在缺陷。首先是该测算方式的应用较困难。边际机会成本的计算公式为：

$$MOC = MPC + MUC + MEC \qquad (2-1)$$

在公式（2-1）中，边际生产成本（MPC）比较容易获取，但边际使用成本（MUC）和边际外部成本（MEC）这两个值的获取则比较困难。其次是测算结果缺乏可比性。由于同一资源在不同地区边际使用成本（MUC）和边际外部成本（MEC）的计算内容和方法可能存在差异，因而无法对其测算结果进行对比分析，该测算结果也就缺乏宏观上的理论分析意义。

在资源价格的研究中，以石油价格的研究最为典型。石油作为一种基础性的稀缺资源，其价格的波动会对宏观经济运行产生很大程度的影响，因而石油价格的构成及影响因素引起国内外众多学者的广泛关注。基于马克思在《资本论》中所定义的矿产品价格公式：

$$矿产品的垄断价格 = 生产成本 + 平均利润 + 地租 \qquad (2-2)$$

中国学者刘希宋、韩冬炎等（2006）进一步提出石油的垄断价格公式：

$$石油的垄断价格 = 生产成本 + 垄断利润 + 垄断地租 + 地租 \qquad (2-3)$$

并对各组成要素进行分析：①石油的生产成本主要包括：生产费用、勘探费用和开发费用；②石油的垄断利润是由石油市场的寡头垄断性质所决定，石油垄断组织凭借其在石油市场上的垄断地位，制定能够使其获取高额垄断利润的石油价格；③垄断地租由垄断价格带来的超额利润转化而来；④石油的级差地租是指在质量较高、位置较好，或具备较高劳动生产率的油田上创造出来的超额利润转化而成的地租；石油的绝对地租是指石油资源所有者凭借石油资源所有权向使用者收取的租金。此外，石油价格还应当体现石油资源的稀缺性，石油的稀缺性可物化为石油资源成本，而石油资源成本是外生的，需要依靠政府征收资源税或能源税才能得以体现。由于石油资源的稀缺性和不可再生性，伴随石油资源的消耗，石油资源成本随之增加，因此，资源税需要建立税率浮动机制。

2.1.1.4 本研究所涉及的几种石油价格

20 世纪 60 年代至今，国际石油价格体系经历了一系列变迁。目前，国际石油市场主要包括以下两种定价方式。

（1）欧佩克官方价格

为了与西方石油卡特尔降低"标价"的行为相抗衡，从 20 世纪 60 年代后期开始，欧佩克在历次部长级会议上都会公布以沙特阿拉伯 34 度 API 轻油为基准的标准石油价格，即所谓的"欧佩克官价"。20 世纪 80 年代，伴随非欧佩克国家石油产量的迅速增长和欧佩克国家市场份额的大幅下降，欧佩克石油官方价格的作用逐渐弱化。1986年 11 月，欧佩克价格委员会制定了包括 7 种石油在内的一篮子石油价格，这 7 种石油的算术平均价即参考价，各成员国根据参考价来确定各自的石油价格。这 7 种石油包括沙特阿拉伯轻油（Arab Light）、阿尔及利亚撒哈拉混合油（Sahara Blend）、印度尼西亚米纳斯（Minas）、尼日利亚邦尼轻油（Bonny Light）、阿联酋迪拜油（Dubai）、委内瑞拉蒂朱纳轻油（Tia Juana Light）、墨西哥依斯莫斯轻油（Isthmus）。这一价格体系从 1987 年 1 月 1 日开始启用，一直至 2005 年 6 月 15 日。21 世纪以来，随着欧佩克在国际石油市场上的地位和作用的逐渐恢复，从 2005 年 6 月 16 日开始，欧佩克引入新的一篮子价格计算体系。根据欧佩克成员国的石油产量对成员国的一篮子石油价格赋予一定权重进行加权平均，得到一篮子石油价格，即参考价。从这一价格体系开始启用至今，伴随欧佩克成员国的调整，一篮子石油价格的计算范围也进行了调整，目前这 13 种石油分别是阿尔及利亚撒哈拉混合油（Sahara Blend）、安哥拉吉拉索尔油（Girassol）、刚果杰诺油（Djeno）、赤道几内亚扎菲罗油（Zafiro）、加蓬拉比轻质油（Rabi Light）、伊朗重油（Iran Heavy）、伊拉克巴士拉轻质油（Basrah Light）、科威特出口油（Kuwait Export）、利比亚埃斯德油（Ess Sider）、尼日利亚邦尼轻油（Bonny Light）、沙特阿拉伯轻油（Arab Light）、阿联酋穆尔本油（Murban）、委内瑞拉马瑞油（Merey）。

（2）国际石油市场基准价格

历经 100 多年的发展，国际石油市场已经形成了比较完整的现货市场和期货市场体系。在石油贸易中，石油长期贸易合同均采用公式计算法，即选用一种或几种参照石油的价格作为基准价，加上升贴水，其基本公式为：

$$P = A + D \tag{2-4}$$

在公式（2-4）中，P 为石油结算价，A 为基准价，D 为升贴水。注意，基准价并不是某种石油在某个具体时间的具体成交价，而是基于成交前后一段时间的现货价格、期货价格或某报价机构的报价而计算出来的价格。石油定价所参照的油种被称为基准油，不同贸易地区所选择的基准油不同。

美国西德克萨斯轻油（WIT）：所有在美国、加拿大等北美地区生产、交易或销往北美的石油都以西德克萨斯轻油作为基准油定价，如厄瓜多尔出口美国东部和墨西哥湾的原油，沙特阿拉伯向美国出口的阿拉伯轻油、阿拉伯中油和贝里超轻油等。由于美国是世界上最大的消费国，因此这是全球石油市场最重要的定价基准之一。

英国北海布伦特石油（Brent）：所有在欧洲生产、交易或销往欧洲的石油都以布伦特石油作为基准油定价，尽管布伦特石油的交易量远远不及沙特阿拉伯等地出产石油的交易量，但在国际石油交易所，大多数国际石油交易的定价都以布伦特为基准。

阿联酋含硫原油（Dubai，迪拜原油）：中东产油国生产、交易或从中东销往亚洲的原油都以迪拜原油作为基准油定价。由于迪拜原油是少数几种能单独满足现货交易的海湾原油之一，因此选择迪拜原油作为基准油。世界主要产油国原油出口定价基准油如表2-1所示。

除此以外，远东市场主要以马来西亚轻质原油（Tapis）价和印度尼西亚官方价（ICP）作为基准定价。

表2-1　世界主要产油国原油出口定价基准油

北美 WIT	欧洲 Brent	亚洲 Dubai
委内瑞拉、墨西哥、加拿大、厄瓜多尔、哥伦比亚、阿根廷	尼日利亚、利比亚、叙利亚、也门、埃及	阿布扎比、阿曼、印度尼西亚、卡塔尔、中立区
	伊朗	
沙特阿拉伯、伊拉克、科威特		

资料来源：《国际原油市场手册2010》（*International Crude Oil Market Handbook 2010*）。

2.1.2　石油峰值理论

石油是一种不可再生资源。自石油工业开始蓬勃发展以来，石油产量总体上呈增长趋势。然而，随着石油开采数量不断提升，当石油的损耗数量超过全部石油储量的一定比例之后，石油产量将开始下降。由于不同油田的地层性质和开发技术大不相同，这一比例在不同油田间也存在差异，即所谓的"石油峰值"，石油峰值理论论述的是石油资源的消耗问题。

2.1.2.1　石油峰值理论的产生与发展

石油峰值理论的提出始于20世纪40年代，1949年美国著名石油地质学家哈伯特（M. K. Hubbert）在《科学》杂志上发表《来自化石燃料的能源》（*Energy from fossil fuels*）一文，提出关于矿物资源产量的"钟形曲线"问题，进而提出了石油峰值理论（Peak Oil Theory）。哈伯特认为，地质学家对油田内石油分布的了解需要一个循序渐进的过程，而石油生产者总是先将比较容易开采的石油开采出来。基于这一事实，在油田生命周期的前期，石油产量持续增加，但经过一段时期的开采，随着油田开采程度的不断加大，剩余石油储量的开采难度日益加大，石油开采成本逐渐上升，油田产量开始下降。当石油开采成本上升至与石油开采的收益相抵甚至更高时，人们便会放弃对该油田的开采。哈伯特认为，一个地区每年新发现石油储量的变化规律也呈钟形曲线分布，与石油开采过程的原理类似，在地区石油勘探早期，大部分石油尚未被发现，新发现的油田数量呈现持续增长态势，然而地区石油地质储量无论有多大，终究是有限的。当容易勘探的油田都已被发现之后，勘探新油田的难度加大，新增石油储量便不断减少。简言之，作为一种不可再生资源，石油在任何地区产量和储量必然会达到峰值；达到最高点之后，该地区的石油产量将不可避免地呈现下降趋势。

石油峰值问题真正受到理论界乃至全社会的普遍关注缘于两个经典预测。第一个是在美国石油工业蒸蒸日上的 20 世纪 50 年代，哈伯特在 1956 年大胆预言美国石油产量的峰值将出现在 1967~1971 年，之后便呈下降趋势，事实证明了该预测的正确性。第二个经典预测是 1998 年，爱尔兰地质学家科林·坎贝尔（Colin J. Campbell）与法国石油地质学家胡安·拉赫雷（Jean Laherrere）在《科学美国》上发表了《廉价石油时代的终结》一文，在油价还十分低迷的时期，他们便大胆地提出廉价石油时代必将终结的论断。2003 年以后至 2008 年金融危机爆发之前，国际石油价格的持续上涨似乎验证了其结论，随后，关于石油峰值的研究在全球范围内广泛展开。

在中国，最早研究石油峰值理论的学者是著名地球物理学家、中国科学院院士翁文波。1984年，翁文波院士在其专著《预测论基础》中对石油峰值理论进行了论述，他认为，任何事物都有"兴起—成长—成熟—衰退"的自然过程，石油年产量的盛衰变化可以形象地表示为有限体系中的一个生命旋回，一方面，随着勘探技术的进步和勘探程度的加深，石油产量实践变量呈幂函数增长；另一方面，随着剩余资源量的减少，石油产量实践变量呈负指数衰退。基于该思想，他提出了泊松旋回模型，通常被称为"翁氏模型"。

2.1.2.2 石油峰值理论的基本观点

（1）石油峰值是一个客观规律

从哲学上讲，事物发展有始有终。世间万物从开始出现到最后消亡，必然经历一个从发生—发展—兴盛—衰减—消亡的过程。在地质年代形成的有限自然资源——石油，必然也会遵循此规律。尽管目前人类已探明的石油储量只是世界油气总资源量的一部分，但油气属于不可再生资源，从总量上讲，必然会到达一定的限度。事实上，任何油田或油区，在不断开采过程中都存在一个产值高峰期。据估计，目前全世界石油产量已经跨越了石油峰值的国家有65个，产量特征比较典型的国家主要有美国、挪威和英国等，还有35个国家的石油产量即将达到峰值。在没有发现能够完全替代石油的新能源的情况下，随着时间的推移，石油总产量最终会达到峰值。

（2）世界石油总产量正从快速增长期进入峰值平台期

从19世纪中叶石油工业开始发展，到如今100多年的历史中，石油勘探和开采技术突飞猛进。19世纪中叶，人们基本依靠发现油苗和观察地面构造寻找石油。如今，石油勘探技术已发展到依靠尖端地球物理工具和地质模型来寻找油气，并采用高技术钻井工具进行开采，然而，遗憾的是，石油生产形势与油气勘探技术并不匹配。科技进步并没能阻止新发现油田数量和已探明石油储量增速放缓的趋势。据统计，世界大油田发现的数量和储量的高峰在 20 世纪 60 年代。近年来，常规石油的勘探开发愈发困难，石油公司只能继续投资于开采难度更大因而投资也更大的非常规油气资源。

（3）世界随时可能爆发资源长期短缺的石油危机

目前，世界石油储量和产量分布与消费市场严重失衡，世界绝大部分石油储产量被控制在少数国家手里，石油需求大国大多数依赖于大量进口石油以满足本国石油需求。在国际石油市场上，石油供应风险进一步加剧，宏观上看，地缘政治和石油安全问题与环境和社会可持续发展等问题交织在一起，微观上讲，一些石油开发项目由于勘探开发成本的不断上升而被延迟，甚至中止。另外，近年来，国际石油价格在高位震荡，国际石油合作格局从资本主导向资源主导转变，资源的价值得到较大程度的体现。作为一种不可再生的难以替代的基础性资源，石油资源战略地位不断上升，将更加凸显资源国的主权地位和对国际石油市场的控制能力。

2.1.2.3　关于石油峰值理论的争论

关于石油峰值，学术界存在两种截然不同的观点。赞成石油峰值理论的"悲观派"的代表人物是坎贝尔，1998 年他提出"廉价石油时代必将终结"的观点，之后与美国西雅图能源及人类研究所的理查德·邓肯（Richard C. Duncan）教授合作，继续研究石油峰值，2003 年他们发布的研究结论显示，已有 24 个国家的石油产量明显越过顶峰。20 世纪 90 年代，克雷格·哈特菲尔德（Craig B. Hatfield）、理查德·克尔（Richard A. Kerr）等石油地质学家纷纷撰文指出世界石油产量将在 2008 年前后达到顶峰；曾任德国联邦议会科学顾问的维尔纳·齐特尔（Werner Zittel）和乔根·辛德勒（Jorg Schindler）

则认为世界石油产量高峰极有可能在 2010 年以前到来，并引用很多产油国的数据资料来支持其论断。

反对石油峰值理论的"乐观派"以美国联邦地质调查局（USGS）和剑桥能源研究会（CERA）为代表。美国联邦地质调查局的世界能源工程项目官员托马斯·奥尔布兰特（Thomas Ahlbrandt）坚持石油高产稳产概念，他指出英国北海油田产量在过去 20 年中屡次违背"钟形曲线"。2003 年，剑桥能源研究会负责人 Daniel Yergin 在《旧金山纪事报》上发表评论，他指出石油供应的总量并不是固定不变的，事实上，世界石油已探明剩余总储量总是处于不断变化的过程中。同年，世界经济学者 Michael Lynch 发表文章批评哈伯特和坎贝尔，指责他们的分析充满了马尔萨斯人口论的色彩。2004 年，意大利学者莱昂纳多·玛格瑞（Leonardo Maugeri）在《科学》杂志上发表文章，明确指出石油峰值理论发布的是耸人听闻的虚假警报，石油时代远没有结束；同时，研究结果也指出哈伯特的"钟形曲线"模型并没有考虑技术进步、成本、价格等因素的作用，因而并不能够完整地反映世界石油储量和产量的复杂性。中国石化石油勘探开发研究院专家张抗也对所谓"石油枯竭"或"峰值"说并不认同。

虽然有争论，但双方在一些观点上基本达成共识：由于石油资源的不可再生性，石油资源是有限的，在无限长的时期里终将枯竭，因而石油峰值终会达到。目前争论各方之间的分歧主要集中于峰值到来的时间。

2.2 产业组织理论

产业组织理论是研究市场在不完全竞争条件下的生产者行为和市

场结构，是微观经济学中的一个重要分支。产业组织理论所涉及的研究领域非常广泛，本研究所涉及的卡特尔理论、市场行为理论和博弈论只是产业组织理论庞大的理论体系中的几个小分支。

2.2.1　市场行为理论

2.2.1.1　市场行为的基本内涵

生产者的市场行为是指生产者基于市场供求状况，在充分考虑与其他生产者之间关系的基础上，为实现其目标（如利润最大化、更高的市场占有率等）所采取的战略决策行为。根据现代产业经济学"结构—行为—绩效"（Structure-Conduct-Performance，SCP）的分析范式，生产者市场行为是产业组织理论的重要组成部分，是连接市场结构和市场绩效的中间环节。生产者市场行为受市场结构制约，同时，市场行为又反作用于市场结构，并直接影响市场绩效。生产者市场行为是生产者为实现一定的经营目标而做出的现实反应。生产者市场行为方式直接由生产者的经营目标驱动和决定，并受生产者内部影响因素的约束和外部影响因素的制约。内部因素主要是指生产者的产权关系，尤其是指生产者所有权与控制权的关系；而外部因素主要是指生产者所在行业的市场结构和市场绩效、同一市场上其他市场主体的市场行为、相关的产业政策和法律法规等。

生产者市场行为主要可以划分为以下三类：第一，价格行为，一般是指以控制和影响价格为基本特征的定价行为，如提高进入壁垒、排挤竞争对手的定价行为，以及价格歧视等；第二，非价格行为，以产品差异化和促销战略为基本内容的行为，如研发、技术创新和广告宣传等；第三，组织调整行为，以产权关系和生产者规模调整为基本特征的行为，如生产者的兼并、重组，经营的一体化或多元化，以及跨国经营等。

2.2.1.2　市场行为与卡特尔协议

价格行为是同行业中各生产者进行合谋，形成并维持卡特尔最重要的市场行为。卡特尔的价格行为主要包括以下几种。

（1）制定统一价格

卡特尔内部成员之间达成一个统一的价格，可以有效防止成员之间的过度竞争甚至恶性竞争，在制定统一价格的情况下，某一成员的降价行为很容易被其他成员发现。

（2）对各种直接或变相的降价行为施以惩罚

统一价格行为的有效实施有赖于惩罚措施的有效制定并严格执行。惩罚机制的建立可以提高成员之间的违约成本，有效组织某一生产者通过降价来争夺其他成员的客户。

（3）预先告知价格变动

在市场竞争中，市场价格的波动难以避免，但这很容易伤害卡特尔成员之间好不容易建立起来的信任感。存在价格领导者的行业中，价格的波动主要受价格领导者支配。但在大部分行业中并不存在价格领导者，所以在需求上升期，先提价的成员容易遭受损失，而在需求下降期，后降价的成员损失更大。而解决这一难题的方式是预先告知价格信息。

大多数文献在论及生产者间的合谋时，主要考察默契的合谋策略，认为每个生产者最有利可图的是选择忠于默契的合谋方式。当所有其他生产者都采取合谋行为时，触发策略①让每一个生产者长久地维持合谋状态。如果折现率足够低，古诺竞争中低利润的威胁足以保证合谋行为得以延续。

---

① 触发策略是指只要有任何一个厂商对合谋策略实施欺骗，那么所有其他厂商都会转而采取的古诺行为。

2.2.1.3　本研究所涉及的市场行为

在本书中，对欧佩克市场行为的研究主要包括两个方面：一是欧佩克的价格行为；二是欧佩克的产量行为。影响欧佩克市场行为的内部因素主要包括欧佩克组织机构职能的发挥、欧佩克内部制度和石油政策，以及各成员国政治、经济发展状况及相互之间的关系。外部因素则主要包括非欧佩克产油国、石油需求国的市场行为，世界经济形势及国际石油市场需求状况等。

2.2.2　卡特尔理论

亚当·斯密在其经典著作《国民财富的性质和起因的研究》中论及：“虽然同行们很少聚会，而且即便聚也是为了娱乐和消遣，但是他们聚会时的谈话却通常以针对公众的共谋或提高价格的阴谋而结束。”在任何市场中，企业都有协调它们的生产和定价行为的动机，通过限制市场产出和抬高市场价格来增加共同利润和个体利润。市场上公开协调定价和产出行为的企业联盟被称为卡特尔。经济学原理将卡特尔定义为：以利润最大化为目标，为了获得更高的价格去限制生产或划分市场的有组织的生产者集团。比起竞争性市场，在寡头垄断市场中更容易产生卡特尔，因为当企业数量很少时，企业间很容易达成并维持有关价格或产出的协议。即便没有明确的协议，企业也可以通过协调行动来提高它们的共同利润。尽管企业有进行合作以限制产出和提高价格的动机，但是每个卡特尔成员同样有违背卡特尔协议的动机，因为每个卡特尔成员都希望能在卡特尔联合利润最大化情况下，独自增加产量以增加个体利润。经济合作与发展组织（OECD）将卡特尔定义为：竞争者之间达成的固定价格、共谋投标、产量限制或者通过分配顾客、供应商、商业线路而瓜分市场的限制竞争的协议、行为或安排。

2.2.2.1 卡特尔的形成

在一个竞争性市场中，每个生产者考虑的是从自己减少的产出中能获益多少，而忽视了其他生产者从行业总产量相应减少到一定程度后引起的价格上涨中的所得。相反，卡特尔考虑了每个企业产出的减少给所有成员带来的收益。与竞争性生产者相比，卡特尔可以获得更高的收益。如图 2-1 所示，考虑两种极端的情况，第一种情况假设市场由许多相同的竞争性企业组成；第二种情况假设所有企业都成为卡特尔成员，像垄断企业一样行事。图 2-1（a）显示了一个典型企业的边际成本曲线，个体企业边际成本曲线的加总成为市场供给曲线，以 MC 表示，与市场需求曲线 D 一起显示在图 2-1（b）中。竞争性产出 Q_c 由供给曲线和需求曲线的交点决定，每个企业的产出为 q_c，市场价格为 p_c。在竞争性产量水平处，卡特尔的边际成本大于边际收益，因此较少产出对卡特尔是有利的。由于需求曲线 D 是向下倾斜的，边际收益曲线 MR 在需求曲线下方，而且在竞争性产出 Q_c 处，边际收益等于边际成本。因此，从竞争性水平处降低产量对卡特尔是有利的。将产出一直降低到边际收益等于边际成本的水平，才能保证利润最大化。卡特尔通过将产量降低到 MR 等于 MC 的总产出水平 Q_m 来增加利润，此时价格上升为 p_m。由于卡特尔是由 n 个相同的企业组成的，这就需要每个企业减少产出到 $q_m = Q_m/n$。此处假设这些相同的企业平等分享超额利润。

在竞争性均衡中，每个竞争性企业都设定边际收益等于边际成本，没有进一步降低产量的激励。而企业联合行动的收益来源于市场需求曲线的轻微倾斜。通过合作，卡特尔成员获得每个企业减少产出带来的收益。当卡特尔包含所有企业时，减少产出和提高价格带来的收益都属于卡特尔，并在成员中瓜分。

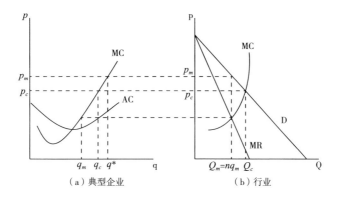

图 2-1　卡特尔的形成过程

2.2.2.2　影响卡特尔成立的基本因素

理论上，寡头垄断市场中的企业比较容易形成卡特尔，但并不是寡头垄断市场中的企业都能形成卡特尔，并维持卡特尔的稳定运行。成功建立卡特尔必须具备以下几个基本因素。

（1）提高市场价格的能力

卡特尔必须能够在不引起非成员企业的竞争明显加剧的情况下提高价格。卡特尔面对的需求曲线弹性越小，可以设定的价格就越高，获得利润也越高。如果卡特尔的需求曲线是缺乏弹性的，那么提高价格可以明显提高收益。相反，如果潜在的卡特尔面对的是富有弹性的需求曲线，则提高价格将导致收益下降。另外，非成员企业的进入或其他产业中相近替代品的生产会促使卡特尔提高价格。如果卡特尔只控制了包括所有替代品在内的相关市场的小部分份额，那么非卡特尔成员的企业会降价，阻止卡特尔提高价格。即使最初市场中的所有企业形成卡特尔并成功提高价格，但高价格会诱使新企业进入市场，因此长期内卡特尔不能维持高价格。也就是说，卡特尔面对的长期需求弹性非常高。显然，预期卡特尔能把价格维持在高水平上的时间越长，建立卡特尔的现期价值就越大。

（2）对严厉惩罚的低预期

只有当卡特尔成员预期企业之间的合谋不会被政府抓到并受到严厉惩罚时，卡特尔才会成立。较大的预期惩罚首先降低了形成卡特尔的预期价值。1980 年卡特尔在美国被界定为非法行为以前，公开的卡特尔非常常见。在司法部执行法律相对宽松的时期，价格操纵的共谋非常流行。

（3）较低的组织成本

即使潜在的卡特尔在长期内能提高价格而且不被发现，如果最初的组织成本太高，卡特尔也不易形成。谈判越复杂，建立卡特尔的成本就越高。影响卡特尔组织成本且有利于卡特尔形成的因素主要包括以下几方面。一是涉及的企业数量较少。当卡特尔的组建只涉及少数企业时，组织一次秘密会议而不被政府察觉就相对容易些。即使市场中存在许多企业，最大的几家企业也可以协商并组织一个不明确包括较小的边缘企业的卡特尔。二是市场集中度高。如果市场中的少数大企业占据大多数市场份额，而且它们可以协调各自的行为，那么它们就可以在不涉及市场中其他（较小）企业的情况下抬高价格。三是产品同质程度高。当每个企业的产品不同质时，企业更难在相对价格上达成协议。一旦产品有所改进，就必须制定一个新的相对价格。当必须监督的只是单一价格时，卡特尔会较为容易地察觉企业的欺骗行为。如果企业不想明显地通过破坏价格协议而增加销售，那么企业可以通过保持价格不变而提高产品质量来达到这一目的，而且要发现这一行为相对比较困难。四是存在一个行业协会。通过降低市场中企业会晤和协调行动的成本，行业协会方便了卡特尔的建立和执行。多数产业中都有经常组织企业会谈的协会。当然，并不是所有有行业协会的行业都必定形成卡特尔。但是，正如亚当·斯密所观察到的，这样的碰面通常会形成价格操纵的协议，而行业协会则常常成为大集团协调行动的机制。

2.2.2.3　卡特尔协议的执行

即使市场由生产同质产品的少数企业组成，面临无弹性的需求曲线，没有新企业进入的威胁，如果卡特尔成员能够并且想要违背协议，那么卡特尔也难以形成。导致卡特尔形成的部分因素同样也可以帮助卡特尔发现欺骗并执行协议。

（1）发现欺骗

如果欺骗很容易被察觉，那么卡特尔协议的执行就相对容易。以下四个因素可以帮助发现欺骗。一是市场中企业数量较少。如果只有少数企业，卡特尔就可以相对容易地对每家企业进行监督，而且一家企业市场份额的提高也就更容易被发现，更进一步，当只有几个共谋者时，道义（或非道义）的劝说将更为方便。二是价格不会单独波动。如果一个市场的需求、投入成本以及其他因素频繁发生变动，那么市场价格也不得不经常调整，在这种情况下，对卡特尔协议的欺骗就很难被发现，因为人们无法容易地将其与导致价格波动的其他因素区分开来。如果价格是一致的，那么欺骗就相对容易被察觉。三是价格广为人知。信息的公开获得大大简化了卡特尔的实施，提前公示价格的上升和下降是向所有感兴趣的成员传达价格信息的一种方法。当所有企业在它们的所有销售中都只使用同一个代理人或代理组织时，就会出现信息分享的极端情况。四是所有卡特尔成员在销售链的同一点销售相同的产品。如果一些企业是纵向一体化的，卡特尔将很难确定欺骗在销售链的哪一点发生。相反，如果所有企业都销售给同一类型的客户，欺骗则较容易被发现。

（2）没有欺骗动机的卡特尔

在某些情况下，卡特尔会发现执行要相对容易一些。如果成员的边际成本曲线相对来说缺乏弹性，它们的固定成本相对总成本来说较低，它们的顾客要求较小的经常性订单，或者它们有一个单一代理人，那么成员企业将没有违背卡特尔的动机。如果企业的边际成本曲线近乎垂直，那么由于大幅度提高产出的成本很大，因此违背卡特尔协议的收益将微乎其微。在图 2-1（a）中，边际成本曲线近乎垂直，q^* 接近于 q_c。如果企业的运营接近充分生产能力水平，边际成本曲线可能会近乎垂直。事实上，卡特尔可能会通过签订联合协议来让企业的边际成本曲线接近于垂直。

（3）阻止欺骗的方法

除非卡特尔可以觉察违反价格操纵协议的行为并防止其再次发生，否则卡特尔成员企业就会热衷于秘密削价（或扩大生产）。目前，阻止欺骗的方法主要有六种：操纵除设定价格之外的更多因素，分割市场，固定市场份额，使用最惠国待遇条款，使用交融竞争效果条款，以及设定触发价格。

2.2.3　博弈论

博弈论是一种描述和检验其他理论的分析方法。博弈论分析了无法对决策结果做出完全预测的理性决策者之间的互动，通过描述一个决策者行为对另一个决策者预期反应的影响来反映决策者之间的冲突与合作。博弈论产生于 20 世纪 40 年代，1944 年冯·诺伊曼（Von Neumann）和摩根斯坦恩（Morgenstern）合作出版《博弈论和经济行为》一书，为现代博弈论的发展奠定了理论基础。经过几十年的发展，博弈论逐渐走向成熟，从 1994 年诺贝尔经济学奖授予 3 位博弈论专家开始，截至 2020 年，共有 6 届的诺贝尔经济学奖与博弈论的研究有关，可见该理论对经济学的发展有着非常重要的影响。

2.2.3.1　博弈论的特征

博弈分析与其他分析工具相比，具有以下几个特征。

第一，博弈均衡是行为均衡的概念。在古典经济学中，均衡是和市场结构相关的，但在博弈论中，均衡则与生产者行为相关。在古诺均衡中，每个企业对产出水平的选择共同构成了均衡，给定竞争对手的选择，没有生产者可以通过改变产出来提高利润。在这种情况下，产出就是一种策略性变量。在伯特兰模型中，其竞争性的决策变量则是价格。更一般地，在给定对手策略性选择条件下，生产者最优选择的方法称为纳什均衡。

第二，博弈论主要研究相互依赖的生产者行为。博弈论的基本工具是支付矩阵，它表明决策者的策略变量，每个决策者的支付函数都依赖于竞争对手的策略性选择。这种相互依赖的生产者行为策略可以更一般地通过反应函数来表示。

第三，博弈模型依赖于对企业行为的不同假定和不同支付函数的设定。根据博弈分析假定的不同，博弈分析结果可以分为零和博弈和非零和博弈、静态博弈和动态博弈等几种类型。

2.2.3.2　博弈的基本要素

一个完整的博弈包含五个基本要素，即参与人、参与人的行动集、战略、信息结构、支付函数。

参与人是指一个特定博弈过程的参与人。关于参与人，需要注意两点：其一，博弈是有关双方或者多方的互动过程，有时候表面只有一个参与者，但通常会引进"自然"作为虚拟参与人；其二，通常假定参与人是理性的，即谋求效用最大化。参与人的行动集是参与人可选择的所有行动形成的集合。战略是参与人在给定信息集的情况下选择行动的规则，它规定参与人在何时选择何行动。信息结构是指信息在参与人之间分布的结构，即是否存在私有信息。支付即所得，支付函数是参与人从博弈中获得的效用水平。

总之，一个博弈应规定谁在什么时候行动，行动时都掌握了什么信息，有什么可供选择以及各种选择后的所得。

2.2.3.3 博弈的分类

根据博弈参与人的目标是否冲突，可以将博弈划分为合作博弈和非合作博弈。在合作博弈中，博弈各方共同决策，谋求总体利益最大化，合作博弈的均衡可以通过协商、谈判及磋商获得。在非合作博弈中，参与者并不谋求共同利益最大化，而是各自寻求个体利益最大化。现实中的博弈在绝大多数情况下是非合作博弈，所以经济学家更多地关注对非合作博弈的研究。

按照参与人行动的先后顺序，可以将博弈划分为静态博弈和动态博弈。静态博弈是指参与人"同时"行动的博弈，"同时"是指信息意义上的概念而非物理时间概念。即使参与人行动在物理时间概念上有先后之分，但后行动者若不知道先行动者的行动选择，则该博弈仍属于静态博弈。而动态博弈是指参与人的行动有先后之分，即一些参与人在观测到其他参与人的行动后再做出选择的博弈。

根据博弈发生的次数，可以将博弈划分为单次博弈和重复博弈。单次博弈是指同样的博弈只发生一次；重复博弈是指同样的博弈发生很多次。在单次博弈中，参与人容易采取短期行为；但在重复博弈中，其短期行为将以长期利益损失为代价。因此，重复博弈可以在一定程度上制约参与人的短期行为，如在一个合作组织中成员的不合作行为。重复博弈对短期行为的制约力取决于博弈次数、参与人对贴现因子的评价等综合因素。长期合约是一种典型的重复博弈，如重复购买、长期雇佣等。

博弈论对产业组织的重要贡献在于它为解释和分析不完全竞争的市场提供了很好的行为分析工具。传统的边际分析工具由于受到假定条件的限制不能对不完全竞争条件下的生产者行为进行很好的解释，如在位生产者阻止进入者进入的动机、在寡头模型中寡头双方产品的价格和数量的决定条件及均衡存在、价格歧视的福利含义、合谋的行为分析、非价格决策对市场结构和绩效的影响等。而博弈论在有限决策者行为方面具有很大优势，它通过对各种反应函数的分析，使关于生产者行为对市场绩效和结构影响的解释更具逻辑性和合理性，并将传统的结构、行为和绩效的单向关系机制演绎成复杂的双向或多项关联机制。

2.3　石油安全理论

石油是"工业的血液"，是现代工业不可缺少的一种重要能源和化工原料，还是一种目前尚不能替代的战略物资。一个国家的石油安全不仅与该国经济可持续发展及社会的稳定密切相关，而且对整个世界的政治、经济格局和军事形势也会产生深远的影响。长期以来，世界各国将石油安全战略作为能源安全战略的核心予以高度关注，石油产业安全理论也成为各国学者关注的研究领域。

2.3.1　石油安全的内涵

石油安全这一概念产生于第二次世界大战期间，主要涉及战争机器的燃料供应安全问题，属于军事领域范畴。直到 20 世纪 70 年代世界第一次石油危机发生之后，石油安全才作为一个与石油危机相对应的经济学概念而引起社会各界的广泛关注。40 多年来，不同国家、组织机构以及学者基于不同立场，从不同层面对石油安全的概念和内涵进行了界定。

美国基于其在世界能源格局中的地位、立场和政策目标，将石油安全界定为："确保石油价格合理并自由流通"，即以合理的价格自由地从国外石油生产国获取石油资源。英国从能源安全的整体视角，对能源安全的状态进行描述：本国居民及其政府有理由相信在能源方面有足够的储备、生产和销售渠道来满足他们在可预见的未来对能源的需求，本国居民的生活不会因石油供应的中断或价格的大幅波动而遭受威胁，甚至福利受到损害。中国国务院发展研究中心在研究报告《中国能源发展战略与政策研究》（2004）中提出：所谓石油安全就是保障数量和价格上能满足经济社会持续发展需要的石油供应。所谓石油不安全，主要体现在石油供应暂时突然中断或短缺，价格暴涨对一国经济的损害，其损害程度主要取决于经济对石油的依赖程度、油价波动的幅度以及应变能力。反应能力包括战略储备、备用产能、替代能源、预警机制等。国际能源署（International Energy Agency，IEA）从组织的政策目标出发，定义了一个更为宽泛的石油安全概念：组织内部成员国的经济发展、充分就业的保障和生活水平的提高是建立在石油安全基础之上的。各成员国应利用财政力量为世界经济中的石油安全问题提供保障。

综合各种观点，石油安全简单而言可分为两个层次：一个是供给安全；另一个是价格安全。供给安全强调石油供应的可靠性，即利用国内和国际两个市场，获得满足国民经济持续发展和人民生活水平逐步提高所需的稳定可靠的石油供应。价格安全强调获得石油资源的成本，即利用市场化手段化解国际石油价格大幅上涨和剧烈波动对国民经济的冲击。

对于在何种情况下才算出现石油安全问题，不同学者和机构的观点各异。有的学者认为石油安全与石油进口量或对外依存度密切相关，并且提出当一个国家的石油进口量达到其国内消费总量的30%时，该国就需要将石油安全问题提升至国家安全战略层面。国际能源署则将石油供应中断量达到需求量的7%确定为石油安全警戒线。伴随世界能源供需状况的变化，以及石油安全理论的发展，石油需求国逐渐认识到，石油进口量并不是石油安全问题的关键，关键的问题是石油进口量是否有可能骤减，某个石油进口渠道是否有可能中断，以及进口代价是否能够承受。

石油安全是世界主要消费国的安全战略最重要的内容之一，也是能源管理机制的重要组成部分。早在 20 世纪 70 年代末期，美国就开始构建世界上最大的和相对完善的石油安全和储备体系，同时还进行一系列的政府项目，如"战略石油资源"研究，为构建美国的石油安全和储备体系提供详细的信息。在这些研究中，会考虑到各种可能发生的事件，如国际突发（政治、军事）事件、国内恐怖事件、重大事故、自然灾害、能源价格突变等方面，考虑本国资源储备、运输能力，国外资源结构变化，未来国内能源需求和国际能源提供方式，能源价格变化趋势，及区域石油供应与消费程度和运输安全保障体系，来确定美国的石油储备体系与机制。一旦有反常信号出现，国家可以启动不同级别的预警系统。

2.3.2　本书对石油产业安全的定义

综合各种观点，本书认为，石油产业安全，是指一个国家的石油产业能够为本国经济社会的持续发展提供充足稳定的石油供应。石油的数量、价格、持续供应能力对一个国家的石油供应安全均有不同程度的影响，石油产业安全不仅强调一个国家自身的石油资源禀赋和石油产业的国际竞争力，也主张利用全球市场获得国外石油资源来增加本国的石油供应。此外，石油产业安全还包括充足的战略石油储备量。

结合本研究所关注的领域，本书认为石油产业安全具有以下几个特征，一国石油产业面临的风险和保障一国石油产业安全的主要任务如图 2-2 所示。

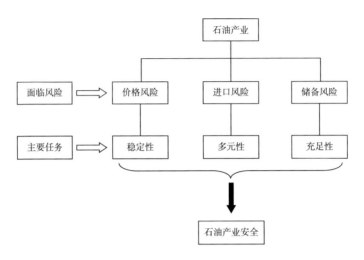

图 2-2　石油产业安全体系

第一，稳定的石油价格。由于石油资源本身的稀缺性和分布的非均衡性等因素，石油价格的波动极易受政治、外交甚至军事等方面的影响。从国际石油价格变化的规律来看，政治因素是引起历史上几次全球性石油价格剧烈波动主要原因。因此，市场因素导致的石油价格的正常波动不属于石油产业安全问题，可由市场机制自行调节；而由非市场因素导致的价格暴涨或供应中断等异常现象则属于石油产业安全问题，必须采取政治、经济、外交甚至军事手段才能确保安全。

第二，多元的石油进口来源。石油进口来源的多元化能够有效分散石油输入国的进口风险，保障国内石油的供应。

第三，充足的石油储备。在某个国家和地区发生石油供应锐减，甚至中断，造成世界石油供应短缺的情况下，各个国家的石油储备能够暂时弥补外部石油供应的不足，直到供应恢复正常为止。石油储备需要较大的资本投入，因此一个国家应该在保证供应的前提下，尽可能地做到储备合理，从而降低存储成本。

2.4　小结

本章从三个角度将欧佩克市场行为及其对一国石油产业安全的影响的相关理论进行梳理，包括资源经济理论、产业组织理论和石油安全理论。

首先，本书研究的石油经济领域，自然资源经济学将石油定义为一种不可再生的自然资源。关于石油价格，经典的理论模型主要有可耗竭资源模型、影子价格模型和边际成本价格模型。国际石油市场经过 100 多年的发展，已经形成了比较完整的市场价格体系。目前，欧佩克官方价格由 13 个成员国的 13 种石油价格加权平均得到，称为一篮子石油价格；而国际石油市场基准价格则根据贸易地区进行划分。关于石油产量，主要有"峰值理论"对其进行解释。

其次，本书的主要研究对象为欧佩克，本部分内容以产业组织理论中的卡特尔理论为基础，对欧佩克市场行为进行分析，主要包括三方面：欧佩克石油价格体系、欧佩克产量配额制度，以及欧佩克与其他国家的能源合作。欧佩克市场行为由欧佩克内部成员国以及外部非欧佩克产油国和石油需求国相互影响、共同决定。欧佩克成员国间，以及欧佩克与非欧佩克产油国、石油需求国之间的行动与决策可运用博弈论进行分析，博弈论研究的就是无法对决策结果做出完全预测的理性决策者之间的互动。

最后，本书运用石油安全理论来支撑欧佩克市场行为影响中国石油产业安全的研究。本书认为，石油产业安全是指一个国家的石油产业能够为本国经济社会的持续发展提供充足稳定的石油供应，石油产业安全包括稳定的石油价格、多元的石油进口来源，以及充足的石油储备。

第3章 欧佩克市场行为的内部
运行机制

欧佩克是一个由中东、非洲和拉丁美洲主要产油国联合组建的国际石油经济贸易组织，其目标是协调和统一成员国之间的石油政策，确定个体和集体维护其利益的最佳手段；设法确保国际石油市场价格稳定，以消除有害和不必要的波动；在适当考虑生产国的利益、确保生产国收入稳定的前提下，向石油消费国提供高效、经济和常规的石油供应，并为石油行业的投资者提供公平的资本收益。迄今为止，欧佩克是发展中国家联合组建的时间最长、运行最稳定、影响最大的原料生产与输出国组织。目前，欧佩克依然是国际石油市场的主要石油供应来源，在国际石油供应格局中占据重要地位。

3.1 欧佩克的发展历程及现状

欧佩克成立于 1960 年，创始成员国包括伊朗、伊拉克、科威特、沙特阿拉伯和委内瑞拉五个主要产油国。随后，卡塔尔（1961 年）、印度尼西亚（1962 年）、利比亚（1962 年）、阿拉伯联合酋长国（1967 年）、阿尔及利亚（1969 年）、尼日利亚（1971 年）、厄瓜多尔（1973 年）、加蓬（1975 年）、安哥拉（2007 年）、赤道几内亚（2017 年）和刚果（布）（2018 年）加入了这一组织。

欧佩克成立 60 余年来，成员国几经变化，有扩张，也有缩减。其中，厄瓜多尔两进两退：1973 年首次加入，1992 年 12 月退出，2007 年 10 月重新加入，2020 年 1 月 1 日又一次退出。1962 年加入的印度尼西亚成为石油进口国后，偏好低油价，为节省会员费于 2009 年 1 月退出，2016 年 1 月，为"充当欧佩克与亚太市场桥梁"宣布回归后又反悔，于 2016 年 11 月 30 日的第 171 次欧佩克会议上，再次退出。加蓬于 1995 年 1 月退出，2016 年 7 月重新加入。卡塔尔于 2019 年 1 月 1 日退出。截至 2021 年 6 月，欧佩克共有 13 个成员国：阿尔及利亚、安哥拉、刚果（布）、赤道几内亚、加蓬、伊朗、伊拉克、科威特、利比亚、尼日利亚、沙特阿拉伯、阿联酋和委内瑞拉。[①]

3.1.1　欧佩克的成立

1960 年 9 月，伊朗、伊拉克、科威特、沙特阿拉伯和委内瑞拉五个主要产油国代表齐聚伊拉克首都巴格达，参加在石油产业发展历史上具有里程碑意义的一次重要会议。9 月 14 日，与会代表签署巴格达第一届欧佩克会议决议，并宣布石油输出国组织正式成立。

3.1.1.1　欧佩克成立的背景

欧佩克于 1960 年 9 月在巴格达由五个产油发展中国家成立，当时国际经济和政治格局正在转型，国际石油市场由"七姊妹"跨国公司主导，基本上与苏联和其他中央计划经济国家分开。

20 世纪五六十年代，国际经济和政治格局正处于过渡时期，许

---

① 按国家名称首字母排序。

多发展中国家正在进行大规模的非殖民化，并诞生了许多新的独立国家。在欧佩克成立以前，世界石油市场主要由美国、英国和荷兰垄断资本控制的 7 家国际石油公司所控制，这 7 家石油公司分别是美国的埃克森公司、德士古公司、莫比尔石油公司、加利福尼亚标准石油公司、海湾石油公司，英国与荷兰合资的英荷壳牌石油公司以及英国石油公司，被称为"国际石油七姊妹"（简称"七姊妹"）。由"七姊妹"主导的国际石油市场与苏联和其他中央计划经济国家（CPEs）的石油市场基本分离。欧佩克正是在国际石油卡特尔垄断国际石油市场，掠夺亚非拉产油国石油资源的背景下成立的。

欧佩克创始国包括中东海湾的沙特阿拉伯、科威特、伊朗、伊拉克，以及拉丁美洲的委内瑞拉，这 5 个国家共同的特点是拥有丰富的石油资源禀赋，石油储量较高，且油田分布较集中、开采条件较好，因而石油开采成本较低。在 1945～1960 年的 15 年间，这 5 个国家的探明剩余可采石油储量以年均 29.1% 的速度增长，占全球石油储量的比重由 1945 年的 56.8% 增加到 1960 年的 66.67%；1960 年，这 5 个国家石油出口量为 3.1039 亿吨，占世界石油出口总量的 81.43%。

中东和拉美产油国尽管拥有优质的石油资源禀赋，但"七姊妹"凭借其强大的资本实力对石油的勘探开采、提炼销售的每一个环节加以控制，长期以非常低廉的价格从亚非拉国家获取源源不断的石油，顺利完成了在能源领域以石油代替煤的转变，并实现了战后经济的高速增长。而中东、拉美等石油资源国却在西方垄断石油资本的长期掠夺和剥削下资源毁耗、政局动荡、经济畸形、债台高筑。

伴随工业化进程的加快，西方发达国家对石油的需求也日益高涨。一些国家从主要的石油输出国转变成石油输入国，比如美国。为满足经济发展的需要，为经济发展提供充足的能源支撑，以"七姊妹"为代表的西方国际石油卡特尔在战后加速了对中东和拉美国家石油资源的开发与掠夺，同时发达国家对中东及拉美国家的能源依赖日益加深，在此过程中，五大产油国在国际石油市场的份额迅速扩大，这为石油输出国组织的创立创造了有利条件。

3.1.1.2　欧佩克成立的原因

基于国际石油卡特尔垄断国际石油市场，掠夺亚非拉产油国石油资源的背景，欧佩克的成立有广泛且深层次的国际政治经济因素和历史根源。

首先，欧佩克的成立是顺应第二次世界大战后，特别是 20 世纪 50 年代以来第三世界各国在政治上、经济上联合反对帝国主义、殖民主义和霸权主义斗争的历史潮流的产物。欧佩克的成立与第二次世界大战之后，中东阿拉伯民族主义运动的蓬勃发展直接有关。

其次，从石油资源的地区分布和国际石油市场的结构变化来看，石油输出国组织之所以会出现在 1960 年，是由于战后世界石油储量的地区分布和原油输出中心已从北美转向中东，而参与国际石油贸易的国家也发生了结构性的变化。战前，美国是全世界的产油中心和石油供应基地，它的储产量和输出量均居世界之首。而委内瑞拉和苏联则分别居世界的第二、第三位。战后美国的石油储量和产量呈下降趋势。与此同时，美国的国际石油贸易从净出口变为净进口，且净进口数量急剧上升，到 1960 年成为世界最大的石油净进口国。与此相反，战前中东的石油储量、产量和输出量在世界上并没有什么地位。然而，战后中东的石油储量、产量和输出量快速增长，成为世界石油的主要供应地。

最后，西方石油垄断资本连续两次单方面压低石油价格是促使欧佩克成立的直接原因。20 世纪 50 年代，苏联以及"七姊妹"以外的一些独立的石油公司为争夺市场份额与"七姊妹"展开了激烈的价格竞争。"七姊妹"为了在维持市场份额的同时转嫁油价下跌所造成的损失，单方面强制压低石油价格。1959 年 2 月，英国石油公司强行把中东产油区的每桶石油标价削减了 0.18 美元，导致中东产油国石油收入锐减 10%，造成约 4.76 亿美元的损失。委内瑞拉的每桶石油标价也下降了 0.15 美元。1959 年 4 月，阿拉伯国家联盟在开罗召开了第一届阿拉伯石油大会，非阿拉伯世界的产油大国伊朗和委内瑞拉应邀以观察员身份列席了此次会议。会议强烈谴责西方国际石油卡特尔单方面强行压价的霸权主义行为，通过了一系列重要决议，包括提高产油国在石油开采中利润分成比例，稳定原油标价及西方公司未经与产油国协商不得变动石油标价等，并首次提出成立石油输出国组织以协调石油政策的计划。当时，阿拉伯的 3 个主要产油国——沙特阿拉伯、科威特和伊拉克只占世界石油贸易量的 40%，但加上委内瑞拉和伊朗，则达到世界石油贸易量的 90%。1959 年 5 月，沙特阿拉伯矿业和石油事务大臣阿卜杜拉·塔里基和委内瑞拉矿业和石油部长佩雷斯·阿方索在举行会谈后发表联合公报，呼吁产油国遵循共同的石油政策以维护自身合法权益，并公开提出建立石油输出国组织的倡议。

随着国际石油市场竞争的进一步加剧，国际石油卡特尔竟无视产油国在第一届阿拉伯石油大会上做出的关于石油公司不得在事先未与产油国政府协商的情况下擅自更改石油标价的决议，美国埃克森公司于 1960 年 8 月再次将中东产油区的每桶石油价格削减了 0.10 美元，其余几家大石油公司纷纷效仿。这两次削价造成沙特阿拉伯、科威特、伊朗、伊拉克这 4 个国家的石油平均年收入损失 2.31 亿美元。中东主要产油国在 1961~1970 年共损失 40 亿美元。这两轮油价的连续下跌，从国际政治经济的角度来看，是美国和苏联两个超级大国为争夺世界霸权而推行的世界石油战略所导致的国际石油市场竞争加剧的直接产物；从生产关系的角度来看，则是石油租让制这种殖民地半殖民地经济结构内在矛盾长期发展的必然结果。为了打破西方石油资本的垄断，维护产油国基本的石油权益，保障石油收入，伊拉克、沙特阿拉伯、伊朗、科威特、委内瑞拉 5 个石油输出国决定联合起来共同对付西方国际石油卡特尔，1960 年 9 月，5 个产油国在伊拉克的首都巴格达召开会议，正式宣布成立欧佩克。会议认为，石油输出国组织的创始国具有共同的经济利益：一是各创始国为促进国家发展正在实施的经济发展计划需要大量石油输出所带来的资金；二是各创始国政府在很大程度上必须依靠石油收入以维持每年国家预算的平衡；三是石油作为一种不可再生资源，最终总会枯竭，合理规划国内石油资源的开采进程有利于产油国的长远发展；四是石油作为主要能源，能够维持和改善世界上几乎所有国家人民的生活水平，因而石油价格的任何波动不但影响创始国国内经济发展，也会影响石油需求国的经济发展。

至此，欧佩克作为一个旨在维护自身石油权益，寻求合理的国家经济利益，协调各成员国间的石油政策，反对西方国际石油垄断资本的过度掠夺和控制的发展中国家原料生产与输出国国际组织，正式活跃于国际政治和经济舞台上，发挥其重要作用。欧佩克是第二次世界大战后亚非拉民族解放运动蓬勃高涨的历史产物，欧佩克的成立标志着发展中国家开始登上国际舞台，成为当代国际政治经济格局中的一股重要力量。

3.1.1.3　欧佩克的组织机构

欧佩克在组织机构上包括欧佩克大会、欧佩克理事会和欧佩克秘书处。

（1）欧佩克大会

欧佩克大会是欧佩克的最高权力机关，由各成员国派代表团参加，代表团可由一名或多名代表以及顾问和观察员组成，当代表团人数超过一人时，委派国应提名一人担任代表团团长。成员国应派代表出席所有会议，每次会议必须达到成员国 3/4 的法定人数方可召开。欧佩克大政方针的制定及执行方式由大会投票决定，每个正式成员国拥有一票表决权，除程序性事项外，大会的所有决议均需全体成员国一致投票同意，方可通过。会议决议应在会议结束 30 天后生效，或在会议决定的期限后生效，除非秘书处在该期限内收到成员国的反对通知。如正式成员缺席会议，会议的决议应生效，除非秘书处至少在决议公布日期前十天收到该正式成员的反对通知。经大会同意，可邀请非成员国作为观察员出席会议。大会应在第一次预备会议上选出一名大会主席和一名候补主席，候补主席在大会主席缺席或不能履行其职责时，代替主席行使其职责。秘书长是大会的秘书。大会每年召开两次例行会议。但是，应成员国要求，经与大会主席协商，并经成员国简单多数同意，秘书长可召开特别会议。

大会的具体职能主要包括：制定组织的总体方针政策，并确定适当的执行方案和方式；受理新成员国的入会申请；确认理事会成员的任命；指示理事会就组织感兴趣的任何事项提交报告或提出建议，并进行审议或决议；审议并决定理事会提交的组织预算、财务报表和审计报告；以大会认为合适的目的在合适的地点召开会员国协商会议；批准对本条例的任何修订；任命大会主席和候补主席、秘书长，以及审计员（任期一年）。

（2）欧佩克理事会

欧佩克理事会负责组织的实际管理，类似于商业机构的董事会。欧佩克理事由各成员国提名，并经大会审议通过，每届理事的任期为两年。各成员国应派代表出席所有理事会会议，且必须达到 2/3 的法定人数，会议方可召开。每位理事拥有一票表决权，理事会的决定由出席理事会会议的理事进行表决，遵循简单多数原则。理事会每年至少召开两次理事会会议，应理事会主席、秘书长或 2/3 理事的请求，可召开理事会临时会议。

理事会的具体职能主要包括：管理组织日常事务并执行大会决议；审议并决议秘书长提交的报告；就组织事务向大会提交报告并提出建议；起草组织的年度预算，并提请大会批准；提名组织的审计员（任期一年）；审议会计报表和审计报告，并提请大会批准；在适当考虑秘书长建议的情况下，经成员国提名，批准部门主任和部长的任命；召开大会特别会议并准备会议议程。

理事会主席和候补主席由大会从理事会中任命，任期一年，按照字母排序进行轮换，但成员国入会日期应优先于字母轮换原则。理事会主席的主要职责包括：主持理事会会议；在组织总部工作，为理事会会议做准备；代表理事会参加大会会议和协商会议。

（3）欧佩克秘书处

欧佩克秘书处是欧佩克的执行机构。秘书处在理事会指导下，依照《石油输出国组织章程》（OPEC Statute）执行欧佩克大会通过的各项决议和理事会作出的各项决定。秘书处设立于欧佩克正式成立的第二年，1965 年办公地点从日内瓦迁至维也纳。秘书处运行经费由成员国提供，各成员国无论大小和石油产量多少，份额一律相同。

秘书处由秘书长、秘书长办公室、法律事务办公室、研究部和技术支持服务部组成。秘书处官员全部来自欧佩克成员国，专业性辅助人员则可以在当地或从其他国家聘用。秘书长作为欧佩克组织的法人代表，是秘书处的首席执行官，需要在理事会的领导下对整个机构的运营负责。秘书长由大会任命，每届任期为三年，可以连任一次，须由成员国提名并进行资质考核后方可任命。秘书长的职能主要包括：组织和管理欧佩克的工作；确保秘书处各部门相关职能和职责的履行；起草需要提交给理事会会议进行审议和决议的报告；向大会主席和理事会理事报告秘书处的所有活动、承担的所有研究项目和执行大会决议的进展情况，并确保正当履行大会或理事会分配给秘书处的职责。研究部由数据服务、石油研究与能源研究部门组成；技术支持服务部包括公共关系与信息部门、财务与人力资源部门、管理和 IT 服务部门；研究部和技术支持服务部负责开展研究工作，为欧佩克决策过程提供重要依据。①

欧佩克各成员国代表（主要是代表团团长）在欧佩克大会上详尽阐述对政治经济形势及市场走向的分析和预测，充分论述国际石油市场的供需状况，并就各成员国政策的调整展开磋商和协调，以便统一石油政策，促进石油市场的稳定与繁荣。例如，各成员国在以往数次大会中曾分别确定调整欧佩克的石油总量，维持石油价格的平稳，为消费国提供了有保障的石油供应。

3.1.2　欧佩克的发展历程

从成立至今，作为一个国际性石油组织，欧佩克依靠丰富的石油资源及其在国际石油市场上的重要地位，在捍卫产油国的石油权益、协调成员国间石油政策、制衡西方发达国家的掠夺以及维护国际石油市场的稳定等方面发挥了重要作用。这一过程中，一方面，由于各成员国的团结斗争取得了一系列的辉煌成就；另一方面，也存在挫折值得反思与总结。从 1960 年成立至今，欧佩克 60 余年的发展主要可分为如下几个阶段。

3.1.2.1　第一阶段：初创时期

20 世纪 60 年代为欧佩克的初创时期。在此期间，欧佩克通过各

---

① OPEC Statute, 2012.

种方式同国际大石油公司斗争，逐渐引起了世界各国的广泛关注。60年代欧佩克的发展可细分为两个阶段。第一阶段从欧佩克成立至1966 年，这是欧佩克通过各种活动摸索经验的阶段，主要工作包括：实现油田使用费经费化；稳定油价；减少组织外其他国家石油公司的销售补贴；维护各成员国之间的团结合作，支持各成员国为维护石油权益而进行的斗争。第二阶段从 1967 年至 1969 年底，这是欧佩克总结经验教训，为即将到来的新的斗争制定新纲领和新策略的阶段。在1967 年的第三次中东战争中，欧佩克成员国伊拉克、阿尔及利亚、科威特和沙特阿拉伯首次动用了"集体石油禁运"这个武器，支持阿拉伯国家对以色列的斗争，尽管由于伊朗、委内瑞拉等国坚持增产，"集体石油禁运"行动成效甚微，但这种尝试为此后在石油领域开展更深入、更广泛的斗争积累了经验。1968 年，欧佩克通过了《成员国石油政策宣言性声明》（*Declaratory Statement of Petroleum Policy in Member Countries*），强调所有国家为了本国发展而对其自然资源行使永久主权的不可剥夺的权利，为收回石油资源控制权及定价权斗争的胜利奠定了良好基础。

欧佩克在 60 年代的斗争在亚非拉各产油国的团结合作中完成，取得了初步的胜利，成功遏止了国际石油标价下滑的趋势，整个 60年代，石油价格一直保持在 1.8 ~ 2 美元/桶的水平上；实现了矿区使用税经费化；减少了支付给跨国石油公司的销售补贴；收回了大片租让地，从而证明了欧佩克与西方国际石油卡特尔可以相互制衡。另外，欧佩克在这种不断的制衡中逐渐总结经验，成为平衡国际石油市场不可小觑的力量。到 1969 年，成员国数量增加至10 个。

然而，60 年代欧佩克的斗争存在防御性和软弱性的缺点，在《成员国石油政策宣言性声明》发表以前，该组织推行的油价政策一直是防御性的，其最高斗争纲领是稳定油价，而没有提高油价和收回石油资源主权的斗争纲领和要求，自然也就不可能产生提高油价和收回石油资源主权的行动和结果。斗争的软弱性则主要表现为两点。一是斗争手段局限于谈判范围之内，而无法在谈判破裂后采取如减产禁运等强制性措施；二是配额制度没有认真贯彻执行。由于这些问题的存在，石油输出国组织控制石油生产和石油价格的能力没有得到有效发挥。

3.1.2.2 第二阶段：黄金时期

20 世纪 70 年代至 80 年代初为欧佩克联合进攻的黄金时期，在这十年中，欧佩克在国际上声名鹊起，其成员国控制了本国的石油工业并开始在国际石油市场上发挥更大的作用。

20 世纪 70 年代，世界各国均对石油有大量的需求，且呈现日益增长的态势，对世界经济的增长产生了极大的影响。在此背景下，1971 年 2 月 14 日，23 家国际石油公司与海湾六国[①]签订了"德黑兰协定"，同年 4 月 2 日，国际石油公司与地中海地区产油国[②]签订了"的黎波里协定"，石油价格得以实质性增长，从 1969 年的 1.25 美元/桶，上涨至 1973 年的 2.50 美元/桶，产油国政府税收也从 0.95 美元/桶增加至 1.50 美元/桶，产油国政府每桶石油收入增加了 60%。1973 年 10 月，第四次中东战争爆发，阿拉伯产油国在这次战争中成功地使用石油武器——减少石油生产，并对西方发达资本主义国家实行石油禁运，造成世界石油市场日均短缺 500 万桶的局面，有效打击了以色列及其支持者，并成功夺回长期被大石油公司所控制的石油价格决定权。欧佩克于 1973 年 10 月 16 日将基准石油价格进行了调整，从 3.01 美元/桶调为 5.11 美元/桶，1974 年 1 月 1 日提高至 10.65 美

---

① 阿联酋、伊朗、伊拉克、科威特、卡塔尔、沙特阿拉伯。
② 利比亚、阿尔及利亚和在地中海拥有石油出口管道的沙特阿拉伯和伊拉克等。

元/桶。短短两个多月，石油价格上涨 3 倍以上，全球范围内第一次
石油危机全面爆发，进而引发第二次世界大战之后最严重的全球经济
危机。这一阶段欧佩克所采取的策略都是《成员国石油政策宣言性
声明》的具体运用和发展，对西方资本掠夺亚非拉各产油国石油价
值分配体制，即石油租让制以及其衍生的标价制进行了革命性变革，
其战略目标已从稳定油价变为不断提高油价，逐渐收回石油资源主权
和定价权。

1975 年，欧佩克在阿尔及尔举行首次国家元首和政府首脑峰会，
会议讨论了较贫穷国家的困境，并呼吁在国际关系中开启新的合作时
代，以维护世界经济发展和稳定。1976 年，欧佩克国际发展基金成
立。成员国开始实施雄心勃勃的社会经济发展计划。到 1975 年，成
员国数量增加至 13 个。

1978 年 9 月，世界第二大石油出口国伊朗的政局发生剧变，伊
朗伊斯兰革命全面爆发，石油产量从 580 万桶/天锐减至 100 万桶/天
以下。紧随其后，1980 年 9 月，伊朗和伊拉克之间长达 8 年两伊战
争爆发。1978~1980 年，中东地区的政治动荡严重影响欧佩克的石油
产量，使本就十分脆弱的全球石油市场供求平衡被打破，石油价格在
动荡的市场中大幅上涨，第二次石油危机爆发。欧佩克基准石油价格
从 1978 年的 12.7 美元/桶，提高到 1979 年的 17.25 美元/桶，1981
年达到 32.51 美元/桶。在这一阶段中，欧佩克通过自身石油战略的
实施，彻底摧毁了西方发达国家垄断资本掠夺性的石油租让制，成员
国基本收回了石油资源主权。

如图 3-1 所示，欧佩克基准石油价格在 1974 年和 1979~1981 年
有两次大幅度提高，分别从 1973 年的 3.05 美元/桶，提高到 1974 年
的 10.73 美元/桶；又从 1978 年的 12.7 美元/桶，提高到 1979 年的
17.25 美元/桶、1981 年的 32.51 美元/桶，从 1973 年到 1981 年，涨

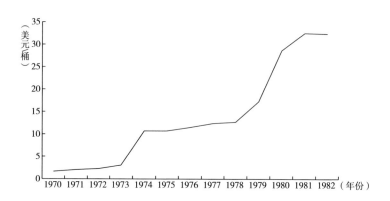

图3-1　1970~1982年欧佩克基准石油价格
数据来源：OPEC Annual Statistical Bulletin 2020。

幅高达966%。同时，由于欧佩克油价决定权的收回，国际油价也由1973年的2.83美元/桶，上升到1981年的34.32美元/桶，涨幅高达1113%，彻底结束了世界廉价石油时代。

总体而言，在这十几年的发展中，欧佩克在国际上的地位得到迅速提升，欧佩克石油供给量占国际石油市场供应量的80%，各成员国控制了国内石油工业并在国际石油市场上获得定价发言权。由此，欧佩克成员国的石油收入大幅上升，贸易条件明显改善，经济快速发展，其在国际石油市场上的政治经济影响力显著提高。然而，这一阶段国际石油价格迅速上涨在给欧佩克成员国带来一系列好处的同时，也造成诸多负面影响，使欧佩克陷入此后十几年的发展困境。

3.1.2.3　第三阶段：困难时期

20世纪80年代初至90年代末是欧佩克团结对抗西方石油卡特尔的困难时期。在此期间，由于两次石油危机及经济危机的周期性带来的冲击，世界经济逐渐进入了较长时期的衰退及滞涨阶段。石油需求下降及石油价格高企这两个因素共同作用，引发了国际能源和石油市场的重大结构性变化。一方面，能源生产向多极化发展。非欧佩克产油国石油工业不断挤占国际石油市场份额，非欧佩克产油国从 1973 年的 16 个，增加至 1986 年的 30 个，其产量比十年前增加了近 2 倍。在 1980~1984 年，英国和挪威的石油产量分别增加了 55.5% 和 41.5%。同时，为了缓解国际石油价格上涨带来的压力，降低对石油进口的依赖，世界各国，特别是西方发达国家大力发展替代能源，积极开发节能技术，石油供应趋于缓和。另一方面，能源消费多元化。主要石油需求国之间加强合作，成立了国际能源署（IEA），并按照相互之间的协议建立各自国家的石油战略储备。国际石油市场整体呈现供过于求的趋势，导致国际油价长期低迷，欧佩克在国际石油市场上的地位和作用受到了较大削弱。在此背景下，欧佩克国家的石油收入大幅减少，大部分成员国陷入经济困境。

面对世界石油市场供给过剩、石油价格由涨转跌的局面。欧佩克对组织的整体发展战略进行了相应的调整，从战略进攻型转变为战略防御型。欧佩克在 1982 年制定并实施了"限产保价"策略，并积极寻求非欧佩克国家的支持与合作。这一策略尝试通过减少石油产量来维持 32 美元/桶的目标油价，但是当欧佩克内部实施"限产保价"策略时，英国、挪威等非欧佩克国家不但不予以合作，反而趁机向国际石油市场大肆扩展，不断增加石油产量和出口，导致欧佩克试图以削减产量来保持石油市场供求平衡的努力失败。如图 3-2 所示，欧佩克的石油产量从 1981 年的 2051.81 万桶/日，减少到 1985 年的 1396.65 万桶/日，减产 31.93%。石油价格依然从 1981 年的 32.51 美元/桶，一直下滑至 1985 年的 27.01 美元/桶，价格下降 16.92%。

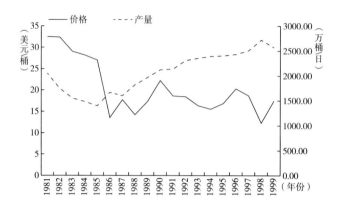

图 3-2　1981~1999 年欧佩克石油价格及产量

数据来源：OPEC Annual Statistical Bulletin 2020。

欧佩克"限产保价"的市场策略未能从根本上扭转国际石油市场供过于求所造成的油价下跌的局面，反而导致欧佩克成员国的市场份额及市场控制力逐渐下滑、欧佩克成员国以外的独立产油国的市场份额及市场竞争力日益扩大。1979~1985 年，欧佩克石油产量占世界石油总产量的比重由 46.11% 降至 26.70%，石油出口占世界石油总出口量的比重由 79.19% 降至 43.92%。①

同时，"限产保价"策略还导致欧佩克内部矛盾的激化。大量的减产必然导致欧佩克成员国收入的下降。欧佩克内部各成员国经济实力悬殊，对油价暴跌所造成损失的承受能力各异。"限产保价"策略的实施没有遏制油价下跌的局面，反而加剧了各国的经济损失。许多成员国由于无法承受石油减产及价格下跌带来的双重经济损失，纷纷采取提高生产限额、私自突破产量限制，并私自违反欧佩克目标石油价格，为争夺配额以低价出售石油等措施，以弥补石油价格下跌对经

---

① 根据 OPEC Annual Statistical Bulletin 2020 数据计算得出。

济造成的冲击，从而引起了欧佩克内部矛盾的激化。

面对非欧佩克国家的不合作态度，以及欧佩克成员国的违约行为，在市场份额逐渐丧失和内部矛盾激化的双重压力下，在 1985 年 12 月召开的第 76 次欧佩克大会上，欧佩克向外公布了新的市场策略，即在"保证欧佩克产油国获得本国经济发展所需的必要收入"的基础上，适当降低石油价格以"维护欧佩克在国际石油市场上的合理份额"。由此，欧佩克的市场策略由"限产保价"的消极防御转变为"低价扩额"的积极防御，石油产量从 1985 年的 1396.65 万桶／日，增加至 1998 年的 2719.41 万桶／日，涨幅高达 95%，扭转了欧佩克市场份额急剧下滑的趋势。然而，从 1985 年底至 1986 年，国际石油市场价格连续 7 个月暴跌，欧佩克一篮子石油价格也从 1985 年的 27.01 美元／桶，跌至 1986 年的 13.53 美元／桶，跌幅高达 50%，并最终导致第三次石油危机的爆发。

整个 20 世纪 90 年代，国际石油市场处于持续低迷状态，国际石油价格一直在每桶十几美元的价格水平徘徊，极少突破 20 美元。1993 年 10 月之后，欧佩克实际上是根据石油市场的需要，在一定程度上通过配额调整来维持欧佩克的目标油价。这一石油政策的作用机理包括：当国际石油市场的石油供不应求时，欧佩克释放一部分剩余产能阻止油价的过快上涨；当经济危机造成石油需求萎缩，国际石油市场呈现供过于求状况时，欧佩克通过削减一部分产量，保存一部分产能抑制油价的下跌。因此，欧佩克在"低价扩额"阶段实施的策略与之前实施的策略最大的区别在于：在油价下跌时期，沙特阿拉伯等具备较大剩余产能的国家放弃了对欧佩克官方价格的绝对支持。1998~1999 年，东南亚经济衰退和北半球暖冬使石油市场恢复到 80 年代中期的状况。1998 年 12 月，布伦特油价跌破 10 美元，降至 9.82 美元／桶。

1999 年 3 月，欧佩克同墨西哥等非欧佩克独立产油国达成了一项 "一年减产保价协议"，有效缓解了原油市场供过于求的局面；同时，亚洲各国的经济复苏对石油的需求也日益增加，油价开始反弹，1999 年 12 月，欧佩克石油价格上涨至 24.97 美元/桶，与 1998 年 12 月相比，涨幅高达 154.28%。

由此可以看出，自进入 80 年代以后，随着国际石油市场结构的变化，欧佩克不断面临新的挑战，各成员国必须根据石油市场形势的变化调整石油政策，才能更加灵活地适应市场形势变化。但是，部分成员国不顾欧佩克的规定，为了自身的利益违反规定；同时，两伊战争和海湾战争的爆发也对欧佩克造成巨大冲击，导致成员国之间矛盾不断、关系异常紧张，难以形成一股强有力的市场力量。内部矛盾的激化以及外部干涉的加剧，严重削弱了欧佩克在国际石油市场上的地位和作用。历经这个困难重重的发展阶段，欧佩克内部成员国更深刻地认识到成员国之间相互协调一致、共同遵守约定的重要性，同时部分非欧佩克的独立产油国也逐渐意识到与欧佩克加强合作是有益的。

面对世界经济格局的变化，以及全球化和自由化所带来的机遇和挑战，在 1999 年 9 月 28 日闭幕的欧佩克首脑会议上，欧佩克 11 个成员国首脑共同签署了《加拉加斯声明》，该声明强调关注全球环境问题、寻求与石油消费国之间的新对话、努力使各成员国的经济发展实现多样化，尤其强调技术革新以适应全球化和技术变化等。

3.1.2.4 第四阶段：震荡调整时期

进入 21 世纪以后，欧佩克发展处于震荡调整时期。2000～2020 年短短 20 年间，欧佩克石油价格经历了三轮周期性调整，如图 3-3 所示。

（1）第一轮周期性调整

在国际油价持续上涨和各国密切关注石油价格走势的背景下，

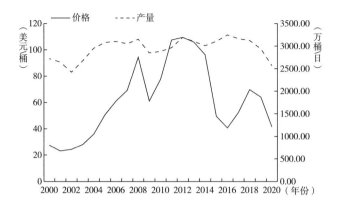

图 3-3　2000~2020 年欧佩克石油价格及产量

数据来源：OPEC Annual Statistical Bulletin 2020。

2000 年 9 月 28 日，第二届欧佩克首脑会议在委内瑞拉首都加拉加斯召开，这是欧佩克成立 40 年来一次举世瞩目的会议，距离 1975 年 3 月在阿尔及利亚召开的第一届欧佩克首脑会议已有 25 年。在这 25 年里，各成员国不仅需要处理内部分歧，还要面对来自外部的重重压力，加之其他复杂多变的影响因素，欧佩克经历了发展的困难时期，其间从未召开过首脑大会，导致其在国际石油市场上的地位及作用明显削弱。第二届欧佩克首脑会议，在当期轮值主席国委内瑞拉及其他成员国的积极努力和协力配合下，顺利召开并取得了显著成果。国际社会普遍认为第二届欧佩克首脑会议的召开是该组织重新崛起的一个里程碑，标志着欧佩克进入全新的发展阶段。

2001 年 1 月 17 日、3 月 17 日和 7 月 25 日，欧佩克部长级会议分别决定在当年 2 月、第二季度和第三季度进行三次减产，减产规模分别为 6%（相当于 150 万桶/日）、4%（相当于 100 万桶/日）和 4%，共计减产 350 万桶/日，相当于伊朗整个国家当时的石油日产量，三次减产都是在布伦特原油价格跌至 24 美元/桶左右的情况下进行的，有效地抑制了石油价格的下跌。2001 年 1 月至 9 月上旬，欧佩克一篮子石油价格稳定在 23~27 美元/桶的价格区间范围内（见图 3-4），处于欧佩克设定的 22~28 美元/桶的目标价格区间内。

2001 年 9 月 11 日，美国标志性建筑世贸中心和国会五角大楼分别遭到恐怖分子"飞机导弹"的袭击。国际石油价格在恐慌的气氛下经历了短暂的上涨和快速的下跌，9 月 11 日当天，布伦特原油价格最高涨至 31.05 美元/桶，9 月中旬，布伦特原油价格最高涨至 31.5 美元/桶，但从 9 月下旬开始，国际石油价格持续下跌。[①] 欧佩克一篮子石油价格也在 9 月 11 日涨至 26.43 美元/桶，比前一交易日上涨了 87 美分，14 日涨至 27.36 美元/桶，18 日则下跌至 25.82 美元/桶，24 日跌至 20.51 美元/桶。[②] 欧佩克一篮子石油价格下跌的局面一直持续到 10 月 8 日美国发动阿富汗战争，跌幅近 22%。美国伙同英国对阿富汗实施大规模空袭后，国际石油价格再次略有上扬，之后又持续下跌。

面对持续下跌的油价，欧佩克直至 2001 年 12 月末都未实施任何减产计划来控制油价的下跌，原因如下。第一，欧佩克多数成员国意识到，油价持续走低主要是受全球经济增速放缓的影响，是总需求因素所致，如果此时减产，油价的上扬有可能会抑制经济复苏，甚至有可能引发通货膨胀，这对欧佩克本身也不利。第二，欧佩克的决策行为更多地受制于美国，沙特阿拉伯与美国有不减产的秘密协议，而科威特在海湾战争受到美国的帮助，也不打算通过减产来提高油价。第三，与非欧佩克产油国之间的博弈。石油价格的持续下跌尚不足以使非欧佩克产油国感到忧虑或有减产的意愿，因此，当欧佩克建议非欧佩克产油国协同减产以恢复油价时，俄罗斯、墨西哥和挪威三个非欧佩克产油国均拒绝了这一减产建议，为防止单方面减产和低油价使成

---

① Wind 数据库。
② OPEC Annual Statistical Bulletin 2020.

员国遭受双重损失，进而导致市场份额的缩减，欧佩克迟迟未实施减产计划。

在 2001 年 11 月 14 日召开的欧佩克部长会议上，欧佩克的 11 位石油部长决定，如果非欧佩克石油输出国能联合将原油日产量减少 50 万桶，欧佩克自 2002 年 1 月 1 日起将原油日产量减少 150 万桶。但全球第二大石油输出国俄罗斯拒绝减产，墨西哥、阿曼、挪威等国则表示跟随俄罗斯的决定。之后，欧佩克与各石油输出国之间进行多次磋商与协调，甚至以发动价格战作为威胁，2001 年 12 月 28 日各石油输出国终于达成自 2002 年 1 月 1 日起共同减产 196.25 万桶/日的协议，基本实现了共同减产 200 万桶/日的预期目标。受此影响，国际油价在2002 年新年伊始的头几天每桶上涨了 1 美元左右，欧佩克一篮子石油价格也回升至 2001 年 10 月中旬的 19 美元/桶左右，比 2001 年 10 月底时的最低价上涨约 2 美元/桶，减产行为初见成效。

随着全球经济的逐步复苏和主要石油生产国的共同努力，石油价格企稳回升，并实现长期的持续上涨，2006 年 7 月，欧佩克一篮子石油价格升至 68.89 美元/桶，2006 年 9 月，受全球经济增速放缓、伊朗问题久拖不决、飓风影响远不及预期等因素影响，国际石油价格总体呈现下跌势头。2006 年 9 月至 2007 年 1 月，欧佩克一篮子石油价格从 2006 年 8 月的 68.81 美元/桶，跌至 2007 年 1 月的 50.73 美元/桶，跌幅高达 26.28%。鉴于这种形势，欧佩克从 2006 年 11 月 1 日起，减少 120 万桶/日的石油产量。2007 年 2 月，石油价格开始反弹，但油价仍然动荡，反映了石油市场持续的供给过剩，因此欧佩克从 2007 年 2 月 1 日起，再次减少 50 万桶/日的石油产量。

2007 年 11 月，第三届欧佩克首脑会议在沙特阿拉伯首都利雅得召开，会议最后通过了《利雅得宣言》。会议重点讨论了环境保护和可持续发展等相关议题，并就某些议题达成一致：各国在发展石油经济的同时应加强环境保护，并且帮助发展中国家逐步实现经济可持续发展。这次会议表明欧佩克正在以更加积极的姿态投身到石油供应以外的国际合作领域，开始由一个单一的石油供应组织向多元化的国际合作组织转变。与此同时，中国、印度等新兴国家经济的快速发展，带动国际石油需求迅速增长，国际油价也开始快速攀升。2007 年 1 月至 2008 年 7 月，欧佩克一篮子石油价格整体处于持续快速上升状态，从 2007 年 1 月的 50.73 美元/桶，上升至 2008 年 7 月的 131.22 美元/桶，涨幅高达 158.66%，如图 3-4 所示。

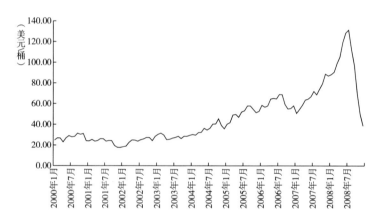

图 3-4　2000 年 1 月至 2008 年 7 月欧佩克一篮子石油价格
数据来源：欧佩克官网数据库。

2008 年下半年，金融危机席卷全球，世界经济增长速度放缓，欧美发达国家经济发展停滞甚至衰退，石油需求的萎缩引起石油价格大幅下跌，短短 5 个月时间，欧佩克一篮子参考价格从 2008 年 7 月的 131.22 美元/桶，跌至 2008 年 12 月的 38.60 美元/桶，价格下降 92.62 美元/桶，跌幅高达 70.58%，如图 3-4 所示。石油价格暴跌使欧佩克国家的石油收入大幅下降，导致其国内多项经济发展规划搁置或延迟。如科威特价值 1300 亿美元的石油投资项目被搁置，尼日利亚价值 600 亿美元的石油开发项目因资金短缺而暂停；委内瑞拉延迟了其在尼加拉瓜价值 40 亿美元的炼油项目。

油价暴跌产生一系列负面影响，加之中东国家之间地区主导权之争和相关国家内部教派与权力斗争日益激化，伊拉克战争、伊朗核问题等又进一步加剧了中东紧张局势，所有这些因素加速了减产协议的达成。2008 年 9 月 10 日，欧佩克决定减产 52 万桶/日，该信息一经公布，石油价格呈现上涨趋势，但当欧佩克开始正式实施这一协议时，石油价格又开始下滑。10 月 24 日，欧佩克决定第二次减产，减产产量达到 150 万桶/日，石油价格的变化和 9 月惊人地相似，也是先升后跌。12 月 4 日，欧佩克一篮子参考价格跌破 40 美元/桶。在此情势下，欧佩克宣布自 2009 年 1 月起减产 220 万桶/日，这是欧佩克自建立以来规模最大的一次减产行动。

（2）第二轮周期性调整

伴随世界经济的复苏，以及欧佩克组织建立以来最大规模减产政策的实施，石油价格从 2009 年 2 月开始迅速反弹，并持续上涨。欧佩克一篮子参考价格从 2009 年 2 月的 41.41 美元/桶，上涨至 2009 年 8 月的 71.35 美元/桶，短短半年时间，涨幅高达 72.3%。正如摩根大通的劳伦斯·伊格尔斯所言："其（欧佩克）影响力的范畴往往在经济衰退期间得到彰显。1986 年油价暴跌后，欧佩克用了 18 年时间才使油价复苏，但 2009 年的经济衰退期间，则只用几个月的时间。"2011 年 2 月 21 日，欧佩克一篮子参考价格突破 100 美元/桶，如图 3-5 所示。

这一轮欧佩克的减产行动整体来说是成功的，但普氏能源资讯的一份调查资料显示，欧佩克 2008 年 9 月、10 月的减产计划只落实了 60%，这说明欧佩克组织自身的松散性导致了成员国个体行为对组织整体政策的背离，各成员国并不能完全信守减产协议。欧佩克的该轮

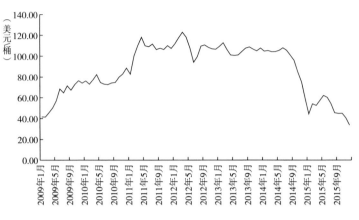

图 3-5　2009 年 1 月至 2015 年 9 月欧佩克一篮子石油价格
数据来源：欧佩克官网数据库。

减产政策主要是出于平衡各自财政收支的利益考量，而不是为了稳定国际石油市场，欧佩克中的鹰派与鸽派国家在制定石油政策上的对立和分歧常常使减产政策的制定和实施困难重重，尤其是伊拉克战争的爆发，以及伊朗在核问题上与美国的对立等因素，都在很大程度上影响减产政策的落实。

从 2011 年至 2014 年上半年，欧佩克一篮子参考价格一直在高位波动。2014 年，全球经济增速放缓导致石油需求下降，而来自非欧佩克产油国的石油供给迅速增长，尤其是美国页岩油革命导致页岩油的产量大幅增加，从 2010 年的微不足道迅速上升至 2015 年 3 月的高峰产量 465 万桶/日，全球石油供给远超需求的增长，这使经济合作与发展组织（OECD）早前对石油储备库存的预估出现 3.4% 的负向误差。国际油价从当年 7 月开始下跌，但欧佩克认为这是正常的市场供给反应，并未做出减产决定，2014 年 8 月 15 日，欧佩克一篮子石油价格跌破 100 美元/桶。页岩油的横空出世（开发周期短、产量增长快）极大地提高了石油的供给弹性，在很大程度上限制了欧佩克控制石油市场、影响石油价格的能力。在 2014～2015 年召开的多次欧佩克会议中，委内瑞拉、阿尔及利亚、厄瓜多尔等拉美和非洲成员国强烈要求减产以稳定油价，但在沙特阿拉伯的极力斡旋和坚持下，欧佩克会议仍延续不减产政策，本就饱和的石油市场因产量增加而导致的石油产量过剩问题日趋严重，石油价格持续下跌。

2014 年末，面对骤变的石油市场形势，为了保住原有的市场份额，欧佩克放弃传统的限产保价策略，改行市场份额战略，与此同时，俄罗斯等非欧佩克产油国也加入市场份额的竞争中，竞相大幅增产，导致油价持续走低，短短半年时间，欧佩克一篮子参考价格从 2014 年 7 月的 105.61 美元/桶，跌至 2015 年 1 月的 44.38 美元/桶，价格下降 61.23 美元/桶，跌幅高达 57.98%。2015 年 2 月开始，受美元走软、供应过剩的局面缓和、地缘局势等因素的影响，欧佩克一篮子石油价格呈现反弹的趋势，如图 3-5 所示。

受石油价格大幅下跌的影响，当时的 12 个欧佩克成员国的经济均呈现负增长，其中有 7 个国家的 GDP 降幅超过 10%，3 个国家GDP 降幅超过 20%，受损最严重的科威特，GDP 下降了 26.27%。同时，2015 年欧佩克出现了进入 21 世纪以来的首次财政赤字，如表 3-1 所示。上一次欧佩克出现财政赤字是在 1998 年经济危机期间。

表 3-1　2013～2015 年欧佩克各成员国 GDP 统计

单位：亿美元,%

国家	2013 年	2014 年		2015 年	
	数额	数额	同比增长	数额	同比增长
阿尔及利亚	2097.05	2135.67	1.84	1818.28	-14.86
安哥拉	1249.12	1267.75	1.49	1029.79	-18.77
厄瓜多尔	947.76	1009.17	6.48	990.68	-1.83

国家	2013 年	2014 年		2015 年	
	数额	数额	同比增长	数额	同比增长
印度尼西亚	9190.02	9145.52	−0.48	8905.97	−2.62
伊朗	3803.48	4164.90	9.50	3876.11	−6.93
伊拉克	2324.97	2235.08	−3.87	1694.60	−24.18
科威特	1741.30	1636.75	−6.00	1206.82	−26.27
利比亚	660.42	444.17	−32.74	383.00	−13.77
尼日利亚	5151.34	5312.17	3.12	4846.35	−8.77
卡塔尔	2018.85	2101.09	4.07	1668.48	−20.59
沙特阿拉伯	7443.36	7538.32	1.28	6532.19	−13.35
阿联酋	3885.91	4019.61	3.44	3702.93	−7.88
委内瑞拉	2342.64	2502.81	6.84	2395.72	−4.28
欧佩克	42856.22	43513.02	1.53	39047.27	−10.26

数据来源：根据 OPEC Annual Statistical Bulletin 2017 计算得出。

注：2014 年利比亚高达 32.74% 的负增长率在很大程度上是受政权更迭引发的战争等问题的影响。

（3）第三轮周期性调整

美国页岩油的韧性远超欧佩克预期，活跃钻机数量下降的同时适应市场的能力不断增强，盈亏平衡油价不断创历史新低，国际石油市场形成了以沙特阿拉伯为首的欧佩克、以俄罗斯为首的非欧佩克产油国和美国三足鼎立的新的竞争格局。

2016 年 1 月，欧佩克一篮子石油价格跌破 30 美元/桶，最低跌至 22.48 美元/桶。油价大幅下跌对经济的冲击使欧佩克，尤其是沙特阿拉伯不得不开始考虑减产问题，从 2016 年 2 月开始，经过多方博弈和磋商，欧佩克与俄罗斯等非欧佩克产油国终于在 2016 年 11 月 30 日达成减产协议：从 2017 年 1 月起，欧佩克持续 6 个月减产原油约 120 万桶/日，成员国综合减产后目标产量为 3250 万桶/日。减产幅度较大的沙特阿拉伯、伊拉克、阿联酋三国日减产量分别为486万桶、210万桶和139万桶。非欧佩克产油国减产60万桶/日。该协议旨在解决全球原油过剩问题，终结低油价给石油生产国带来的危机，提振全球经济。这是欧佩克与俄罗斯等非欧佩克产油国首次达成的联合限产协议，将限产行动范畴扩大到"欧佩克+"。该轮减产还建立了由科威特、委内瑞拉、阿尔及利亚和两个非欧佩克产油国组成的委员会，以在欧佩克秘书处协助下监督减产协议在各国的实施情况。由于印度尼西亚表示加入欧佩克不到一年时间，且属于石油净进口国，参与减产有相当的难度，因此欧佩克暂时中止了印度尼西亚的成员资格。该协议时限仅6个月，但特别注明了：如有必要将自动续期6个月，即在2017年5月25日欧佩克下届大会时，对延期问题进行讨论。自减产协议达成后，欧佩克一篮子石油价格攀升，从2016年11月的43.22美元/桶涨至2017年2月的53.37美元/桶，上涨23.48%，但从2017年3月开始有所回落，如图3-6所示。2017年5月25日，欧佩克与非欧佩克产油国在维也纳召开会议，决定将日均减产约180万桶原油的减产协议延长9个月至2018年4月1日。2017年11月30日在维也纳举行的欧佩克大会上，包括欧佩克成员国和俄罗斯等非欧佩克产油国在内的各国决定再次延长减产协议9个月至2018年底，经过三轮减产协议的持续，欧佩克一篮子石油价格从2017年7月开始呈上涨趋势，直至2018年10月初，最高涨至2018年10月4日的84.09美元/桶。

2018年第四季度，随着美国对多个国家和地区发起的贸易争端不断升级，再加上利率上升、股市震荡、新兴市场货币贬值等因素影响，全球经济增长放缓趋势日益凸显。2018年10月中旬开始，欧佩克一篮子石油价格持续下跌，最低跌至12月26日的50.11美元/桶，之后石油价格小幅攀升，从2019年1月至12月，欧佩克一篮子石油价格一直在 55~75 美元/桶的价格区间内小幅波动，如图3-6所示。

2020 年初，新型冠状病毒肺炎（COVID-19）疫情在全球迅速蔓延，严重挤压能源需求并冲击原本就供应过剩的石油市场。2020 年 1 月 6 日，欧佩克一篮子石油价格达到近半年来的峰值 70.87 美元/桶之后，开始呈下跌趋势。2020 年 3 月，欧佩克与俄罗斯限产协议谈判破裂，国际油价呈断崖式下跌。欧佩克一篮子石油价格从 3 月 3 日的 52.66 美元/桶跌至 4 月 1 日的 16.85 美元/桶，短短 1 个月，跌幅高达 68%。4 月 9 日，欧佩克和美国、俄罗斯等非欧佩克主要产油国重回谈判桌，于 4 月 12 日达成历史性限产协议，从 5 月 1 日起分三阶段实施限产。根据欧佩克发布的《第十届欧佩克和非欧佩克部长级（特别）会议公报》，沙特阿拉伯和俄罗斯等主要石油生产国自 2020 年 5 月 1 日起进行为期两个月的首轮限产，限产额度为 970 万桶/日；2020 年 7 月至 12 月限产 770 万桶/日；2021 年 1 月至 2022 年 4 月限产 580 万桶/日。其他产油国方面，美国、巴西、加拿大将共同限产 370 万桶/日，美国还将为墨西哥替代额外限产 30 万桶/日。该轮限产谈判及其协议达成，显著特点是美国等国的加入，这标志着"欧佩克+"进一步扩充为"泛欧佩克+"，也是国际石油市场历史上数量最大的限产行动。

石油供应量的削减无法完全抵消疫情导致的全球经济停摆所致的石油需求的萎缩，但在一定程度上缓解了石油供给过剩和全球各地石油库存空间接近极限的压力，石油价格持续回升。经过第一轮的限产，欧佩克一篮子石油价格从 2020 年 5 月 1 日的 16.52 美元/桶上升至 6 月 30 日的 38.22 美元/桶，上涨 131.36%。经过第二轮的限产，欧佩克一篮子石油价格从 2020 年 7 月 1 日的 42.69 美元/桶上升至 12 月 31 日的 50.24 美元/桶，上涨 17.69%。经过第三轮的限产，欧佩

克一篮子石油价格从 2021 年 1 月 4 日的 51.35 美元/桶上升至 4 月 30
日的 65.42 美元/桶，上涨 27.40%。截至 2021 年 6 月，欧佩克一篮
子石油价格在 70 美元/桶左右徘徊。

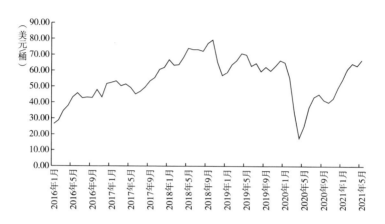

图 3-6　2016 年 1 月至 2021 年 5 月欧佩克一篮子石油价格
数据来源：欧佩克官网数据库。

3.1.3　欧佩克在国际石油市场中的地位

欧佩克国家本身拥有丰富的石油资源，又经历了 60 余年荣辱沉
浮的发展历程。目前，作为国际上运行最成功的卡特尔组织，欧佩克
在国际石油市场中占有举足轻重的地位。

3.1.3.1　欧佩克已探明可采石油储量占世界的 79%

石油储量是地壳中储存石油的量。已探明可采储量是计量石油储
量的一个非常重要的指标，即通过地质与工程信息以合理的确定性表
明，在现有的经济与作业条件下，将来可从已知储藏中开采出的石油
量。石油资源生成，具有成群成带的特点。而石油输出国组织成员国
所处的地理位置，恰巧是在富油带地区，因而，该组织的石油储量非
常丰富，居世界首位。OPEC Annual Statistical Bulletin 2020 显示，

2019 年，世界已探明石油储量为 15507.36 亿桶，同比增长 3.59%。其中，欧佩克国家为 12265.43 亿桶，同比增长 3.72%，约占世界已探明石油储量的 79%。欧佩克中储量排名前三位的国家是：委内瑞拉、沙特阿拉伯和伊朗，分别占世界已探明石油储量的 20%、17% 和 13%（见图 3-7）。世界石油储量排名前十①的国家里，有 8 个国家属于欧佩克。

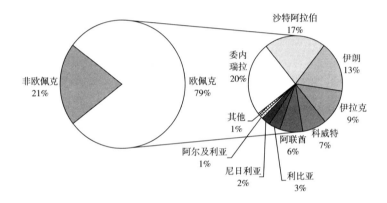

图 3-7　2019 年欧佩克国家在世界已探明可采石油储量中的地位

数据来源：OPEC Annual Statistical Bulletin 2020。

注：右饼图中的其他包括安哥拉（77.83 亿桶）、刚果（布）（28.82 亿桶）、加蓬（20 亿桶）、赤道几内亚（11 亿桶）4 个国家的储量。

3.1.3.2　欧佩克石油产量占世界的 39%

欧佩克国家具有石油生产成本优势。欧佩克成员国，特别是中东成员国处于世界最优产油区，这些油区储油层厚、地层一致、渗透性强，具有大量裂缝，不仅含气量大，而且上有气顶，下有水压，油层驱动力强，自喷井多，喷油能力强，油田分布高度集中，因而欧佩克的石油生产具有少井高产、生产成本低的优点，为欧佩克国家发展石

---

① 2019 年世界石油储量排名前十的国家分别是委内瑞拉、沙特阿拉伯、伊朗、伊拉克、科威特、阿联酋、俄罗斯、美国、利比亚、尼日利亚。

油生产创造了极其优越的客观条件。OPEC Annual Statistical Bulletin 2020 显示，2019 年世界石油产量为 7526.25 万桶/日，同比下降 0.74%，其中欧佩克石油产量为 2937.53 万桶/日，同比下降 5.96%，约占世界平均日产量的 39%，其中，欧佩克中产量排名前三位的国家是沙特阿拉伯、伊拉克和阿联酋，分别占世界石油平均日产量的 13%、6% 和 4%，如图 3-8 所示。世界石油产量排名前十[①]的国家里，有 6 个国家属于欧佩克。

自 2017 年以来，欧佩克产量持续下降，这并非该组织石油资源枯竭和石油生产能力下降所致，而是为了抑制油价下跌，欧佩克和非欧佩克产油国之间达成了减产协议。因此，虽然欧佩克石油产量有所下降，但生产能力并未下降，其剩余生产能力反而在世界上占有越来越重要的地位。

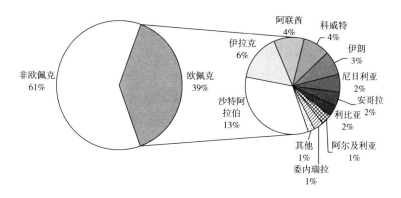

图 3-8　2019 年欧佩克国家在世界石油产量中的地位

数据来源：OPEC Annual Statistical Bulletin 2020。

注：右饼图中的其他包括刚果（布）（32.92 万桶）、加蓬（21.78 万桶）、赤道几内亚（10.96 万桶）3 个国家的日产量。

---

① 2019 年世界石油产量排名前十的国家分别是美国、俄罗斯、沙特阿拉伯、伊拉克、中国、阿联酋、巴西、科威特、伊朗、尼日利亚。

3.1.3.3 欧佩克石油出口量占世界的 50%

虽然欧佩克的石油产量不及非欧佩克产油国的石油总产量，但由于其消费能力和石油加工能力不强，欧佩克的石油出口量在世界上占有比其石油产量更为重要的地位。OPEC Annual Statistical Bulletin 2020 显示，2019 年，世界石油需求量为 9967.06 万桶/日，同比增长 0.86%；欧佩克石油需求量为 878.53 万桶/日，同比增长 1.76%，仅占世界需求量的 8.81%。就石油出口量而言，2019 年，世界石油出口量为 4518.18 万桶/日，同比下降 1.56%，欧佩克石油出口量为 2247.78 万桶/日，同比下降 7.4%，约占世界平均日出口量的 49.75%，同比下降 3.14 个百分点。其中，欧佩克中出口量排名前三位的国家是沙特阿拉伯、伊拉克和阿联酋，分别占世界石油平均日出口量的 16%、9% 和 5%，如图 3-9 所示。

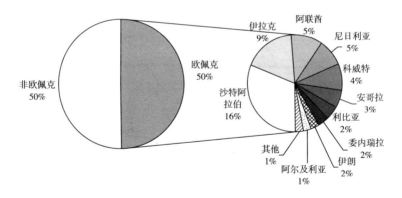

图 3-9　2019 年欧佩克国家在石油出口量中的地位

数据来源：OPEC Annual Statistical Bulletin 2020。

3.2　欧佩克石油价格体系

欧佩克的目标石油价格并非对所有成员国同样适用的统一价格，

而是其生产的某种基准石油价格或几种石油的综合价格。欧佩克生产的每一种特殊石油都根据其品质和距消费地点距离的不同（导致运费差异），以及国际市场对不同类型石油需求变化而与欧佩克目标价格保持一定差价。因而，欧佩克内部存在一个价格体系。该体系的结构及其调整构成了欧佩克市场战略的重要组成部分。

3.2.1　欧佩克石油价格体系的演变

欧佩克石油价格体系是欧佩克实现其卡特尔目标的手段之一。欧佩克建立之初，欧佩克产油国的石油价格决定权控制在外国石油公司手中，随着各成员国维护石油权益斗争的展开，逐步夺回石油价格决定权并建立了自己的价格体系。伴随欧佩克的发展，欧佩克石油价格体系也经历了一系列的调整与变迁。

3.2.1.1　石油标价

20 世纪 70 年代以前，欧佩克国家的油价决定权控制在外国石油公司手中，当时这些国家实施的是石油标价制度。标价由产油国政府和外国石油租让公司谈判确定，并作为石油租让公司对其子公司以外客户销售石油的离岸价格，也是产油国政府对石油租让公司课税的依据。

70 年代初，国际石油价格上扬，西方跨国石油公司纷纷以高于标价的实际价格成交，而对产油国政府却仍按标价纳税。西方跨国石油公司对产油国的掠夺，引起产油国政府的强烈不满。1973 年欧佩克产油国政府单方面宣布提高石油标价，自此，欧佩克产油国再也不需要通过与外国石油公司谈判来确定石油标价，彻底收回了价格决定权。同时，在世界民族解放运动的激励下，大批中东欧佩克国家掀起声势浩大的石油国有化运动，允许西方跨国石油公司参股。但由于产油国政府缺少必要的技术能力和国际销售网，在石油生产和销售上对跨国石油公司的依赖依然非常严重。在此背景下，欧佩克国家普遍采

用了官价和标价并存的体系。官价由产油国政府确定，根据参股比例
归产油国政府所有的那部分石油按官价销售；标价则是跨国石油公司
根据参股比例所有的那部分石油则按标价销售，这也是跨国石油公司
向产油国政府纳税的依据。在这个体系中，官价一般相当于标价的
93%，以鼓励跨国石油公司回购归产油国政府支配的那部分石油，再
按标价销往国际市场。1975 年底，随着欧佩克国家国有化进程的加
快，以及国际石油销售网开拓取得进展，跨国石油公司占股比例迅速
降低，欧佩克国家按官价直接销售石油的方式终于占了上风。跨国石
油公司赖以直接控制欧佩克国家石油价格的标价制度终于被瓦解。

3. 2. 1. 2 基准石油价格

石油标价制度瓦解之后，欧佩克国家终于可以建立自己的价格体
系。1975 年 10 月，欧佩克将沙特阿拉伯在塔努拉角出口的 34 度轻
原油的价格确定为欧佩克基准油价，建立起了自己的价格体系，欧佩
克成员国通过共同协商来确定基准油价。基准油价与欧佩克其他石油
的差价根据两种石油之间油质差异、距消费市场距离和运费差异而
定，并且保持不变。倘若基准油价变动，则其他石油价格也应按固定
差价相应变动。倘若由于供求原因，基准油价达不到目标高度，各成
员国有义务调整供应量，以共同维护基准价格。当时，欧佩克约占国
际石油市场份额的 70%，其出口的石油 92% 都由前石油租让公司按
长期购油合同实行包购。这些前石油租让公司在从欧佩克购得石油
后，将绝大部分通过其一体化的内部渠道输送给其经营石油下游产业
的子公司，仅把一小部分以转手倒卖方式销售给本公司系统以外的客
户。这种比较简单有序的国际石油交易格局比较有利于欧佩克对国际
石油市场和价格的控制。

然而，以沙特阿拉伯轻油价格为基准的欧佩克油价体系存在的时
间并不长。20 世纪 70 年代末到 80 年代初，国际能源市场发生结构

性变化，一大批非欧佩克产油国进入国际石油市场。1985 年非欧佩克产油国已占据国际市场份额的 56.4%，大大超过欧佩克的市场份额。国际石油市场上的竞争力量明显增强，欧佩克的基准石油价格体系受到重创，并最终瓦解。面对国际石油市场新格局，欧佩克不得不对其价格体系进行重大调整。

3.2.1.3　净回值价格

由于 20 世纪 70 年代末 80 年代初，国际石油现货市场的崛起，以及一个强大的英美油价轴心的出现，对欧佩克的基准石油价格体系造成冲击。比如尼日利亚邦尼轻油与英国布伦特石油和美国西德克萨斯中质油的质量相近，因而常常受到这两种石油价格的变化影响，为了保持市场竞争力，尼日利亚邦尼轻油经常置欧佩克内部差价体系于不顾，自行跟随市场价格的变化而进行调整。面对强大的外部冲击和市场形势变化，大部分欧佩克国家为了保持市场份额和石油收入，也难以再坚持欧佩克的目标价格，开始按现货市场价格出售石油。1985 年沙特阿拉伯放弃对欧佩克目标价格的支持，采用"净回值"方式销售石油。净回值价格，又称为倒算净价格（Net Back Pricing），是以消费市场上成品油的现货价乘以各自的收益率为基数，扣除运费、炼油厂的加工费及炼油商的利润后，计算出的石油离岸价。这种定价体系的实质是把价格下降风险全部转移到石油销售一方，从而保证了炼油商的利益，因而适合于石油市场相对过剩的情况。沙特阿拉伯就是抓住当时石油市场供过于求的时机，采取这种油价体系夺回了曾经失去的市场份额。

3.2.1.4　一篮子石油价格

1986 年，欧佩克制定新的市场战略，该战略的目标为扩大市场份额，并且把每桶 18 美元的实际油价确定为既能抑制替代能源开发和非欧佩克高成本产油国进入国际市场，又能保证世界经济稳定增长，并可确保欧佩克石油收入不至于过低的目标价格。为了更准确地反映国际石油市场的新现实，欧佩克对其价格体系进行了重新设计。沙特阿拉伯轻油因在世界石油供应中地位已明显下降，不再被列为欧佩克基准石油。1975~1985 年，沙特阿拉伯轻油在世界石油供应量中所占比重从 13% 下降到 5.4%，在欧佩克石油供应中所占比重从 26%下降到 18.5%。考虑到国际石油市场供应来源多元化和竞争因素增强的新特点，欧佩克新设计的价格体系采用欧佩克一篮子参考价格（OPEC Basket，又称欧佩克价格篮子）作为测定目标价格的工具。这一综合价格既包括欧佩克 6 种主要石油价格，也包括增产潜力较大的主要非欧佩克石油输出国墨西哥的石油价格，是 7 种石油价格的算术平均值，这七种石油分别是：沙特阿拉伯轻油（Arab Light）、阿尔及利亚撒哈拉混合油（Sahara Blend）、印度尼西亚米纳斯原油（Minas）、尼日利亚邦尼轻油（Bonny Light）、阿拉伯联合酋长国迪拜原油（Dubai）、委内瑞拉蒂朱纳轻油（Tia Juana Light）、墨西哥依斯莫斯轻油（Isthmus）。除此之外，综合价格的制定依据由长期合同价格改为了7 种石油的现货价格。这一新价格体系废弃了对各种欧佩克石油差价的规定，改为允许各成员国根据世界石油市场情况自行采取较为灵活的营销及定价方式。欧佩克每半年针对目标价格水平开会讨论确定 1 次，同时为实现目标价格确定新的产量配额。

这一价格体系从 1987 年 1 月 1 日开始启用，直至 2005 年 6 月 15日。只将 6 个欧佩克成员国的 6 种石油作为基准油的一篮子石油价格体系，长期以来备受未被纳入该体系的其他成员国反对。随着欧佩克在国际石油市场上的地位和作用的逐渐恢复，这种反对的力量日益凸显。因此，从 2005 年 6 月 16 日开始，欧佩克引入新的一篮子价格计算体系，根据欧佩克成员国的石油产量对成员国的一篮子石油赋予一定权重进行加权平均，得到一篮子石油价格，即参考价。从这一价格体系启用至今，伴随欧佩克成员国的调整，一篮子石油价格的计算范围也随之进行了调整，目前欧佩克一篮子参考价格的计算体系包括13 个成员国的 13 种石油：阿尔及利亚撒哈拉混合油（Sahara Blend）、安哥拉吉拉索尔油（Girassol）、刚果杰诺油（Djeno）、赤道几内亚扎菲罗油（Zafiro）、加蓬拉比轻油（Rabi Light）、伊朗重质油（Iran Heavy）、伊拉克巴士拉轻油（Basrah Light）、科威特出口油（Kuwait Export）、利比亚埃斯德油（Ess Sider）、尼日利亚邦尼轻油（Bonny Light）、沙特阿拉伯轻油（Arab Light）、阿联酋穆尔本油（Murban）、委内瑞拉马瑞油（Merey）。

3.2.1.5　价格带机制

1998 年由于亚洲金融危机的爆发以及一些其他原因，世界石油需求减少，油价大幅下跌，最低跌至 10 美元/桶，随后，随着亚洲经济复苏，油价逐渐恢复到 2000 年的 27 美元/桶左右。[①] 为避免油价的大幅波动，综合考虑产油国收益和消费国承受能力，欧佩克在 2000 年 3 月召开的第 111 次欧佩克会议上，正式通过了实施价格带机制（Price Band Mechanism）的决议，即试图通过调整产量，将石油价格限定在 22～28 美元/桶的范围内。自 2001 年 1 月开始，欧佩克成功地将一篮子石油价格控制在目标价格范围内，直到"9·11"事件发生，在此后的 6 个月中，石油价格最低降至 16 美元/桶。在此期间，它们认为维持市场的稳定要比实现价格目标要重要，因此没有通过削减产量来提高价格。2002 年 9 月末，石油价格开始攀升超过了"价格带"的上限，为维持石油价格带机制，欧佩克将日产量增加了 76万桶，到 10 月末，石油价格下降 10%，并回到价格带范围内。2003年起，世界各国对石油的需求大幅增长，导致石油价格再一次突破价

---

① 欧佩克官网数据库。

格带上限，非欧佩克的独立产油国的石油产能几乎达到其产能极限。从 2004 年 7 月开始，欧佩克成员国实施了前后 5 次的增产，但对降低油价的作用微乎其微。同时，越来越多的非供求因素影响着世界石油市场，例如世界范围内原材料涨价、美元贬值等。2005 年 1 月，欧佩克第 134 次特别会议决定暂时中止"不切实际"的价格带机制。自此以后，欧佩克一篮子参考价格基本上追随国际石油期货价格，形成了国际石油期货市场的价格跟随制。

综上所述，在 20 世纪 70 年代前欧佩克实行石油标价制度，在 20 世纪 70 年代末到 80 年代初这段时期内实行以沙特阿拉伯轻油价格为基准的石油价格制度；80 年代中期，为了夺回国际石油市场份额沙特阿拉伯等国家采用"净回值"价格方式销售石油；1986 年，欧佩克建立一篮子石油价格体系；进入 21 世纪初期实行了价格带机制，截至目前，欧佩克实行期货市场价格跟随制。这期间随着石油价格体系的演变，欧佩克石油价格也经历了不同阶段的波动与起伏，如图 3-10 所示。从欧佩克油价体系建立至今的演变规律看，欧佩克试图将石油价格作为实施卡特尔战略目标的手段及工具，已逐渐失效。

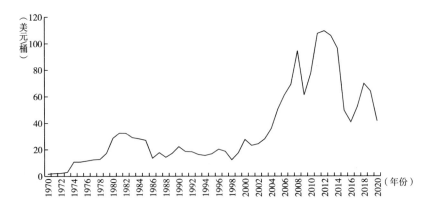

图 3-10　1970~2020 年欧佩克石油价格

数据来源：OPEC Annual Statistical Bulletin 2020。

3.2.2　欧佩克石油价格的决定因素

石油虽然是一种特殊商品，但其价格变动依然要遵守基本的供求规律，即供不应求价格上涨，供过于求价格下跌。不过，由于石油是一种不可再生能源，石油商品具有稀缺性和暂时的不可完全替代性，加之欧佩克作为国际石油卡特尔在国际石油市场上的特殊地位和作用，以及成员国之间的博弈等特点，欧佩克石油价格的决定因素也有其特性。

3.2.2.1　石油供给

经济学中，某种商品的供给可以通过供给曲线来表示，而供给曲线的形状由商品的供给弹性来决定。富有弹性的供给曲线会表现得相对平缓，而缺乏弹性的供给曲线则相对陡峭。石油产量直接决定石油供给数量，而已探明可采石油储量、储采比、石油生产成本、垄断收益等因素则可能影响石油的供给弹性。

（1）已探明可采石油储量、产量、储采比

①已探明石油可采储量

已探明可采石油储量代表某个国家或地区石油供给的能力，在一定程度上也能够反映石油供需状况。储量下降，说明石油需求旺盛消耗了储量，供给紧张，反之亦然。

如图 3-11 所示，自 1960 年以来，欧佩克已探明可采储量除了 1975~1981 年、2017~2018 年略微有所下降，总体上呈现增长趋势。一直以来欧佩克石油储量占世界总储量的绝大部分。20 世纪 60~80 年代，欧佩克石油储量占世界总储量的 70% 左右；90 年代至 21 世纪初上升至 75% 左右；2010 年以来，这一比例接近于 80%。

②石油产量

石油产量表示从油田中开采出来的石油的数量，石油产量直接反映

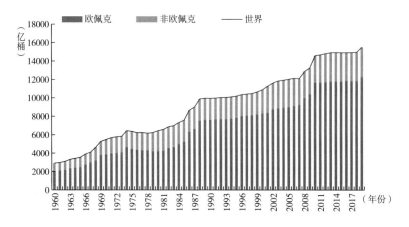

图 3-11　1960~2019 年欧佩克和世界石油储量

数据来源：OPEC Annual Statistical Bulletin 2020。

石油供给。在石油需求不变的情况下，石油产量的增加会导致石油价格下跌。不仅现有产量会影响石油价格，预期产量也会影响石油的价格。

作为配额制度的体现，欧佩克石油产量根据不同时期的政策目标进行有针对性的调整。20 世纪 60 年代至 70 年代初为欧佩克初创期，为了收回石油资源控制权及定价权，欧佩克通过各种方式同国际大石油公司进行斗争，在此阶段，欧佩克石油产量大幅增长，从 1960 年的 810.74 万桶/日增长到 1973 年的 2902.31 万桶/日，短短 13 年，产量增长 3.58 倍。

1973 年 10 月，第四次中东战争爆发，阿拉伯产油国通过"减少石油产量，并对西方发达资本主义国家实行石油禁运"这一石油武器，造成世界石油市场日均短缺 500 万桶的局面，成功夺回长期被大石油公司控制的石油价格决定权。相应地，欧佩克于 1973 年 10 月 16 日将基准石油价格从 3.01 美元/桶上调为 5.11 美元/桶，1974 年 1 月 1 日提升至 10.65 美元/桶。1978 年 9 月，伊朗伊斯兰革命全面爆发，世界第二大石油出口国伊朗的石油产量从 580 万桶/日锐减至 100 万桶/日以下。紧随其后，1980 年 9 月，伊朗和伊拉克之间长达 8 年两伊战争爆发。1978~1980 年，中东地区的政治动荡严重影响欧佩克的石油产量，使本就十分脆弱的全球石油市场供求平衡被打破，石油价格在动荡的市场中大幅上涨，第二次石油危机爆发。这一阶段欧佩克所采取的策略是《成员国石油政策宣言性声明》的具体运用和发展，其战略目标从稳定油价变为不断提高油价，逐渐收回石油资源主权和定价权。如图 3-12 和 3-10 所示，1973~1980 年，欧佩克石油产量总体上呈现小幅波动，但石油价格从 1973 年的 3.05 美元/桶上升至 1980 年的 28.34 美元/桶，短短七年时间，上涨 9.29 倍。

20 世纪 80 年代，由于两次石油危机及经济危机的周期性带来的冲击，世界经济逐渐进入了较长时期的衰退及滞涨阶段，同时，70 年代的高油价促使非欧佩克产油国积极发展本国石油工业，非欧佩克产油国从 1973 年的 16 个，增加至 1986 年的 30 个，其产量比十年前增加了近 2 倍。面对世界石油市场供给过剩、石油价格由涨转跌的局面，欧佩克对组织的整体发展策略进行了相应的调整，从策略进攻型转变为防御型。欧佩克在 1982 年制定并实施了"限产保价"策略，并积极寻求非欧佩克国家的支持与合作。这一策略尝试通过减少石油产量来维持 32 美元/桶的目标油价。欧佩克的石油产量从 1981 年的 2051.81 万桶/日，减少到 1985 年的 1396.65 万桶/日，减产 31.93%。但是当欧佩克内部实施"限产保价"策略时，英国、挪威等非欧佩克国家非但不予以合作，反而趁机向国际石油市场大肆扩张，不断增加石油产量和出口。非欧佩克产油国的石油产量从 1981 年的 3515.77 万桶/日，增加到 1985 年的 3833.55 万桶/日，增产 9.04%。欧佩克石油产量占世界石油总产量的比重由 1981 年的 36.85% 降至 1985 年的 26.70%，如图 3-12 所示。这一阶段，欧佩克试图以削减产量来保持石油市场供求平衡，但稳定油价的努力失败，欧佩克一篮子石油价格从 1981 年的 32.51 美元/桶，降至 1985 年的 27.01 美元/桶，价格下降 16.92%，如图 3-10 所示。

在市场份额逐渐丧失和内部矛盾不断激化的双重压力下，从 1986 年开始，欧佩克的市场策略由"限产保价"的消极防御转变为"低价扩额"的积极防御，石油产量从 1985 年的 1492.52 万桶/日，增加至 1998 年的 2773.97 万桶/日，涨幅高达 86%，欧佩克石油产量占世界石油总产量的比重由 1985 年的 26.70% 上升至 1998 年的 41.73%。此后，这一比例一直维持在 40% 左右，2019 年欧佩克石油产量占世界石油总产量的 39.03%。2004~2019 年，欧佩克日均石油产量基本稳定在 3000 万桶左右。2019 年，欧佩克石油产量为 2937.53 万桶/日。

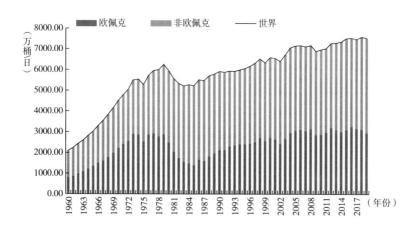

图 3-12　1960~2019 年欧佩克和世界石油产量

数据来源：OPEC Annual Statistical Bulletin 2020。

③储采比

储采比又称回采率或回采比，石油储采比是指年末已探明剩余可采石油储量除以当年石油产量，得出剩余储量按当前生产水平尚可开采的年数。计算公式为：

$$N = \frac{R}{Q}$$

N 为储采比，R 为已探明剩余可采石油储量，Q 为石油产量。当已探明剩余可采石油储量的增长速度小于石油产量的增长速度时，储采比下降。储采比的下降会引起未来供给减少的预期，石油价格上涨压力增加。

20 世纪 60~70 年代，由于欧佩克石油产量的增长速度大于石油储量的增长速度，储采比呈下降趋势，从 1960 年的 69. 68 年减少至 1979 年的 40. 11 年。80 年代，中东地区的政治动荡，特别是 1982 年制定并实施的"限产保价"策略，使欧佩克石油产量快速下降，而储量还在持续上升，储采比快速上升，从 1980 年的 46. 55 年上升至 1985 年的 103. 08 年。1986 年，欧佩克开始实施"低价扩额"策略，产量增长，从 1985 年的 1396. 65 万桶/日增加至 1987 年的 1599. 97 万桶/日，增产 14. 56%。但由于阿联酋发现大型油田，其储量翻了 3 倍，欧佩克储量从 1985 年的 5254. 7 亿桶，增加至 1987 年的 6642 亿桶，增幅为 26. 4%。因此 1987 年的储采比为 113. 73 年，达到 20 世纪 60 年代至 20 世纪末的峰值。

20 世纪 90 年代至 21 世纪初，欧佩克产量和储量整体呈现稳定增长趋势，因此储采比也基本稳定在 80~100 年。2008 年，委内瑞拉石油储量大幅增长。2011 年 1 月，委内瑞拉政府正式确认该国超越沙特阿拉伯，成为世界上最大的石油储备国。从 2010 年开始，欧佩克储采比超过 100 年，2019 年达到 114. 39 年。如图 3-13 所示，自欧佩克成立以来，该组织的石油储采比一直高于世界石油储采比，近十年，欧佩克的石油储采比稳定在 110 年左右，而世界石油储采比仅维持在 55 年左右，仅为欧佩克的一半。由此可以看出，欧佩克在国际石油市场上仍占据最重要的地位，其市场行为对石油价格的波动仍具备较大的影响力。

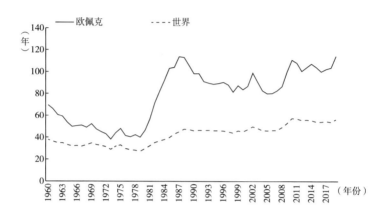

图 3-13　1960~2019 年欧佩克和世界石油储采比

数据来源：OPEC Annual Statistical Bulletin 2020。

（2）生产成本

石油是一种特殊的矿产品，其自然资源属性和政治属性受到多种因素的影响，但石油的生产成本仍然是石油价格的基础。当然，大多数情况下，石油价格与石油生产成本之间存在较大差距，这主要是由于地租的存在。马克思曾经提出："真正的矿山地租的决定方法，和农业地租是完全一样的。""最坏土地的生产价格，总是起调节作用的生产价格。"也就是说，石油价格由最差油田的生产成本决定，超过生产成本的部分将以地租的形式由油田的所有者获得。因此，石油价格应根据生产成本最高的劣等油田成本，以及马克思主义政治经济学意义上的"平均利润"来确定。基于马克思的价格理论，生产成本较低的优等油田所有者可以获取高于"平均利润"的"超额利润"，或称"级差地租"。

美国政府在 Sx3-18 条例中明确规定了油气生产成本，石油和天然气生产作业发生的费用分为五种——矿区使用费、勘探费用、开发费用、生产费用、辅助设施和设备费用。其中，最后一项费用分摊于前四种费用中。这是一种基于会计准则的划分方式，但从经济学角度，矿区使用费应当计入地租，因为这笔费用由产油国获得。所以，石油生产成本主要由三部分——勘探成本、开发成本和操作成本（石油开采成本）构成。

石油勘探成本是指石油勘探过程中发生的各项费用，包括石油地质勘查人工费、勘探设备成本、钻井勘探成本、递延矿区租金，以及维持未开发储量而发生的费用等。石油勘探成本通常会受到石油区条件、勘探技术水平、要素价格、矿区权益和政治环境等诸多因素的影响。

石油开发成本是指完成勘探工作之后，实现探明石油储量向储量转变过程中产生的各种费用，包括建造或更新用于开发、处理、集输、存储石油的设施而发生的各项支出。如铺设道路，建设装备井、服务井，购买大量机械设备、储油罐，以及处理废水投入的各项费用。

石油操作成本，又称"石油开采成本"，是指在石油生产采集过程中发生的各种生产费用，主要包括石油设备和设施的操作和维护费用、员工工资和其他费用。

虽然石油资源分布广泛，但真正优质的石油资源不多。欧佩克13 个成员国分别处于拉丁美洲（委内瑞拉）、中东（伊朗、伊拉克、科威特、沙特阿拉伯、阿联酋）和非洲［阿尔及利亚、安哥拉、刚果（布）、赤道几内亚、加蓬、利比亚、尼日利亚］，其中，伊朗、伊拉克、科威特、沙特阿拉伯、阿联酋位于海湾地区巨大的石油带上。海湾地区蕴藏着丰富的石油资源，石油储量占全世界石油储量的2/3，是世界上最重要的石油产区，有"世界油库"之称。这些国家拥有最优等油田，从油田的资源地质条件来看，具备分布集中、储量大、埋藏浅、层次多、油层厚、压力大等诸多优势，由于这些国家和地区的油田易于勘探、开发和开采，且多为自喷井，生产成本为全球最低。据统计，中东产油国的石油生产成本基本在 5 美元/桶左右，而沙特阿拉伯、科威特、阿联酋等海湾国家的石油生产成本更是低至 2~3 美元/桶。

（3）垄断收益

石油资源的稀缺性和石油供给缺乏弹性的特点决定了石油商品具有与农产品类似的属性。在竞争市场上，石油生产成本和石油地租共同决定石油价格。但石油市场存在资源壁垒和资本壁垒，即石油资源被石油生产国垄断（资源壁垒），且石油投资需要巨额资本（资本壁垒）。因此，石油市场从来都不是一个由众多买家和卖家通过竞争决定价格的自由市场。石油中还应包含石油垄断者因其垄断地位而获得的垄断收益。作为国际石油卡特尔的欧佩克并不满足于坐享石油"地租"，而是利用其所拥有的最优等油田的优势和在国际石油市场上占有的市场份额，进一步优化石油价格。3.2.3 中笔者引入一个卡特尔定价模型，说明欧佩克的卡特尔定价行为。

3.2.2.2 石油需求

经济学中，对某种商品的需求可以通过需求曲线来表示。而需求曲线的形状由人们对于这种商品的需求弹性来决定。富有弹性的需求曲线会表现得相对平缓，而缺乏弹性的需求曲线则相对陡峭。影响石油需求的因素主要包括世界经济增长和替代能源的发展两个方面，世界经济增长直接影响石油需求数量，而替代能源的发展则可能影响到对石油的需求弹性。

（1）世界经济增长

作为一种主要能源，石油产业的发展与世界经济增长密切相关。

一方面，世界经济会影响石油需求，进而影响石油价格。在经济周期上行或者经济繁荣时期，对石油的需求量增加，石油供给不变，石油价格会随着经济周期上行而上涨，反过来，随着经济周期下行或经济低迷时期，价格也会随之回落。另一方面，石油价格也会影响世界经济的发展，石油价格高企，会抑制经济增长；石油价格回落则会促进经济增长。历史数据表明，世界经济周期性波动与石油危机在时间上存在同步性。

绝大多数欧佩克国家在发达国家拥有巨额海外资产，世界经济衰退造成的国际金融市场动荡也会影响到这些海外资产的保值增值和收益水平。此外，大部分欧佩克国家在经济、政治、军事等方面严重依赖于发达国家的支持和援助，或结成战略合作关系。这种依赖关系的存在，使欧佩克必须把油价维持在有利于世界经济稳定和增长的范围内，这也成为欧佩克市场策略的原则之一，被载入《石油长期战略问题报告书》之中。

（2）替代能源的发展

一般而言，某种产品的替代品越多，对该产品的需求弹性就越大。短期而言，石油需求是缺乏弹性的。因为石油在工业发展和人们日常生活中的用途极为广泛，由于技术上的限制，各种以石油为原材料的机器设备很难调整，需要消耗石油这种初级能源的各种设备所使用的能源品种也基本固定。然而，石油毕竟只是众多能源中的一种，各种能源之间存在一定的竞争性和替代性。长期来看，随着科学技术的进步，替代能源和节能技术的发展在一定程度上能够增加石油的需求弹性。能源之间的替代性决定了石油长期需求会受到价格交叉弹性的影响，低油价能有效抑制替代能源的发展，维持石油的长期需求；高油价则会刺激替代能源的发展，降低石油的长期需求。

20世纪60年代，石油取代煤，成为世界上最重要的能源，主要原因就在于石油价格低廉，也正是因为价格低廉，其地位并未受到其他能源的影响。相反，如果石油价格过高，则势必会刺激其他替代能源的开发利用和传统能源的卷土重来，从而影响经济发展对石油的长期需求。70 年代，第一次石油危机之后，国际石油价格的飙升刺激了世界各工业化国家替代能源的开发，欧佩克不得不面对抑制替代能源开发、稳定石油需求的现实问题。1975 年，欧佩克成员国君主和国家元首会议发表的《庄严声明》明确指出，"石油价格的确定必须考虑替代能源的获取条件、使用情况和成本"，从而把抑制替代能源开发列为欧佩克制定市场策略的一条重要原则。2007 年，欧佩克在利雅得会议通过的第三份《庄严声明》中再次强调"石油价格政策的制定应该考虑到石油与其他能源的竞争性"。然而，在实际操作层面，可替代能源的成本很难确定。例如：用于发电的燃油易于被煤炭、天然气或核能替代，且这些替代能源的成本并不高；但运输、化工等行业的石油能源难以被上述能源直接替代，且替代成本很高。欧佩克能源专家们难以确立替代能源的成本核算标准，只能基于替代能源的发展，给出参考性建议。

3.2.2.3 欧佩克成员国"鹰派"和"鸽派"之间的博弈

欧佩克是由中东、拉美和非洲主要产油国联合组建的国际石油经济贸易组织。各成员国之间由于文化、宗教、经济发展状况等国情的不同，在作为独立主权国家的目标上存在很大差异。这种差异往往导致欧佩克在制定石油价格政策时，各成员国对于具体目标价格的确定争论不休，难以达成共识，甚至出现多重油价的局面。人们通常把欧佩克成员国划分为"鸽派"和"鹰派"两个派系。

"鸽派"以沙特阿拉伯、阿联酋、科威特等温和派国家为代表。这些国家石油资源禀赋较好，开采年限长、成本低，人口数量较少，因而国内财政状况好，且在国外拥有大量资产。这些国家国内政治、经济和社会的发展依赖于世界经济发展和西方国家在政治和军事上的支持，因而主张温和的石油价格政策，认为石油价格应以稳定和缓慢上涨为宜。"鸽派"国家主要着眼于石油工业的长期发展和非油经济的多元化发展，强调保持世界经济稳定增长，保障石油市场的长期需求，抑制替代能源的开发和维护欧佩克市场份额，并主张以充分的石油供应和相对低廉的价格为手段，实现国家的长远发展目标。

"鹰派"以伊朗、伊拉克、委内瑞拉、利比亚等激进派国家为代表。这些国家石油资源禀赋较差、石油品质不高、开采成本高，国内经济发展状况较差，人口数量多、政府财政压力大、国内资金缺乏，甚至负债累累，急需大量石油收入来清偿债务并支撑国内经济发展。这些国家与国际市场交往不密切，在国家发展观念上强调独立自主，对西方国家经济依赖程度相对较低。大部分"鹰派"国家在意识形态和军事外交关系上与美国矛盾重重，它们主张通过提高石油价格来打击并限制西方国家的发展。有的国家（如阿尔及利亚）已经过了石油峰值，石油开采年限已经比较短，因此并不关心国际石油市场长期需求。这些国家普遍更重视每桶石油的实际价格，并强调大幅提高每桶石油的出口价格，以达到其政治和经济目的。

在欧佩克国家中，"鸽派"国家拥有较高的剩余产能，具备调节产量的能力，因而通过产量调整影响石油价格的手段在国际石油市场供过于求或供求基本平衡时比较有效，但在石油需求上升过快的石油危机期间则显得力不从心。而"鹰派"国家由于长期开足马力生产，产量调节能力有限，但在世界石油需求高涨时期较易实现其主张，在两次石油危机中出尽风头，但在市场疲软时则易受制于"鸽派"。多数情况下，"鸽派"国家在欧佩克石油政策的制定中占据主动地位，"鹰派"国家只能通过向"鸽派"国家，特别是沙特阿拉伯施加压力来实现其高油价政策目标。随着"鹰派"领袖萨达姆、卡扎菲、查韦斯相继过世，"鹰派"在欧佩克内部的影响力已经大不如前。

在欧佩克内部，"鸽派"与"鹰派"之间的矛盾一直难以解决。这导致欧佩克内部在 20 世纪 70 年代对于石油标价的调整，以及 80 年代以来对生产配额的制定上曾多次发生激烈冲突。2014 年下半年，国际石油价格大幅下跌，欧佩克内部再次出现严重分裂。沙特阿拉伯一直奉行不减产政策，试图争取到更大的市场份额；而委内瑞拉、伊朗等国则主张尽快减产，提升油价以缓解国内严峻的经济状况。两派的巨大分歧使欧佩克在 2016 年 11 月才真正开始探讨减产事宜。

因此，欧佩克的石油价格虽然主要由石油供给和石油需求等市场因素来决定，但不同时期的石油价格，特别是具体目标价格的确定，很多时候是"鸽派"国家与"鹰派"国家之间相互制衡和妥协的结果。

3.2.3　欧佩克的卡特尔定价模型

市场上公开协调定价和产出行为的生产者联盟被称为卡特尔。包括一个行业中所有生产者的卡特尔实际上构成了垄断，卡特尔成员分享垄断利润。但并不是一个行业中的所有生产者都需要加入卡特尔，现实中的大多数卡特尔只包括一部分生产者。如果市场上有足够多的生产者加入卡特尔，并且市场需求相当缺乏弹性，则卡特尔可以将价格提高到远高于竞争的水平。欧佩克就是产油国政府间的一个国际协定，在它建立至今 60 余年的发展历程中，多次成功地将世界石油价格提高到远高于本来会有的水平。本部分内容引入一个卡特尔定价模型，说明欧佩克的卡特尔定价行为。

3.2.3.1　模型假设

假设 1：国际石油市场供给方由欧佩克国家和非欧佩克国家两部分组成，且在短期内，欧佩克国家和非欧佩克国家各自占有的市场份额不变。

假设 2：由于欧佩克是一个有组织的统一整体，因此可以将欧佩克看成它所占据的那部分市场的垄断者；而非欧佩克国家相互之间竞争激烈，因此，可以认为非欧佩克国家面对的是竞争性的石油市场。

假设 3：两部分市场生产的石油产品同质。

3.2.3.2　模型分析

如图 3-14 所示，D_T 是世界石油总需求曲线，而 S_N 是竞争性的（非欧佩克）供给曲线，D_o 是对欧佩克石油的需求曲线，它等于世界总需求与竞争性供给之差，MR_o 是相应的欧佩克的边际收益曲线，MC_o 是欧佩克的边际成本曲线。由于欧佩克成员国优越的自然条件，欧佩克的石油生产成本比非欧佩克国家的石油生产成本低得多。根据边际收益等于边际成本的产量决定原则，可得到欧佩克的利润最大化产量 Q_o，并得到相应的价格 P_o，在此价格上，非欧佩克国家的竞争性的供给为 Q_N，世界总产量为 Q_T。

如果石油输出国间并没有形成一个卡特尔，那么可以认为整个世界石油市场的石油供给是竞争性的。此时，边际收益曲线和总需求曲线相重合，总需求曲线与边际成本曲线的交点即均衡点，均衡价格为 P_C，均衡产量为 Q_T^*。显然竞争性的价格 P_C 比卡特尔价格 P_o 低得多。石油属于一种特殊产品，一方面，在世界经济稳定发展的情况下，世界石油需求缺乏弹性；另一方面，石油作为一种能源产品，其供给也是缺乏弹性的。因此石油产业的卡特尔能够获得较强的垄断势力，利用这种势力，它可以将价格提高到竞争水平之上，获取垄断利润。当然，这种分析仅限于短期或中期，在长期中考虑经济周期、某些油田的枯竭以及新油田的发现等原因，石油的供给和需求都将会富有弹性，这意味着在长期中欧佩克难以将价格一直保持在远高于竞争性的水平。事实上，通过前文的分析可知，在 20 世纪 80 年代，国际石油价格的低迷，主要就是因为长期中石油总需求和非欧佩克国家石油供给的调整。

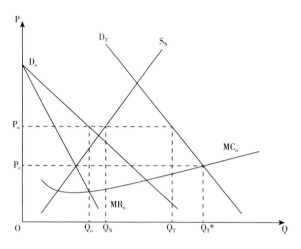

图 3-14　石油卡特尔定价模型

3.2.3.3　模型结论

通过以上石油卡特尔定价模型分析，可得出如下结论。

第一，如果一个卡特尔要想成功地将产品价格稳定在高于竞争性市场价格的水平上，必须满足两个基本条件：一是消费者对产品的需求缺乏弹性；二是除卡特尔以外的生产者对产品的供给缺乏弹性；卡特尔占有一定的市场份额，且在一定的市场范围内对产品的供给具有相当的垄断势力。欧佩克具备以上两个条件，因此在石油市场上具备提高石油价格的能力。

第二，在短期，欧佩克作为一个比较成功的卡特尔组织，具备提高石油价格的能力。但在长期，由于经济周期，以及非欧佩克国家产量、产能的调整等，石油的需求弹性和供给弹性均有可能发生变化，因此，欧佩克不可能一直将石油价格维持在较高水平。

第三，卡特尔的成功运行，需要构建一个有效的"惩罚机制"

来监督卡特尔成员遵守协议。一个成功卡特尔作用的有效发挥，以及卡特尔目标的最终实现，要求卡特尔组织内部的成员必须在价格水平和生产份额上达成协议并严格遵守，如果卡特尔内部出现分歧，或某些成员擅自违约致使协议失效，那么，卡特尔的定价能力就会受到严重削弱。

3.3　欧佩克产量配额制度

欧佩克的产量配额制度是指该组织为保护本组织的石油收益，对石油资源进行管理、分配和控制的制度。在实施卡特尔行为的具体实践中，欧佩克通过减产、禁运等手段稳定或推高石油价格，实现增加成员国石油收入的目的。欧佩克产量配额制度的实施并非一帆风顺。60 余年来，欧佩克为巩固和完善这一制度付出了诸多努力。尽管这一制度至今仍然存在运行机制方面的缺陷，但在欧佩克的努力下正日臻完善。

3.3.1　欧佩克产量配额制度的建立

欧佩克成立的基本思想来源于得克萨斯铁路委员会"配额生产以控制价格"的战略和国际卡特尔"维护现状协定"的古典式卡特尔战略。因此，为了切实维护石油权益，欧佩克成立之初便开始尝试制定生产配额计划。1960 年欧佩克通过的第 1 个决议明确指出：石油生产国有控制其原油价格的权利。从第 2 次大会起，欧佩克开始讨论如何按国家卡特尔方式，通过限制产量达到提高油价的目的。1965 年，欧佩克第 9 次大会通过了 IX-61 号决议，决定建立欧佩克的产量配额制度。该决议规定欧佩克总产量的上限为 1397.6 万桶/日，并可按每年 10% 的幅度逐年递增。但是，由于当时欧佩克国家的石油生产和销售都还牢牢控制在外国石油租让公司手中，欧佩克无法真正有效实施这一制度。

20世纪70年代，欧佩克国家陆续从西方跨国石油公司手中收回了石油权益。整个70年代国际石油市场需求增长势头强劲，油价增长幅度较大，通过限制产量来提高价格的产量配额制度显得不那么迫切，因此，虽然欧佩克成员国之间从未停止关于"联合产量计划"的探讨，但欧佩克一直没有就实行产量配额制度达成任何协议。

80年代初，发达国家经济陷入衰退，全球经济增速放缓，国际石油需求减弱。与此同时，非欧佩克产油国产量剧增，导致国际石油市场开始呈现供过于求的态势。欧佩克第61次会议结束后，石油市场供过于求的状况严重，国际油价开始大幅下跌。为了挽救持续下跌的国际油价，产量配额制度的问题被重新提到欧佩克的首要议事日程，1982年3月，欧佩克第63次大会在维也纳召开，并制定了限产保价的新战略。会议决定实施产量配额制度，以阻止油价进一步滑落，欧佩克将总产量上限定为1800万桶/日，大幅低于1981年（2248.53万桶/日）的产量水平，并确定了每一个成员国的产量配额。在欧佩克的配额分配中，相对富裕国对相对贫困国家的基本国情和对石油产量的要求予以考虑并做出一定的让步，对比欧佩克成员国1982年4月至1983年3月的配额和1981年的产量可以发现：尼日利亚1982年4月至1983年3月的配额占1981年产量的90.3%，阿尔及利亚的是81.5%，而沙特阿拉伯、伊朗、委内瑞拉、阿联酋等富裕国家的配额仅占产量的60%~70%。需要特别说明的是，为保持国内石油政策的独立性，沙特阿拉伯没有接受欧佩克为其分配的配额，而是作为"机动产油国"，通过灵活调整产量应对国际石油市场

"剩余需求"的变化。此后，欧佩克每半年召开一次大会，根据市场变化重新审议和确定下一个半年的总产量上限，并分配各成员国的产量配额。在突发事件引起石油市场动荡的情况下，欧佩克可召开特别会议，提前审议和调整产量上限和配额，这一制度一直延续至今。欧佩克的配额制从一开始实施就遇到了诸多阻碍，比如，伊朗明确表示不会遵守配额，阿尔及利亚和委内瑞拉也表达了对配额的不满。在配额制实施之初，虽然大多数成员国都没有严格遵守，但配额制的实施成功地将欧佩克石油产量从1981 年的 2051.81 万桶/日降低至 1982 年的 1744.11 万桶/日，1983 年更降至 1552.12 万桶/日，略低于规定的 1570 万桶/日的产量上限。①

3.3.2　欧佩克成员国产量配额的分配原则

从欧佩克产量配额制度开始创建到真正实施，直到现在，欧佩克一直没有明确公布各成员国的产量配额分配原则。为了建立一个公平、公正、公开的配额分配制度，欧佩克曾在 1986 年对这一问题进行过深入研究，并提出了涉及石油因素和社会经济因素的八项标准，即储量、生产能力、历史产量份额、国内石油消费、生产成本、人口、对石油出口的依赖和外债。这 8 项标准可以分别归纳为石油因素和社会经济因素两类。然而，由于成员国之间国情千差万别，面临的困难和挑战也不尽相同，因此，它们在谈判产量配额时，往往各自根据本国的特殊利益和需要，提出对本国最有利的分配标准。以下对这8 项标准进行详细说明。

3.3.2.1　储量
积极主张采用储量标准的通常是储量较丰富的国家，而储量较低

---

①　OPEC Annual Statistical Bulletin 2020。

的国家对此却不完全赞同。而且由于某些技术性问题，欧佩克各成员国对储量标准的界定也难以达成共识。石油储量可分为地质储量、探明储量和可开采储量。有的国家主张以可开采储量作为配额分配的标准；有的国家部分探明储量尚未经进一步勘探分类，因而主张把这些未分类的"半探明储量"也计入储量作为配额分配的依据。此外，很多国家认为储量属于国家机密，新油田的发现对配额分配的公平性具有突发性的重要影响，而且关于欧佩克国家石油储量的信息来源很多，一些国际石油公司的统计数据往往与成员国政府公布的储量相去甚远，存在较大争议。

3.3.2.2　生产能力

生产能力标准得到欧佩克国家普遍的认同，但关于生产能力的界定，各成员国仍存在分歧，主要包括三种观点：有的国家主张以历史上曾经达到的最高产量为准；一些国家主张以现实的持续生产能力为准；还有的国家主张以目前短时间内可以发挥的最高生产能力为准。

3.3.2.3　历史产量份额

有些国家主张配额的分配应当以一个成员国在一段较长时期内在欧佩克的产量份额作为依据。这种标准无疑有利于那些历来产量较高的国家，却遭到那些近年来生产能力有跃升式增长的国家的反对。而且历史产量份额标准有可能促使生产者在面对强烈的市场需求时盲目扩张产量以刷新本国的历史产量份额纪录。

3.3.2.4　国内石油消费

国内石油消费标准实际上是一种出口收入标准。国内石油需求越大，消费量越大，可供出口创汇的石油就越少。一般而言，经济越发达的国家，石油消费量越大。这一标准受到石油消费大国的支持，但石油消费量小、经济不发达的国家并不赞同。

3.3.2.5　生产成本

有的国家主张按生产成本排列产量配额的顺序，以便缩小高成本生产国与低成本生产国获得利润的差距。但是，由于各国生产成本极难核定，这种标准的可行性甚微。

3.3.2.6　人口

欧佩克中的人口大国主张按人口数量确定配额，因为人口数量在很大程度上可决定石油消费的需求和资金的需求，但这种观点被人口稀少的成员国所反对。而且有可能出现拥有大量人口的国家分配到的配额超出该国生产能力的情况。

3.3.2.7　对石油出口的依赖

相对贫穷的成员国认为，它们比富裕的成员国更迫切地需要石油收入来改善本国国内经济发展状况和提高人民生活水平，因而理应分得较多的配额。但富裕的成员国认为石油出口同样是支撑本国经济发展的重要支柱，它们认为对石油收入的依赖这一标准对所有成员国都是一致的。

3.3.2.8　外债

赞成外债标准的成员国认为，应当给外债负担较重的成员国分配较高的配额，以减轻其债务负担。但相反的意见则认为，解决债务问题的方法应当是提高负债国资金管理的效率，补偿外债有可能是对负债国金融管理不当的盲目支持，更容易导致这些国家债务风险积聚。

迄今为止，以上 8 种标准均未被欧佩克正式确定为配额分配的唯一标准。综合国内外学者观点，并对欧佩克实际达成的配额方案进行比较，不难发现，储量、生产能力和历史产量份额这三个标准与实际配额方案的正相关关系较为显著，而其他标准有可能在不同时期的配额分配上有所参考。随着石油市场的瞬息万变以及欧佩克内部相关制度的不断完善，欧佩克产量配额制度仍处于持续改进的过程中。

3.3.3 欧佩克产量配额制度的实施状况

欧佩克产量配额制度从开始建立实施至今一直困难重重，虽然每个时期各成员国的产量配额均由各国代表列席会议共同商议决定，但各成员国在实际石油生产的过程中往往根据本国发展需要，超额或缺额生产。当然，值得肯定的是，虽然各成员国并没有严格遵守产量配额制度，但产量配额制度的建立与实施，确实能够对欧佩克整体及各成员国的生产形成一定的约束，将其产量的波动幅度限制在一定范围内。

3.3.3.1 数据来源及基本说明

本部分内容的数据来源于 OPEC Annual Statistical Bulletin 2020，部分由笔者根据相关数据计算得到。截至 2021 年 6 月，欧佩克共有 13 个成员国：阿尔及利亚、安哥拉、刚果（布）、赤道几内亚、加蓬、伊朗、伊拉克、科威特、利比亚、尼日利亚、沙特阿拉伯、阿联酋和委内瑞拉。但是考虑到数据的连续性和可得性，本部分内容主要分析阿尔及利亚、伊朗、科威特、利比亚、尼日利亚、沙特阿拉伯、阿联酋和委内瑞拉 8 个成员国执行配额的基本状况，主要原因如下。①安哥拉于 2007 年加入。②刚果（布）于 2018 年加入；③赤道几内亚于 2017 年加入。④加蓬于 1975 年加入，1995 年退出，2016 年又重新加入。⑤伊拉克在 1998~2011 年一直没有列席欧佩克会议，也不参与欧佩克关于产量配额的协定，所以欧佩克大会一直没有为其分配配额。在 2011 年 12 月 14 日举行的第 160 次会议上，伊拉克终于列席欧佩克会议并同意参与产量配额协定，但在那次会议上，欧佩克并未公布各成员国的配额，直到 2016 年 11 月 30 日召开第 171 次会议，欧佩克才恢复公布各成员国的配额，其中，伊拉克 2017~2018

年的配额为 435.1 万桶/日。

从 2007 年 11 月开始直至 2016 年 12 月，欧佩克均未分配各成员国的配额，只公布了目标产量。2016 年 11 月 30 日，欧佩克在时隔八年再次通过减产协议，并重新分配各成员国产量配额。减产于 2017 年 1 月开始实施。

另外，2017 年欧佩克重新公布配额至今，有的年份，欧佩克没有给部分国家分配配额，这些国家可以自由确定产量。它们分别是：2019~2020 年，伊朗和委内瑞拉未分配；2017~2020 年，利比亚未分配；2017~2018 年，尼日利亚未分配。因此未分配配额的国家的配额数据用实际产量数据代替进行估算。

本部分内容除了呈现欧佩克的配额及实际产量情况以外，还对实际产量偏离配额的幅度进行测算，定义为偏度。

$$偏度 = \frac{（当期产量-当期配额）}{当期配额} \times 100\%$$

3.3.3.2　欧佩克限产行为的整体状况分析

（1）实际产量与产量限额的变化趋势

从实际产量与产量限额的变化趋势来看，自 1982 年欧佩克产量配额制度真正建立并实施以来，虽然欧佩克各成员国并不能完全遵守配额，实际产量与产量配额之间总会发生偏离，但从总体来看，成员国产量与产量配额的变化趋势基本能够保持一致。说明产量配额制度对成员国的产量起到积极的调节和约束作用。

如图 3-15 所示，自 1982 年以来，根据欧佩克的石油产量，可以划分为如下几个阶段：1982~1987 年，产量在低位徘徊；1988~1993 年，产量大幅增加；1994~2002 年，产量基本稳定；2003~2006 年，产量持续增长；2007~2019 年，产量在高位波动。每个阶段，产量限额与实际产量都保持了变化趋势上的一致性，产量偏离配额的幅度基本在-5%~15%。由于80年代初至中期，欧佩克"限产保价"策略的失败，欧佩克在国际石油市场上的市场份额急剧萎缩，欧佩克的国际石油市场份额由70年代的约70%缩小到1985年的43.6%。为了争夺市场份额、恢复市场地位，欧佩克从1986年开始，由"限产保价"的消极防御策略转变为"低价扩额"的积极防御策略。欧佩克的实际产量从1986年开始有所增加，但由于石油产量的大幅增加受到产能限制，因此，欧佩克石油配额及产量的大幅增长滞后了两年，从1988年开始大幅度增长，8个成员国①的配额和产量总额分别从1987年的1287.25万桶/日和1322.48万桶/日，上升到1993年的2158.21万桶/日和2224.38万桶/日。1993~2002年，产量和配额基本维持在一个相对稳定的状态。自2003年开始，产量与配额均持续增长，分别从2002年的2001.3万桶/日和2107.07万桶/日，上升至2006年的2563.53万桶/日和2770.54万桶/日。2006年8月中旬，石油价格开始下降，面对石油价格下行的压力，欧佩克在2006年10月召开的欧佩克大会协商会议上决定临时减产116.1万桶/日，2007~2008年，欧佩克共达成3次减产协议，产量随之下降。2009年开始欧佩克暂停各成员国配额的分配，2009~2016年，欧佩克石油产量也基本维持在一个相对稳定的状态。

2016年，面对持续走低的石油价格，经过多方谈判磋商，11月30日，欧佩克决定将其原油产量在2016年10月的基础上各减产约4.6%，共减产约120万桶/日，至3260万桶/日。产量随之下降。2018年12月6~7日举行的第175次会议决定将欧佩克的总产量在2018年10月的基础上再下调80万桶/日，自2019年1月起生效，为

---

① 阿尔及利亚、伊朗、科威特、利比亚、尼日利亚、沙特阿拉伯、阿联酋和委内瑞拉。

期 6 个月。之后，该协议又延期了 9 个月。根据欧佩克发布的《第十届欧佩克和非欧佩克部长级（特别）会议公报》，自 2020 年 5 月 1 日起，沙特阿拉伯等欧佩克国家和俄罗斯等非欧佩克主要石油生产国进行为期两个月的首轮限产，限产额度为 970 万桶／日；2020 年 7 月至 12 月限产 770 万桶／日；2021 年 1 月至 2022 年 4 月限产 580 万桶／日。产量进一步下降。

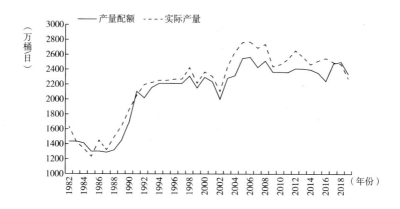

图 3-15　1982~2019 年欧佩克产量配额与实际产量

数据来源：OPEC Annual Statistical Bulletin 2020。

注：数据仅包括阿尔及利亚、伊朗、科威特、利比亚、尼日利亚、沙特阿拉伯、阿联酋和委内瑞拉 8 个成员国的产量配额和产量数据。

（2）实际产量与产量配额的偏度

从产量与配额的偏度来看，产量围绕配额上下波动，产量偏离配额的幅度基本在 -5% ~ 15%。在产量配额制度实施的第一年（1982 年）偏度最高，为 13.81%，实施第二年（1983 年）的偏度最低，为 -0.55%。需要说明的是，虽然 1983 年的偏度最低，但这并不能说明欧佩克成员国执行配额制度情况较好。因为从各成员国的实际情况来看，偏度普遍较高，总体上的低偏度不过是一种数字上的巧合。其中，伊朗的偏度为 16.27%，沙特阿拉伯的偏度为 -18.02%，偏度最低的尼日利亚也有-4.96%。总体而言，欧佩克超限额生产的情况比低限额生产的情况要多，1982~2019年的38年间，只有1983年、1984年、1985年、1991年、2018年和2019年六年的偏度为负，即欧佩克的实际产量低于产量配额。如图3-16所示，1982~2019年，根据不同年份欧佩克8个国家产量与配额的偏度，可以划分为四个阶段。

第一阶段（1982~1992年），实际产量围绕产量配额上下震荡，且幅度较大。波峰为13.81%，波谷为-5.20%，在配额制度建立初期，成员国对这一制度从理解到接受，再到遵守需要一个过程，对产能和产量的调整也需要时间，各成员国对产量配额的分配原则也尚未达成共识，产量配额制度的制定和实施尚处于探索阶段。

第二阶段（1993~2001年），虽然欧佩克实际产量高于产量配额，但产量偏离配额的幅度较低，偏度维持在1.83%~4.93%。这一阶段石油价格持续低迷，在20美元/桶左右波动，欧佩克成员国增产欲望不强，这一时期也是欧佩克产量基本稳定的时期。

第三阶段（2002~2016年），实际产量持续超出配额，偏度在2.85%~13.71%的范围内波动。从2002年开始，国际石油价格持续快速上涨，从2002年的24.36美元/桶，上涨至2008年的94.45美元/桶，涨幅高达287.73%。与此同时，欧佩克持续超额生产，产量从2002年的2107.07万桶/日增加至2008年的2739.71万桶/日，增产30.02%，产量配额从2001年的2001.3万桶/日，增加至2008年的2512.93万桶/日，增幅为25.56%。由此可知，面对高油价，绝大多数成员国会违背配额协定适当增加产量以获取更多利润。面对大部分成员国坚持超额生产的状况，在2007年9月11日召开的第145次欧佩克会议上，欧佩克决定暂停分配各成员国配额，仅公布了将目标日产量增加50万桶的决定。2008年下半年，受国际金融危机影响，欧佩克一篮子石油价格开始迅速下跌，从 2008 年 7 月的 131.22 美元/桶，一路暴跌至 8 月的 112.41 美元/桶，9 月的 96.85 美元/桶，10 月的 69.16 美元/桶。2008 年 10 月 24 日，欧佩克召开第 150 次（特别）会议，会议决定将欧佩克产量减少 150 万桶/日，并重新分配了各成员国需要临时削减的配额。面对断崖式下跌的石油价格，欧佩克在 2008 年 12 月 17 日再次召开特别会议，决定从 2009 年 1 月开始，在 2008 年 9 月实际产量水平基础上削减 420 万桶/日。在欧佩克自建立以来最大规模减产行动的支持下，2009 年 2 月，石油价格开始企稳回升，并持续上涨。在 2011 年 12 月 14 日举行的第 160 次会议上，OPEC 决定维持 3000 万桶/日的总产量，该协议一直维持到 2015 年 6 月 5 日的第 167 次会议。

受国际石油市场需求萎缩和美国"页岩油革命"的影响，2014 年下半年开始，石油价格迅速下跌，但以沙特阿拉伯为首的欧佩克产油国期待通过增产压价的战略，压垮北美页岩油，因此，面对低迷的油价，欧佩克仍推行不减产政策，各成员国产量仍持续超出配额。2016 年 1 月，欧佩克一篮子石油价格跌破 30 美元/桶，最低跌至 22.48 美元/桶。油价大幅下跌对经济的冲击迫使欧佩克，尤其是沙特阿拉伯开始考虑减产问题，从 2016 年 2 月开始，经过多方博弈和磋商，欧佩克与俄罗斯等非欧佩克产油国终于在 2016 年 11 月 30 日召开的欧佩克第 171 次会议上达成减产协议：从 2017 年 1 月 1 日起，欧佩克持续 6 个月将石油产量减少约 120 万桶/日，成员国综合减产后目标产量为 3250 万桶/日。减产幅度较大的沙特阿拉伯、伊拉克、阿联酋三国日减产量分别为 486 万桶、210 万桶和 139 万桶。非欧佩克国家减产 60 万桶/日。这次会议还重新分配了除利比亚和尼日利亚以外，所有欧佩克成员国（包括伊拉克）的产量配额。

第四阶段（2017~2019 年），偏度非常低。2017 年，欧佩克各成员国迫于持续低迷的油价所带来的财政危机，自觉遵守配额，偏度仅为 0.58%，2018 年和 2019 年的产量甚至低于配额，偏度分别为 -1.13% 和 -2.58%。面对持续低迷的市场，石油输出国唯有联合起来，通过"控制产量"这一市场行为，才有可能抑制石油价格的持续下跌，并促使石油价格的企稳回升。自减产协议达成以后，欧佩克一篮子石油价格有效回升，2017 年 5 月 25 日，欧佩克与非欧佩克产油国在维也纳召开会议，决定将日均减产约 180 万桶原油的减产协议延长 9 个月至 2018 年 4 月 1 日。2017 年 11 月 30 日在维也纳举行的欧佩克大会上，包括欧佩克成员国和俄罗斯等非欧佩克产油国在内的各国决定再次延长减产协议 9 个月至 2018 年底，经过三轮减产协议的持续，欧佩克一篮子石油价格从 2017 年 1 月的 52.4 美元/桶，上涨至 2018 年 10 月的 79.39 美元/桶。

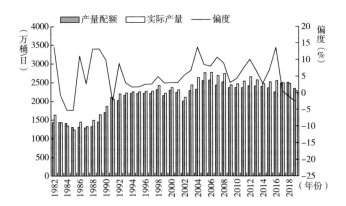

图 3-16　1982~2019 年欧佩克产量配额、实际产量及偏度

数据来源：OPEC Annual Statistical Bulletin 2020。

注：数据仅包括阿尔及利亚、伊朗、科威特、利比亚、尼日利亚、沙特阿拉伯、阿联酋和委内瑞拉 8 个成员国的产量配额和产量数据。

3.3.3.3　成员国执行配额的状况分析

欧佩克成员是否按各自的配额生产是衡量配额制度是否有效实施

的重要指标，也是欧佩克作为一个卡特尔组织在国际石油市场能否获得控制力的关键因素。1982 年 3 月欧佩克在第 63 次大会上决定实施产量配额制度，确定了总产量上限并分配了各成员国的产量配额。1982 年 4 月，欧佩克产量配额制度正式开始实施，在实施的第一年（1982 年），大部分国家实际产量与配额偏离程度较大，在第二年（1983 年）对大部分成员国的配额进行了较大幅度的调整。比如伊朗。由于 1978 年 9 月爆发的伊朗伊斯兰革命，以及 1980 年 9 月爆发的两伊战争，伊朗国内政局的动荡，产量锐减，欧佩克根据伊朗的实际情况，将伊朗在 1982 年 4 月至 1983 年 3 月的配额确定为 120 万桶/日，事实上，从 1982 年下半年开始，伊朗国内形势有所缓和，石油产量有所回升，达到 242.06 万桶/日，偏度高达 101.72%。因此，在 1983 年 3 月的第 67 次会议上，欧佩克将伊朗在 1983 年 4 月至 1984 年 10 月的配额调整为 240 万桶/日。另外，利比亚 1982 年的配额为 75 万桶/日，产量为 113.6 万桶/日，偏度为 51.47%，1983 年，欧佩克将利比亚的配额调整至 110 万桶/日。为了保持欧佩克 1570 万桶/日的产量限额不变，将作为"机动产油国"的沙特阿拉伯的配额从 1982 年的 715 万桶/日，调整至 1983 年的 500 万桶/日。为了保证分析结果的有效性，表 3-2 剔除了 1982~1983 年的数据。另外，从 2007 年 11 月开始直至 2016 年 12 月，欧佩克均未分配各成员国的配额，只公布了目标产量。2017 年欧佩克重新公布配额至今，有的成员国未分配配额：2019~2020 年，伊朗和委内瑞拉未分配；2017~2020 年，利比亚未分配；2017~2018 年，尼日利亚未分配。为了保证数据的连续性和完整性，表 3-2 显示的数据区间为 1984~2007 年。

根据已探明储量，可以将欧佩克大致分为储量比较大的成员大国和储量比较小的成员小国。成员大国主要包括委内瑞拉、沙特阿拉伯和伊朗 3 个国家，2019 年，其储量占欧佩克总储量的比重分别为

24.77%、21.08%和17%，合计62.86%。其他5个国家——科威特、阿联酋、利比亚、尼日利亚和阿尔及利亚的储量占欧佩克总储量的比重分别为8.28%、7.97%、3.94%、3%和0.99%，合计24.19%，为典型的成员小国。

如表3-2所示，成员大国偏度的均值明显小于成员小国，伊朗、沙特阿拉伯和委内瑞拉3个成员大国的偏度分别为0.40%、1.48%和2.44%，为偏度均值最小的3个国家。储量占比最小的阿尔及利亚的偏度均值最大，为11.64%。其他几个成员小国的偏度均值均比较大。

显然，成员大国对配额制度的遵守优于成员小国，主要原因包括如下两方面：一方面，成员大国在石油储量上的优势使其在欧佩克会议决议过程中占有比较重要的地位，在产量配额的分配过程中有能力为自己的国家争取利益，而成员小国在整个组织中常处于劣势，其对配额的分配以及一些其他的石油政策可能并不满意，但又无能为力，因而在实践中超额生产的情况比较普遍；另一方面，除委内瑞拉外，成员大国的产量也比较大，其在欧佩克石油产量中占有较大的份额，因而在国际石油市场上也占有举足轻重的地位，因此，成员大国石油产量的大幅变动很容易引起国际石油价格的变动，反过来影响本国收益，为了稳定国际石油市场并获得稳定的收益，成员大国尽量遵守配额制度，并保障石油产量的稳定。

表3-2 欧佩克成员国产量偏离度

单位：%

成员国	最大值	最小值	均值
伊朗	7.78	-14.72	0.40
沙特阿拉伯	19.19	-27.06	1.48
委内瑞拉	17.11	-7.20	2.44
科威特	30.20	-83.97	3.07

成员国	最大值	最小值	均值
尼日利亚	21.74	-7.31	3.93
利比亚	31.92	-12.30	5.48
阿联酋	55.00	-12.61	8.40
阿尔及利亚	68.81	-5.26	11.64
OPEC	13.71	-5.20	5.23

数据来源：根据 OPEC Annual Statistical Bulletin 2020 计算得到。

注：OPEC 数据仅包括表内 8 个国家的数据。

另外，需要说明的是，从 1982 年产量配额制度开始实施至今，成员国在执行配额的过程中，某些国家可能经历了战争、不公平待遇等事件，这些事件在某一个特定时期内对该成员国的产量产生了突变性的影响。比如，1990 年 8 月 2 日，伊拉克军队入侵科威特，推翻科威特政府并宣布吞并科威特，战争使科威特的石油生产能力遭到破坏，导致科威特的石油产量从 1989 年的 127.75 万桶/日减少到 1990 年的 85.86 万桶/日，到 1991 年则减少到 18.53 万桶/日，1992 年又恢复到 105.72 万桶/日。欧佩克大会在 1990 年 9 月至 1992 年 1 月均没有明确科威特产量配额，从 1992 年开始才将 1992 年 2 月至 9 月的配额确定为 815 万桶/日，1992 年 10 月至 12 月，又取消了其配额。[①]

3.3.3.4　"机动产油国"——沙特阿拉伯

在欧佩克产量配额制度中，沙特阿拉伯的地位比较特殊，从欧佩克建立之初，欧佩克最大的产油国沙特阿拉伯就被赋予"机动产油国"的责任，通过产量调整应对石油市场对欧佩克"剩余需求"的变化。在国际石油市场供过于求、国际油价持续低迷的情况下，1983 年 3 月，欧佩克第 67 次会议进一步把基准油价下调至 29 美元/桶。

---

① OPEC Annual Statistical Bulletin 2020。

这次会议并没有改变欧佩克的配额总量，但对欧佩克成员国的配额构成进行了调整，阿尔及利亚、伊朗、科威特、利比亚等国家的配额均有不同幅度的提高，而沙特阿拉伯的隐含配额却被缩减至 500 万桶/日。此外，会议还做出如下决定，如果其他国家按配额减产后仍无法保持基准油价，沙特阿拉伯应为保护基准油价承担任何幅度的减产任务。1984 年 10 月，欧佩克第 71 次会议，将沙特阿拉伯的配额缩减至 435.3 万桶/日，这一配额一直持续到 1986 年。1985 年，沙特阿拉伯实际产量为 317.5 万桶/日，不到 1981 年产量的 1/3。石油产量的持续减少严重影响沙特阿拉伯的经济发展，沙特阿拉伯 1985 年的国内生产总值（GDP）与 1981 年相比，下降了 44.13%。面对石油产量下降给经济发展带来的诸多困难，沙特阿拉伯再也承担不起支持"限产保价"策略的高额成本。1985 年 12 月，欧佩克第 76 次会议向外公布了"低价扩额"的市场策略，但分配给沙特阿拉伯的配额并无变化，这引起了沙特阿拉伯的不满，沙特阿拉伯在 1986 年将产量增加至 478.42 万桶/日，超出配额的 9.97%，从 1988 年开始，沙特阿拉伯连续增加石油产量，1991 年达到 811.78 万桶/日的产量水平。[①] 从沙特阿拉伯的市场行为可知，1986 年 12 月通过的新油价制度，实际上将沙特阿拉伯维持欧佩克油价稳定的责任转移到所有欧佩克成员身上。

进入 21 世纪，沙特阿拉伯在欧佩克中的作用日益凸显。在国际石油市场持续偏紧的情况下，从 2007 年开始，绝大多数欧佩克国家已按照最大产能生产石油，只有极少数国家，特别是沙特阿拉伯具备产量调节能力，2007 年以后，沙特阿拉伯实际上再度承担起国际石油市场"机动产油国"的角色。2007 年 6 月到 2008 年 6 月，面对国

---

① OPEC Annual Statistical Bulletin 2020。

际石油市场对欧佩克"剩余需求"不断增加而其他成员国增产能力有限的局面，沙特阿拉伯将其石油产量上调了100万桶/日。而此后，在2008年12月欧佩克第151次会议宣布减产决议时，沙特阿拉伯的实际产量高达298万桶/日。2010年，"阿拉伯之春"爆发后，面对利比亚战争带来的150万桶/日供应短缺，沙特阿拉伯一国增产幅度就高达100万桶/日。2012年1月，欧盟宣布对伊朗实施石油禁运，引发国际油价一路高涨，沙特阿拉伯宣称几乎马上能将石油产量从当前的980万桶/日提升至1140万桶/日或1180万桶/日。在随后的4个月，由于沙特阿拉伯石油供给的增加，以及国际石油需求的降低，国际油价开始一路滑落，6月21日纽约油价跌破每桶80美元，达到8个月以来的最低点。①

　　2014年下半年开始，国际油价持续下跌，在2014年11月27日召开的欧佩克第166次会议上，沙特阿拉伯力主改变持续30年应对油价下跌的限产保价政策，主导超额增产，油价在12月中旬跌破60美元/桶。此后直至2016年末，面对石油价格的持续低迷，沙特阿拉伯坚持主张不减产的石油政策，欧佩克一篮子参考价格在2016年1月6日跌破30美元/桶。②沙特阿拉伯维持不限产、增产，调整能源政策的主要原因在于：短期内，沙特阿拉伯希望通过拉低国际石油价格、推高全球石油库存，成功挤出部分非欧佩克国家的高成本非常规石油；中长期，沙特阿拉伯希望通过增产扩额，以应对来自美国页岩油的竞争，并巩固其因替代能源开发而日渐衰退的全球石油地位。

　　油价大幅下跌对经济的冲击迫使沙特阿拉伯开始考虑减产问题，在2016年11月30日达成的减产协议中，沙特阿拉伯的减产幅度是

---

① OPEC Annual Statistical Bulletin 2020。
② 欧佩克官网数据库。

最大的，日减产量为 486 万桶。

3.3.4　欧佩克成员执行配额的博弈模型

本部分内容构建博弈模型，分析欧佩克成员执行配额的状况。

3.3.4.1　模型基本假设

为了构建模型和简化计算，特做出如下假设。

假设 1：博弈参与者包括成员大国 B、成员小国 S，以及虚拟参与者石油市场 M。

假设 2：国际石油市场被划分为两部分，一部分由欧佩克占据，另一部分由非欧佩克国家分割。由于国际石油市场信息的不完全性，假定在一次博弈过程中，两部分的市场份额不变，因此可以将欧佩克国家看成它占据的那部分市场的垄断者，简称石油市场 M。

假设 3：石油市场 M 有高油价和低油价两种情况，分别用 P_h 和 P_l 表示。油价由国际石油市场的供需状况决定，不完全受欧佩克国家的控制，但受欧佩克国家石油产量的影响，成员大国 B 对国际石油价格的影响较大，而成员小国 S 对国际石油价格的影响较小。成员大国增加一单位产量将会引起国际油价下跌 c_b，成员小国增加一单位产量将引起国际油价下跌 c_s，且 $c_b > c_s$，由于大国和小国处于同一市场，并且面临的是同样的国际石油价格，无论是大国还是小国增加产量导致的油价下跌都会对产油国造成损失。

假设 4：博弈参与者成员大国 B 和成员小国 S 在每个决策结上均有执行配额和违背配额两种选择。成员大国 B 的配额和实际产量分别为 q_b^1、q_b^2，成员小国 S 的配额和实际产量分别为 q_s^1、q_s^2，且 $q_b^1 < q_b^2$，$q_s^1 < q_s^2$。

3.3.4.2　博弈过程

成员大国与成员小国之间战略博弈的扩展式可以用图 3-17 的博

弈树表示。

博弈双方在决策时点上知道石油市场 M 的选择，即知道当前的石油价格高或者低；博弈双方对彼此的行为特征、战略空间及支付函数有一定的认识，但并不完全；博弈双方同时决定产量，或虽非同时，但后行动者并不知道前行动者采取了什么具体策略，因此本模型为不完全信息静态博弈模型。由于成员小国 S 在决策时点上并不知道成员大国 B 的决策，因此将图 3-17 中属于同一信息集的两个决策结用虚线连接起来。

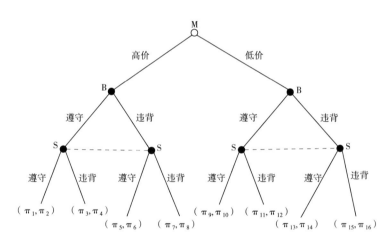

图 3-17　欧佩克成员国产量博弈树

在已知市场石油价格的情况下，欧佩克成员国在不完全信息静态博弈过程中，分别有四种策略选择。

（1）高油价情况

①成员大国和成员小国都遵守配额，此时两者利润分别为：

$$\begin{cases} \pi_1 = P_h q_b^1 \\ \pi_2 = P_h q_s^1 \end{cases} \tag{3-1}$$

②成员大国遵守配额，成员小国违背配额，此时两者利润分别为：

$$
\begin{cases}
\pi_3 = (P_h - c_s)\, q_b^1 \\
\pi_4 = (P_h - c_s)\, q_s^2
\end{cases}
\tag{3-2}
$$

③成员大国违背配额，成员小国遵守配额，此时两者利润分别为：

$$
\begin{cases}
\pi_5 = (P_h - c_b)\, q_b^2 \\
\pi_6 = (P_h - c_b)\, q_s^1
\end{cases}
\tag{3-3}
$$

④成员大国和成员小国都违背配额，此时两者利润分别为：

$$
\begin{cases}
\pi_7 = (P_h - c_b - c_s)\, q_b^2 \\
\pi_8 = (P_h - c_b - c_s)\, q_s^2
\end{cases}
\tag{3-4}
$$

在高油价情况下，如果成员大国选择遵守配额，成员小国面临 π_2 或 π_4 两种可能的决策结果；如果成员大国选择违背配额，成员小国面临 π_6 或 π_8 两种可能的决策结果。

（2）低油价情况

①成员大国和成员小国都遵守配额，此时两者利润分别为：

$$
\begin{cases}
\pi_9 = P_l q_b^1 \\
\pi_{10} = P_l q_s^1
\end{cases}
\tag{3-5}
$$

②成员大国遵守配额，成员小国违背配额，此时两者利润分别为：

$$
\begin{cases}
\pi_{11} = (P_l - c_s)\, q_b^1 \\
\pi_{12} = (P_l - c_s)\, q_s^2
\end{cases}
\tag{3-6}
$$

③成员大国违背配额，成员小国遵守配额，此时两者利润分别为：

$$\begin{cases} \pi_{13} = (P_l - c_b)\, q_b^2 \\ \pi_{14} = (P_l - c_b)\, q_s^1 \end{cases} \tag{3-7}$$

④成员大国和成员小国都违背配额，此时两者利润分别为：

$$\begin{cases} \pi_{15} = (P_l - c_b - c_s)\, q_b^2 \\ \pi_{16} = (P_l - c_b - c_s)\, q_s^2 \end{cases} \tag{3-8}$$

在低油价情况下，如果成员大国选择遵守配额，成员小国面临 π_{10} 或 π_{12} 两种可能的决策结果；如果成员大国选择违背配额，成员小国面临 π_{14} 或 π_{16} 两种可能的决策结果。

3.3.4.3　对博弈结果的分析

从博弈树所表示的博弈过程中可知，欧佩克成员国是否违背配额，取决于超额生产能否获得更高的利润。以高油价情况为例，成员小国在假定成员大国遵守配额的情况下，需要比较预期利润 π_2 与 π_4 的大小来做出决策；同样，成员小国在假定成员大国违背配额的情况下，需要比较预期利润 π_6 与 π_8 的大小来做出决策。同理，成员大国在假定成员小国遵守或者违背配额的情况下，分别通过比较 π_1 与 π_5、π_3 与 π_7 的大小来做出决策。而以上各组预期利润的比较取决于市场需求的价格弹性。

欧佩克作为该市场上的垄断者，其需求曲线和边际收益曲线如图 3-18 所示。根据垄断厂商理论，欧佩克的边际收益、价格和需求的价格弹性三者之间的关系如下：

$$MR = P\left(1 - \frac{1}{e_d}\right) \tag{3-9}$$

其中，MR 为边际收益，P 为市场价格，e_d 为需求的价格弹性，$e_d = -\dfrac{dQ}{dP} \cdot \dfrac{P}{Q}$，其中 Q 为欧佩克总产量。

由（3-9）式可得以下三种情况：当 $e_d>1$ 时，$MR>0$，此时欧佩克的总收益随销售量 Q 的增加而增加；当 $e_d=1$ 时，$MR=0$，此时欧佩克的总收益达到极大值点；当 $e_d<1$ 时，$MR<0$，此时欧佩克的总收益随销售量 Q 的增加而减少。

根据 $MR=MC$ 原则，可知欧佩克获得利润最大化的价格和产量分别为 P_o 和 Q_o，但是这一均衡点并不容易达到。一方面，石油价格并不是由欧佩克单方面决定，还受到非欧佩克产油国以及石油需求方的影响；另一方面，欧佩克并不是一个严格意义上的垄断企业，而是多个有独立主权国家的集合，各成员国都存在违背配额生产的现象。因此，事实上，石油价格和欧佩克产量总是处于不断变化调整的过程中。

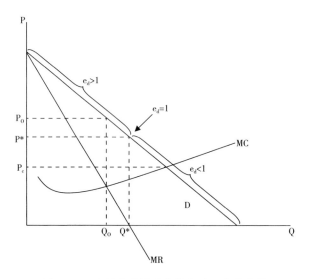

图 3-18　欧佩克的需求曲线和边际收益曲线

运用弹性理论，对欧佩克成员大国与成员小国博弈的均衡结果进行分析。

（1）高油价情况

如图 3-18 所示，将高油价 P_h 定义为：$P_h > P_0$，此时 $e_d > 1$，$MR > MC > 0$，欧佩克的利润随着石油产量的增加而增加。

如表 3-3 所示，如果实际石油价格 P_h 远高于均衡价格 P_0，则无论博弈对方选择遵守配额还是违背配额，博弈双方均会选择超额生产以获取更多利润，此时的博弈均衡为（违背，违背）。这与 2002~2016 年高油价期间，欧佩克产量超出配额的实际情况相符。

表 3-3　欧佩克成员国博弈矩阵：高油价情况

项目		成员小国	
		遵守	违背
成员大国	遵守	$P_h q_b{}^1$，$P_h q_s{}^1$	$(P_h - c_s) q_b{}^1$，$(P_h - c_s) q_s{}^2$
	违背	$(P_h - c_b) q_b{}^2$，$(P_h - c_b) q_s{}^1$	$(P_h - c_b - c_s) q_b{}^2$，$(P_h - c_b - c_s) q_s{}^2$

（2）低油价情况

如图 3-18 所示，将低油价 P_l 定义为：$P_c < P_l < P^*$，此时 $e_d < 1$，$MR < 0 < MC$，欧佩克的利润随着石油产量的增加而减少。

如表 3-4 所示，如果实际石油价格 P_l 低于边际收益为 0 的价格 P^*，则无论博弈对方选择遵守配额还是违背配额，博弈双方都不会再增加产量，而是按配额生产，此时的博弈均衡为（遵守，遵守）。需要说明的是，按照垄断厂商理论，在此情况下，欧佩克国家应该适当减少产量，但对于欧佩克而言，产量的减少有可能导致其市场份额的减少，不利于其国际市场地位的维持。因此，除非石油价格降到非常低，否则欧佩克国家不会轻易减少产量。这与1993~2001 年石油价格低位稳定期间欧佩克实际产量与配额基本吻合的实际情况相符。

表 3-4　欧佩克成员国博弈矩阵：低油价情况

项目		成员小国	
		遵守	违背
成员大国	遵守	$P_1q_b{}^1, P_1q_s{}^1$	$(P_1-c_s)~q_b{}^1, (P_1-c_s)~q_s{}^2$
	违背	$(P_1-c_b)~q_b{}^2, (P_1-c_b)~q_s{}^1$	$(P_1-c_b-c_s)~q_b{}^2, (P_1-c_b-c_s)~q_s{}^2$

3.3.4.4　对模型的进一步分析

前文对博弈结果的分析重点关注了 $P_h>P_0$ 和 $P_c<P_1<P^*$ 的情况。事实上，如图 3-18 所示，还存在 $P^*<P<P_0$ 以及 $P<P_c$ 的情况。

当 $P<P_c$ 时，市场石油价格低于欧佩克的生产成本。在此情况下，欧佩克将会减少石油产量，通过减少石油供应提高石油价格。

$P^*<P<P_0$ 的情况则比较复杂，对于欧佩克整体而言，由于 $e_d>1$，$MR>0$，总收益随产量的增加而增加。但对于单个的欧佩克成员国而言，一方面，不同国家的生产成本存在差异，在此情况下，对于低成本国家而言，增加产量是有利的；但对于一些高成本国家而言，增加产量反而会导致利润的损失。另一方面，产量越大的国家对价格的影响越大，因此，为了稳定石油市场、获得长期稳定的石油收入，成员大国更倾向于遵守配额。因此，欧佩克各成员国将根据本国实际情况选择最优产量策略。这就能够解释不同时期不同国家不同程度地违背配额自行调整产量的情形。另外，为了保障石油市场稳定的石油供应，有的成员大国，比如沙特阿拉伯常常充当"产量调节者"。在欧佩克某些成员国发生战争、政局动荡、遭遇自然灾害导致石油产量锐减，或者一些原因导致石油产量骤增的情况下，沙特阿拉伯能够迅速调整本国产量以保障石油供应，稳定石油市场。

3.4　小结

本章分析了欧佩克市场行为的内部影响因素。欧佩克自身的发展历程、内部的组织结构、职能性质和政策目标等是决定其市场行为的基础，而各成员国之间的合作与冲突，则是影响欧佩克市场行为的重要因素。

本章首先对欧佩克的成立及发展历程进行系统梳理，并剖析了目前欧佩克在国际石油市场中的地位。20 世纪 60 年代，欧佩克在成立之初便显示出亚非拉产油国联合斗争的强大威力，此后，历经 70 年代至 80 年代初联合进攻的黄金时期、80 年代初至 90 年代末联合防御的困难时期，以及 90 年代末至今的震荡调整时期。目前，欧佩克共有 13 个成员国，已探明可采石油储量占世界的 79%，石油产量占世界的 39%，石油出口量占世界的 50%，作为国际上运行最成功的卡特尔，欧佩克在国际石油市场中占有举足轻重的地位。在欧佩克的发展过程中，主要通过石油价格体系和产量配额制度两种行为来实现其卡特尔目标。伴随欧佩克的发展，其石油价格体系也经历了一系列的调整与变迁，目前，欧佩克以 13 个成员国的 13 种石油价格加权平均计算得出的欧佩克一篮子参考价格作为测定目标价格的工具。受西方能源金融、美国"页岩革命"及俄罗斯等非欧佩克产油国等多重因素的影响，欧佩克石油价格体系实现其卡特尔目标的功能有所削弱。而产量配额制度从 1982 年建立至今，一直没有得到各成员国的严格遵守，一方面，欧佩克内部缺乏强制成员国按配额生产的有效机制；另一方面，部分成员国对其分配的配额并不满意。虽然产量配额制度一直没有得到良好贯彻，但其制定对各成员国而言，对石油产量也能形成一定的约束作用，以此避免因欧佩克产量大幅波动而影响国际石油市场的稳定。

总体而言，欧佩克作为一个国家间的石油卡特尔，由于经济发展水平、资源保有量、种族、宗教、文化等差异，各成员国之间竞争地位失衡，在石油政策、政治体制和外交政策等方面均存在分歧，且组织内部尚缺乏有效的监管机制，这些因素从内部约束着欧佩克的市场行为。

第4章 欧佩克市场行为的
外部影响因素

国际石油市场由石油供给方和石油需求方共同组成，而石油供给方又分为欧佩克国家和非欧佩克国家两大阵营。目前，欧佩克虽然在国际石油市场上占据重要地位，发挥着影响国际石油市场的关键作用，然而，国际石油市场并非由欧佩克独揽控制大权，非欧佩克产油国的石油总产量一直高于欧佩克国家，而作为石油市场需求方的石油需求大国也通过加强合作提升其在国际石油市场格局中的整体实力。因此，欧佩克市场行为受非欧佩克产油国和石油需求国市场行为的影响，同时也面临国际石油市场需求不确定性等因素的制约。

4.1 非欧佩克产油国对欧佩克市场行为的影响

在国际石油市场格局中，欧佩克是非常重要的供给者。此外，世界上拥有一定石油储产量的国家还有 50 多个，这些国家构成了国际石油市场上的另外一支重要的与欧佩克相并列的石油供给力量，统称为非欧佩克。20 世纪 70 年代，欧佩克通过石油武器提高了石油价格，并在国际石油市场上成功占据了绝对优势地位。然而，高油价也刺激非欧佩克国家迅速扩大石油产能，增加石油产量并超过了欧佩克。20 世纪 80 年代开始，非欧佩克国家石油工业迅猛发展，已迅速崛起成为影响国际石油市场石油供给的另一支重要力量，欧佩克的市场地位受到了严峻的挑战。从目前的国际石油市场格局来看，欧佩克与非欧佩克均不具备绝对的市场势力，在国际石油市场上，它们之间相互影响、相互制约，因而欧佩克与非欧佩克之间的互动博弈决定着国际石油市场上的石油总供给量。

4.1.1　非欧佩克产油国市场地位

20 世纪 70 年代，石油价格逐渐走高，高油价刺激了非欧佩克国家的石油生产，其产量迅速上升并超过了欧佩克，导致国际石油市场上的石油供给量大增，欧佩克产油国的市场份额大幅下降。截至 2020 年上半年，非欧佩克国家的石油总产量依然高于欧佩克国家。纵观世界石油市场变迁的历史，非欧佩克在国际石油市场上的作用有限，但仍具有一定影响。到目前为止，非欧佩克依然是国际石油市场的一支重要力量，是影响欧佩克市场行为的重要外部因素之一。

4.1.1.1　产量

从非欧佩克产油国整体产量状况来看，如图 4-1 所示，在欧佩克建立的 1960 年，非欧佩克产油国的产量占世界总产量的 61.4%，20 世纪 60~70 年代，随着欧佩克的发展，非欧佩克的产量份额持续下降，到 1973 年，第一次石油危机爆发之前，非欧佩克的产量份额仅为 47.26%。80 年代上半期，欧佩克实施的"限产保价"策略使其石油产量迅速下降，从 1980 年的 2483.47 万桶/日，减少到 1985 年的 1396.65 万桶/日，占世界总产量的比重从 41.81% 降至 26.70%。与此同时，非欧佩克国家石油产量保持较为稳定的增长。从 1980 年的 3456.06 万桶/日，增加到 1985 年的 3833.55 万桶/日，占世界石油总产量的比重从 58.19% 升至 73.30%。面对市场份额的迅速缩减，欧佩克迅速转变石油策略，从"限产保价"转变为"低价扩额"，从 1986 年开始，欧佩克的石油产量迅速增加，到 1998 年其产量增加至 2773.97 万桶/日，占世界石油总产量比重超过 40%。2019 年，非欧佩克石油产量为 4588.72 万桶/日，占世界总产量的 60.97%。世界石油产量排名前十[①]的国家里，非欧佩克国家仅占 4 个，分别是美国（第一名）、俄罗斯（第二名）、中国（第五名）、巴西（第七名）。

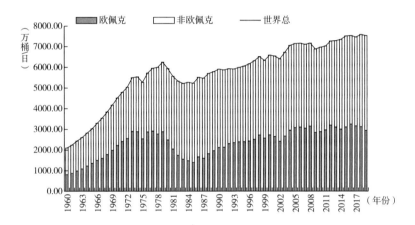

图 4-1　1960~2019 年欧佩克和非欧佩克的石油产量

数据来源：OPEC Annual Statistical Bulletin 2020。

非欧佩克国家中也包括很多产油大国，2019 年，非欧佩克产油国中产量排名前十位的国家分别是美国、俄罗斯、中国、巴西、墨西哥、哈萨克斯坦、挪威、加拿大、英国、哥伦比亚。这 10 个国家 2015~2019 年的产量如表 4-1 所示。这 10 个国家石油产量占非欧佩克国家总产量的 80% 左右，占世界总产量的比重也接近 50%。2018

---

① 2019 年世界石油产量排名前十的国家分别是美国、俄罗斯、沙特阿拉伯、伊拉克、中国、阿联酋、巴西、科威特、伊朗、尼日利亚。

年，美国石油产量先后超过沙特阿拉伯和俄罗斯，成为世界上最大的石油生产国。在非欧佩克产油国中，美国和俄罗斯产量占据绝对的优势地位，2019 年，这两个国家石油日产量均超过 1000 万桶，而处于非欧佩克国家第三、世界第五的中国的石油日产量仅有 382.5 万桶，不到美国石油产量的 1/3。

表 4-1　2015~2019 年非欧佩克产油国产量前十名

单位：万桶/日，%

国家	2015 年	2016 年	2017 年	2018 年	2019 年
美国	943.88	883.93	935.18	1099.05	1223.24
俄罗斯	1011.11	1029.22	1034.89	1052.74	1062.50
中国	428.78	398.61	382.15	378.70	382.50
巴西	243.73	251.00	262.18	258.65	278.77
墨西哥	226.68	215.35	194.84	181.30	167.81
哈萨克斯坦	132.16	129.50	146.68	154.72	154.98
挪威	156.74	161.46	158.83	148.68	140.85
加拿大	126.34	118.55	121.29	127.28	130.19
英国	87.97	91.48	89.12	98.49	100.72
哥伦比亚	100.56	88.33	85.36	86.52	88.59
合计	3457.97	3367.43	3410.53	3586.12	3730.14
占非欧佩克国家总产量比重	78.53	78.60	79.43	80.43	81.29
占世界总产量比重	46.05	44.72	45.73	47.30	49.56

数据来源：OPEC Annual Statistical Bulletin 2020。

注：按照 2019 年石油产量排序。

从美国和俄罗斯的石油产量发展进程来看，如图 4-2 所示，20 世纪 60~70 年代，俄罗斯（苏联）石油产量持续增长，第一次石油危机（1974 年）以前，美国作为世界第一大产油国，在国际石油市场上占据绝对的霸主地位，1975 年，俄罗斯日产量为 880.2 万桶，超越美国的 837.47 万桶，成为世界第一大产油国。20 世纪 80 年代，世界石油市场供给过剩，石油价格由涨转跌，同时，为了争夺市场份额，1986 年，欧佩克的市场策略由"限产保价"的消极防御转变为"低价扩额"的积极防御，1988 年，俄罗斯开始缩减石油产量，1992 年，沙特阿拉伯的石油产量超过俄罗斯，成为世界第一产油大国。俄罗斯的石油产量从 1987 年的 1115.27 万桶/日缩减至 1996 年的 586.19 万桶/日，产量几乎腰斩。1994～1998 年，俄罗斯的石油产量甚至低于美国。进入 21 世纪，随着全球经济的逐步复苏和主要石油生产国的共同努力，石油价格企稳回升，俄罗斯石油产量也开始持续攀升，2002 年其产量赶超沙特阿拉伯，并且至今一直与沙特阿拉伯基本持平。

20 世纪 70 年代开始，随着欧佩克国家石油主权回收，美国石油产量呈持续下降趋势。1970 年美国石油产量为 965.88 万桶/日，到 2008 年仅有 500 万桶/日。2011 年以来，得益于"页岩革命"，美国西德克萨斯州和北达科他州的页岩油田吸引到大量新开采投资，美国页岩油产量迅速提升，2019 年，美国二叠纪盆地、巴肯、鹰滩等七大产区页岩油产量突破 900 万桶/日，在石油总产量中占比超过 70%。2020 年，美国国内石油产量达到 1290 万桶/日。[①]"页岩革命"的爆发对国际能源体系的权力结构产生显著影响。随着石油产量的迅速增长，美国以主要产油国身份重归国际石油舞台。

中国作为世界第五大、非欧佩克第三大产油国，石油产量一直处于稳步增长状态。

4.1.1.2　储量

虽然非欧佩克国家的石油产量高于欧佩克国家，但是其储量

---

①　OPEC Annual Statistical Bulletin 2020。

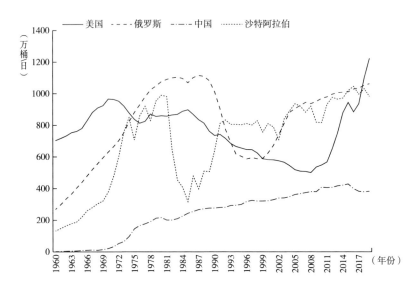

图 4-2　1960~2019 年美国、俄罗斯、中国和沙特阿拉伯的石油产量
数据来源：OPEC Annual Statistical Bulletin 2020。

和出口量均低于欧佩克国家。从石油储量来看，如图 4-3 所示，从 1960 年至今，非欧佩克已探明石油储量持续增长，但其增速低于欧佩克国家。1960 年，非欧佩克已探明石油储量为 849.78 亿桶，1964 年突破 1000 亿桶，1979 年超过 2000 亿桶，2012 年超过 3000 亿桶，2019 年达到 1960 年以来的最高储量 3241.93 亿桶，但其占世界总储量的比重从 1960 年的 29.19% 降至 2019 年的 20.91%。2019 年世界石油储量排名前十[①]的国家中，只有俄罗斯和美国两个非欧佩克国家，分别位列第七名和第八名。由此可知，为了维持其在石油市场上的市场份额，获得高额的石油利润，非欧佩克产油国普遍存在超强开发现象，从长远来看，这

---

① 2019 年世界石油储量排名前十的国家分别是委内瑞拉、沙特阿拉伯、伊朗、伊拉克、科威特、阿联酋、俄罗斯、美国、利比亚、尼日利亚。

种超强开发并不利于这些国家石油产业的可持续发展。然而，就
短期而言，非欧佩克产油国的竞争在一定程度上对欧佩克在国际
石油市场上的卡特尔行为形成有效制约。

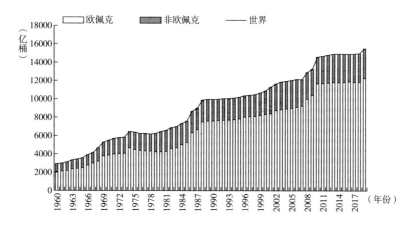

图 4-3　1960~2019 年欧佩克和非欧佩克的石油储量

数据来源：OPEC Annual Statistical Bulletin 2020。

在非欧佩克产油国中，2019 年，储量排名前十位的国家分别是
俄罗斯、美国、哈萨克斯坦、中国、卡塔尔、巴西、挪威、厄瓜多
尔、阿塞拜疆、墨西哥。这 10 个国家 2015~2019 年的已探明储量如
表 4-2 所示。这 10 个国家石油储量占非欧佩克国家石油总储量的比
重接近 80%，但占世界总储量的比重只有 16% 左右。自 2015 年以来，
俄罗斯的储量一直维持在 800 亿桶。

表 4-2　2015~2019 年非欧佩克产油国已探明储量前十名

单位：亿桶

国家	2015 年	2016 年	2017 年	2018 年	2019 年
俄罗斯	800.00	800.00	800.00	800.00	800.00
美国	323.18	327.73	391.60	438.24	526.37

国家	2015 年	2016 年	2017 年	2018 年	2019 年
哈萨克斯坦	300.00	300.00	300.00	300.00	300.00
中国	251.32	256.20	256.27	259.27	261.54
卡塔尔	252.44	252.44	252.44	252.44	252.44
巴西	161.84	130.00	126.34	128.35	132.39
挪威	80.05	76.01	79.18	86.45	88.17
厄瓜多尔	82.73	82.73	82.73	82.73	82.73
阿塞拜疆	70.00	70.00	70.00	70.00	70.00
墨西哥	97.11	71.42	65.37	64.27	57.86
合计	2418.67	2366.53	2423.93	2481.75	2571.50
占非欧佩克国家总储量比重	78.04	78.01	78.60	78.91	79.32
占世界总储量比重	16.23	15.88	16.25	16.58	16.58

数据来源：OPEC Annual Statistical Bulletin 2020。

注：按照 2019 年已探明石油储量排序。

4.1.1.3　出口量

从石油出口量来看，由于非欧佩克的产油大国如美国、中国、巴西等本身就是石油需求大国，其产出的大部分石油用于本国消费，因此虽然非欧佩克国家石油产量较高，但其石油出口量基本与欧佩克国家持平，多数时候略低于欧佩克国家。如图 4-4 所示，从 1980 年至今，欧佩克国家的石油出口量基本高于非欧佩克国家，仅在 1983~1988 年，以及 2002 年和 2019 年，非欧佩克国家石油出口量略高于欧佩克国家。2019 年，非欧佩克国家出口量为 2270.39 万桶/日，占世界出口总量的 50.25%，世界石油出口量排名前十[①]的国家中，非欧佩克国家只有 4 个，分别是俄罗斯（第二名）、加拿大（第四名）、

[①] 2019 年世界石油出口量排名前十的国家分别是沙特阿拉伯、俄罗斯、伊拉克、加拿大、美国、阿联酋、尼日利亚、科威特、哈萨克斯坦、安哥拉。

美国（第五名）和哈萨克斯坦（第九名）。

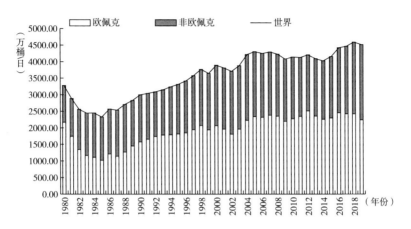

图 4-4 1980～2019 年欧佩克与非欧佩克石油出口量

数据来源：OPEC Annual Statistical Bulletin 2020。

在非欧佩克国家中，2019 年，出口量排名前十位的国家分别是俄罗斯、加拿大、美国、哈萨克斯坦、巴西、挪威、墨西哥、阿曼、英国、哥伦比亚。这 10 个国家 2015～2019 年的石油出口量如表 4-3 所示。这 10 个国家石油出口量占非欧佩克国家石油总出口量的比重在 80% 左右，占世界总出口量的 40% 左右。2015 年底，美国解除了 20 世纪 70 年代以来实施的石油出口禁令，石油出口量逐年递增。2016 年，美国的石油出口量仅为 59.08 万桶/日，2017 年出口量增加至 115.83 万桶/日，几乎翻了一番。2019 年，美国石油出口量增加至 297.83 万桶/日。2016～2019 年的短短三年间，美国石油出口量增长 4 倍。随着美国石油产量及出口量的持续攀升，多年来主导全球石油市场的欧佩克受到较大冲击。

对比表 4-3 与表 4-1 可知，在产量排名前十位的非欧佩克产油国中，中国本身是石油需求大国，因此中国虽然是石油生产大国，但石油出口量非常低，2019 年，中国石油出口量仅为 1.76 万桶/日，在所有石油出口国中的排名靠后。

表 4-3　2015~2019 年非欧佩克产油国出口量前十名

单位：万桶/日

国家	2015 年	2016 年	2017 年	2018 年	2019 年
俄罗斯	489.93	507.93	505.75	520.68	525.30
加拿大	230.12	274.21	289.38	317.74	326.14
美国	46.46	59.08	115.83	204.66	297.83
哈萨克斯坦	122.93	122.95	137.07	140.12	141.09
巴西	73.60	89.13	112.74	114.70	130.13
挪威	123.47	137.27	136.21	125.49	123.35
墨西哥	124.71	127.44	126.46	128.55	120.04
阿曼	78.80	88.75	80.30	80.78	83.86
英国	59.48	62.03	69.31	81.77	83.54
哥伦比亚	66.70	61.35	61.50	58.10	61.60
合计	1416.19	1530.12	1634.55	1772.59	1892.87
占非欧克国家总出口量比重	76.51	78.11	80.14	81.97	83.37
占世界总出口量比重	34.12	34.62	36.60	38.62	41.89

数据来源：OPEC Annual Statistical Bulletin 2020。

注：按照 2019 年石油出口量排序。

综上所述，目前非欧佩克国家的石油总产量高于欧佩克国家，非欧佩克国家的石油总储量只有欧佩克国家的 1/4。近 20 年以来，非欧佩克国家的石油储采比只有 20 年左右，2019 年，非欧佩克国家石油储采比为 19.36 年，与欧佩克的 114.39 年相比，前者约为后者的 1/6，勘探、开发和生产的综合成本却达到后者的 4 倍以上。因此，长远来看，如果在未来的一段时期内非欧佩国家没有勘测到新的大型油田，那么未来非欧佩克国家的影响力将会趋于减弱，但是，从短期来看，由于非欧佩克国家在国际石油市场上占有较大的市场份额，其市场行为能够在很大程度上影响欧佩克的市场行为。

4.1.2 非欧佩克主要产油国与欧佩克的关系

20 世纪 70 年代以来，欧佩克在国际石油市场上居于主导地位，近十年，美国"页岩革命"对国际石油供给产生较大冲击，随着欧佩克、美国和俄罗斯之间实力的此消彼长，目前国际石油市场上初步形成了欧佩克、美国和俄罗斯三方角逐的格局，美国和俄罗斯对欧佩克市场行为产生重要影响。

4.1.2.1 美国与欧佩克之间的关系

20 世纪 70 年代以前，美国是世界第一大产油国，在国际石油市场上占据主导地位，主导着全球石油生产活动。1973 年，局势发生根本性转变，以沙特阿拉伯为主导的欧佩克为了打击以色列及支持以色列的国家（包括美国），宣布石油禁运，造成油价上涨，引发西方国家经济衰退，美国陷入严重通货膨胀，财政萎靡不振，美国石油产量也一度陷入停滞，1975 年，美国石油产量被俄罗斯超越，1976 年，被沙特阿拉伯超越，如图 4-2 所示。为了保障国内石油的供应安全，美国分别于 1975 年、1979 年出台了《能源政策和节能法》和《出口管理法案》，严格限制本国石油出口。尽管如此，在 2008 年以前，由于美国石油产量持续减少，如图 4-5 所示，美国一直是世界上最大的石油进口国。

20 世纪 90 年代末以来，水力压裂技术和水平钻井技术的发展促使美国页岩油被大规模开发。2008 年，美国掀起了一场"页岩革命"，2012 年开始，美国页岩油产量呈爆发式增长。2018 年，美国石油产量为 1099.05 万桶/日，占世界石油总产量的 14.5%，先后超过沙特阿拉伯和俄罗斯，成为世界上最大的石油生产国。2008~2019年，美国石油产量从 499.97 万桶/日，增加至 1223.24 万桶/日，增长了将近 2.5 倍，如图 4-5 所示。2015 年 12 月 18 日，美国取消了长达 40 年的石油出口禁令，此后美国石油出口量迅速飙升，2019 年美国石油出口量为 297.83 万桶/日，成为世界第五大石油出口国。2019 年 9 月，美国实现了石油独立。

美国页岩油的迅猛发展带来世界石油市场的结构性变化。页岩油投资和生产周期短，对油价变化反应迅速，可在数月内进入全球市场，"熨平"市场波动的峰谷，页岩油潜力的释放有效提升了美国对国际石油价格的影响力。2014 年下半年，石油市场供给过剩导致石油价格暴跌，沙特阿拉伯应对美国"页岩革命"冲击的最初想法是：通过扩大石油产量压低石油价格，将美国页岩油逐出国际市场。然而，欧佩克打"价格战"的策略并未奏效，低油价不仅未能实现打压美国页岩油的初衷，反而导致其成员国财政状况持续恶化。美国页岩油更具弹性的供给曲线降低了欧佩克"限产保价"策略的有效性，不断挤压欧佩克和俄罗斯等非欧佩克传统产油国的市场份额。美国页岩油的生产主体为一些中小型石油公司，作为国际石油市场上的"机动生产者"，这些公司的边际成本和边际利润很大程度上能够决定石油价格的波动空间。当欧佩克产油国达成减产协议并促使石油价格企稳回升时，页岩油生产商可以迅速提升产能，缩短传统产油国"限产保价"模式的受益时间。而当油价低迷时，页岩油生产商又能迅速削减投资，减少产量，有效避免损失。这种来自国际石油市场层面的结构性冲击使欧佩克传统的"限产保价"策略难以奏效。美国页岩油生产商被称为世界石油市场的"真正边际生产者"，对调整石油市场供求平衡发挥着关键作用。

2019 年 5 月 2 日，美国终止伊朗石油制裁的豁免，同时声称美国、沙特阿拉伯和阿联酋将与伊朗此前的客户合作。美国此举旨在全面切断伊朗石油出口，推动美国石油夺取伊朗国际市场份额，同时进一步挑起沙特阿拉伯与伊朗的矛盾，分化欧佩克，破坏"欧佩克+"的限产协议，进而谋求在国际石油市场上的主导地位。

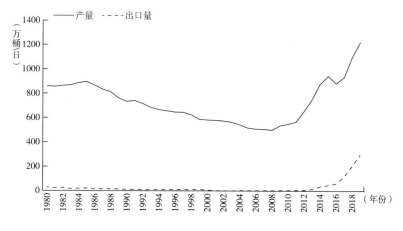

图 4-5　1980~2019 年美国石油产量和出口量

数据来源：OPEC Annual Statistical Bulletin 2020。

4.1.2.2　俄罗斯与欧佩克之间的关系

俄罗斯与欧佩克之间的关系错综复杂，在美苏对抗时期，以及苏联解体后，双方之间的竞争多于合作。一方面，俄罗斯和沙特阿拉伯的经济发展都严重依赖石油，并且两国都将能源事务列为本国外交政策的核心，将石油视为实现本国政治目标的重要工具。两国之间的竞争关系导致二者很难就石油产量结盟并在"限产保价"策略上合作。另一方面，凭借丰富的石油储备和日益强大的石油生产和出口能力，俄罗斯大力拓展石油外交，扩大自己在国际石油市场的影响力，这直接威胁到欧佩克的传统主导地位。然而，"页岩革命"之后，面对美国页岩油产量与出口量的强势增长，俄罗斯与欧佩克选择联合应对、报团取暖，双方之间更趋向于合作。

20世纪70年代，阿拉伯产油国对西方国家实施石油禁运，导致二战后全球最为严重的两次石油危机。同一时期，俄罗斯开始深度融入国际石油体系，其石油开采中心逐渐从伏尔加—乌拉尔地区转向西西伯利亚地区，石油产量大幅增加。1970~1975年，俄罗斯石油产量从631.56万桶/日，增加至880.2万桶/日，超过美国成为世界上最大的石油生产国。同时，由于阿拉伯产油国的石油禁运，俄罗斯迎来了向西方国家大量出口石油的契机，开始与欧佩克争夺市场份额，争当西方国家石油供给的"可靠伙伴"。石油出口日益成为俄罗斯外汇收入的主要来源。然而，20世纪80年代中后期，国际能源市场价格发生"反向革命"，对石油出口的高度依赖成为俄罗斯经济发展的软肋。受国际油价波动影响，俄罗斯外汇收入骤减，贸易条件恶化。1986~1988年，俄罗斯因国际市场能源价格下跌导致的出口收入损失达400亿美元左右。1988~1993年，俄罗斯石油出口量从534.79万桶/日下降至251.08万桶/日，如图4-6所示。

长期以来，俄罗斯都定位为国际石油市场上的"价格接受者"和石油—美元体系下的规则接受者。面对油价的下跌，俄罗斯更倾向于让欧佩克减产，而自己只需"搭便车"。苏联解体以来的近三十年，每次国际石油市场震荡，石油价格下跌，欧佩克均试图与俄罗斯达成减产协议，直到2016年11月30日，欧佩克与俄罗斯等非欧佩克国家才终于首次达成共同减产协议。

1998年亚洲金融危机爆发导致全球石油需求降低，国际石油价格从1997年初的25美元/桶降至1998年底10美元/桶，欧佩克呼吁其成员国与非欧佩克产油国同时限产。1998~1999年，欧佩克连续三次减产，共削减配额420万桶/日，减产幅度达16.5%。尽管俄罗斯承诺削减7%的产量（相当于10万桶/日），但事实上，俄罗斯石油产出在 1999 年后半年稳步增长。2000 年，俄罗斯石油产量达到 625 万桶/日，如图 4-6 所示。

2001 年，"9·11"事件导致全球经济增速放缓，需求萎缩，国际石油价格持续下跌。为抑制油价下跌，欧佩克承诺：如果非欧佩克产油国能够减产 20 万桶/日，它将减产 150 万桶/日。俄罗斯对此并未回应。相反，2002 年，俄罗斯石油产量增加至 740 万桶/日，超过沙特阿拉伯成为世界最大石油生产国。同年 7 月，俄罗斯正式宣布退出"限产保价"计划。

2008 年全球金融危机导致油价暴跌，2008 年 7~12 月，短短 6 个月，欧佩克一篮子石油价格从 131.22 美元/桶，跌至 38.60 美元/桶。在此期间，俄罗斯与欧佩克之间的互动频繁，时任俄罗斯副总理伊格尔·谢钦作为观察员多次参加欧佩克会议。从 2008 年 9 月开始，欧佩克进行了三轮减产，到 2009 年 1 月，共减产 420 万桶/日，但俄罗斯并未采取任何减产行动。

2014 年下半年，全球经济增速放缓导致石油需求下降，且美国"页岩革命"导致页岩油产量大幅增加，全球石油市场再次呈现供给过剩，欧佩克一篮子石油价格从 2014 年 7 月的 105.61 美元/桶，跌至 2016 年 1 月的 26.50 美元/桶。面对国际石油价格的大幅下跌，俄罗斯与沙特阿拉伯之间越来越认识到共同协议减产的重要性，2016 年 2 月开始，俄罗斯与欧佩克之间互动频繁。经过多方博弈和磋商，欧佩克与俄罗斯等非欧佩克国家终于在 2016 年 11 月 30 日首次达成 15 年来的首个联合减产协议，"欧佩克+"也称为"维也纳联盟"正式建立。"欧佩克+"促使国际油价进入持续稳定回升通道，国际油价从 2017 年下半年之后不断走高。2018 年 6 月，随着国际石油价格的逐步回升，为防止石油供不应求，俄罗斯和沙特阿拉伯又联合上述产油国实施了共同增产。

2020 年 3 月 6 日，欧佩克与俄罗斯新一轮减产协议谈判破裂，沙特阿拉伯宣布将石油日产量从 970 万桶增加至 1000 万桶以上。在此之前，欧佩克和俄罗斯之间的减产协议已维持了三年，沙特阿拉伯宣布增产后，3 月 9 日，石油价格呈现"史诗级"暴跌。北海布伦特油价（Brent）从 45.27 美元/桶跌至 34.36 美元/桶，美国西德克萨斯轻油价格（WTI）从 41.28 美元/桶跌至 31.13 美元/桶，跌幅均超过 24%。

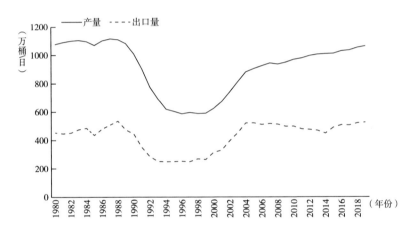

图 4-6　1980~2019 年俄罗斯石油产量和出口量

数据来源：OPEC Annual Statistical Bulletin 2020。

4.1.2.3　"欧佩克+"与"泛欧佩克+"

产量行为是产油国影响石油价格、维持国际石油市场运行，进而维护自身经济利益的主要政策工具。在油价暴跌时期，欧佩克与非欧佩克产油国之间合作意愿较强，最基本的合作形式是联合减产，控制油价，保证产油国利益。在 2016 年"欧佩克+"建立以前，欧佩克与非欧佩克曾有过几次不太成功的合作。

1986 年初，为争夺国际石油市场份额，欧佩克采取"低价扩额"

的积极防御策略，对非欧佩克产油国开启价格战。双方的对抗在 1986
年底以互相妥协而告终，共同决定重新制定减产配额，这是欧佩克和
非欧佩克国家第一次真正意义上的合作。1999 年 3 月，为控制油价的
下跌，欧佩克与挪威、俄罗斯、墨西哥、阿曼等非欧佩克产油国联合
减产，这是双方第二次合作。第三次是在 2009 年 1 月，欧佩克为控制
油价的断崖式下跌，连续三次减产，共计减产 420 万桶/日，并积极寻
求与非欧佩克产油国的合作。但事实上，在这几次合作中，非欧佩克
国家减产意愿不强，只想充当"免费乘车者"。2016 年，面对美国
"页岩革命"的冲击，国际石油市场严重供给过剩，油价暴跌，欧佩克
与俄罗斯等非欧佩克国家深刻意识到联合减产的重要性。2016 年 9~12
月，欧佩克与以俄罗斯为首的非欧佩克产油国分别签署《阿尔及尔协
议》、《维也纳协议》和最终的《联合宣言》。2016 年 11 月 30 日，欧
佩克成员国终于达成共识，决定共同减产 120 万桶/日。俄罗斯虽然未
参加此次会议，但也宣布同意接受 30 万桶/日的减产配额。12 月 10
日，俄罗斯、阿塞拜疆、巴林、玻利维亚、文莱、赤道几内亚、哈萨
克斯坦、马来西亚、墨西哥、阿曼、苏丹和南苏丹这 12 个非欧佩克产
油国签署协议，决定联合减产 55.8 万桶/日。按照协议签署地原则，
该产油国联盟被命名为"维也纳联盟"（Vienna Alliance）"。也有学
者从该组织的产量调控功能出发，将该机制命名为"欧佩克 +"
（OPEC+）。为确保共同减产协议的切实履行，俄罗斯、科威特、尼日
利亚、委内瑞拉和阿曼于 2017 年 1 月 23 日成立了欧佩克与非欧佩克部
长级联合监督委员会（Joint OPEC-Non OPEC Ministerial Monitoring
Committee），俄罗斯能源部长亚历山大·诺瓦克任委员会候补主席。此
外，还成立了联合技术委员会（Joint Technical Committee），来统计各
成员国的月度石油生产状况。欧佩克与非欧佩克产油国部长级会议也
成为与欧佩克国家部长级会议同时采取的重要磋商形式。在各方努力

下，减产协议的执行率一度达到102%。2019年6月，俄罗斯总统普京在日本大阪G20峰会上与沙特阿拉伯王储萨勒曼达成共识，将"欧佩克+"协议持续到2020年。2019年7月，欧佩克与非欧佩克产油国签署《合作宪章》，计划将"欧佩克+"的合作机制长期化。

"欧佩克+"石油产量占世界石油产量的50%以上，已探明石油储量占石油储量的90%以上，对国际石油市场与全球能源治理具有非常高的影响力。但由于"欧佩克+"实施减产协议的约束机制不健全，履约的奖惩机制不明确，成员国之间在石油目标和政策上存在竞争与分歧，加之俄罗斯态度的转变，"欧佩克+"的运行并不稳定。俄罗斯在"欧佩克+"建立过程中态度积极，通过与沙特阿拉伯、伊朗等国的积极磋商，成为建立"欧佩克+"的主要推动者。然而，在该机制建立后，俄罗斯的态度逐渐转向消极。最终，由于俄罗斯拒绝扩大减产，2020年3月6日的"欧佩克+"会议未能就下一阶段的产量控制达成协议，国际石油市场形势急转直下。沙特阿拉伯再次发起石油价格战，大幅降低石油价格，同时将石油日产量提升至1200万桶，阿联酋随后也宣布在次月将石油日产量提升至400万桶以上。3月9日当天，布伦特石油价格从45.27美元/桶降至34.36美元/桶，下跌24%。油价暴跌，加之新冠肺炎疫情对全球经济的冲击，世界主要股市也全面下跌，美股曾数次触发熔断机制。4月2日，沙特阿拉伯呼吁召开包括俄罗斯在内的"欧佩克+"会议，重新稳定石油市场。4月9日，经过漫长的博弈与谈判，"欧佩克+"成员国决定自5月1日起减产1000万桶/日，并公布了直至2022年4月的三阶段减产方案。墨西哥拒绝接受40万桶/日的减产配额，但在随后召开的G20会议上，时任美国总统特朗普表示美国将代替墨西哥减产25万桶/日。美国的主动减产标志着美国、俄罗斯和沙特阿拉伯三大主要产油国均已参与到该轮石油减产中。此外，加拿大与巴西等产油国也有望加入。"欧佩克+"进一步升级为所谓的"泛欧佩克+",也称为"欧佩克++"。

不过,由于减产力度仍低于市场预期,国际油价在这一减产计划公布后仍呈下跌态势。4 月 20 日,WTI 原油价格跌至每桶 -37.63 美元,在世界石油工业 160 年史上首次出现负值。直到 2020 年 5 月,随着减产协议的正式生效以及北美地区石油产量的大幅下降,国际油价才逐渐止跌回升,并于当月中旬重回 30 美元/桶。[①]

4.1.3　非欧佩克与欧佩克的静态博弈

为了研究在同一市场条件下仅有两个生产者的所谓双寡头垄断市场的情况,并分析两个寡头之间的均衡产量问题,法国数学家奥古斯汀·古诺(Augustin Cournot)在 1838 年提出了一个非合作寡头垄断模型。该模型基于一定的假设前提:①寡头市场仅有两个生产者;②两个生产者生产同质的产品且生产产品的边际成本为零;③两个生产者面临共同的线性需求曲线,且双方都能准确掌握需求状况;④两个生产者都是在已知对方产量的情况下,各自确定能够给自己带来最大收益的产量,即每一个生产者都根据对方已经确定好的产量,消极地确定自己的产量。这就构成了生产者之间关于产品产量的一个静态博弈,即古诺模型。在该模型中,每个生产者在决定产量时对竞争对手们的产量有个基本的判断,并基于这个判断以实现自身利润最大化为原则决策产量。

4.1.3.1　模型基本假设

为了构建模型和简化计算的需要,特做出如下假设。

假设 1:国际石油市场上有两个石油供应者,一个是欧佩克,另一个是非欧佩克,两者的石油产量分别为 q_o、q_n,两者的石油生产成

---

① Wind 数据库。

本分别为 c_o、c_n（$c_o < c_n$）。国际石油市场的逆需求函数为：$p = a - bQ$
其中，$Q = q_o + q_n$。

假设 2：石油是同质或无差异的。

假设 3：在观察期内没有新的石油输出国组织成立，即市场上的石油供应方数量不变。

假设 4：欧佩克与非欧佩克都以产量作为决策变量，同时展开竞争，在选择产量时都假定对方的产量保持不变。

4.1.3.2 欧佩克与非欧佩克的完全信息古诺博弈

传统的产量博弈模型通常基于完全信息的假设，即假设博弈双方相互之间完全了解对方的特征、战略空间及支付函数。在此，本书假设非欧佩克与欧佩克对彼此的成本、利润函数和产量策略空间均有准确的认识。在国际石油市场上，欧佩克与非欧佩克为追求自身利益最大化，从各自立场出发，同时做出独立的产量决策，两者的利润函数分别为：

$$\begin{cases} \pi_o = [a - b(q_o + q_n)]q_o - c_o q_o \\ \pi_n = [a - b(q_o + q_n)]q_n - c_n q_n \end{cases} \tag{4-1}$$

求解利润函数的一阶最优条件得：

$$\begin{cases} \dfrac{\partial \pi_o}{\partial q_o} = a - 2bq_o - bq_n - c_o = 0 \\ \dfrac{\partial \pi_n}{\partial q_n} = a - bq_o - 2bq_n - c_n = 0 \end{cases} \tag{4-2}$$

解得欧佩克和非欧佩克产量的反应函数：

$$\begin{cases} q_o = R_o(q_n) = \dfrac{a - bq_n - c_o}{2b} \\ q_n = R_n(q_o) = \dfrac{a - bq_o - c_n}{2b} \end{cases} \tag{4-3}$$

解得古诺—纳什均衡 $NE\ \{q_o{}^*;\ q_n{}^*;\ p^*\}$

$$\begin{cases} q_o^* = \dfrac{a-2c_o+c_n}{3b} \\[2mm] q_n^* = \dfrac{a+c_o-2c_n}{3b} \\[2mm] p^* = \dfrac{a+c_o+c_n}{3} \end{cases} \tag{4-4}$$

国际石油市场总产量：

$$Q^* = q_o^* + q_n^* = \frac{2a-c_o-c_n}{3b} \tag{4-5}$$

欧佩克与非欧佩克的静态博弈过程如图 4-7、图 4-8 所示。

假定欧佩克在做出产量决策时已知非欧佩克的产量，且欧佩克认为非欧佩克的产量保持不变。如图 4-7 所示，从市场需求曲线 D_T 中减去非欧佩克的产出，即可得到欧佩克的剩余需求曲线 D_o，根据边际收益等于边际成本的原则，欧佩克选择利润最大化的产量水平 $q_o\ (q_n)$，说明欧佩克决定投入市场的产量水平，取决于非欧佩克的产量。

对于非欧佩克的不同产量水平，相对应的欧佩克的利润最大化产量也不同，据此可以导出欧佩克的反应曲线 $R_o\ (q_n)$，如图 4-8 所示。该反应曲线表示：欧佩克利润最大化的产量水平取决于非欧佩克的产量水平。同理也可导出非欧佩克的反应曲线 $R_N\ (q_o)$。如果非欧佩克的产量为 0，则欧佩克为石油市场上的垄断者，垄断产量为 q_o^m；同理，如果欧佩克产量为 0，则非欧佩克为石油市场上的垄断者，垄断产量为 q_n^m。欧佩克和非欧佩克之间通过静态博弈得到古诺—纳什均衡点，即两条反应曲线的交点 $NE\ (q_o^*,\ q_n^*)$，即石油市场上的均衡产出。如果欧佩克试图把非欧佩克逐出市场，则欧佩克必须把产量扩大到使价格接近边际成本的程度，但是它的这种产量策略会受到非

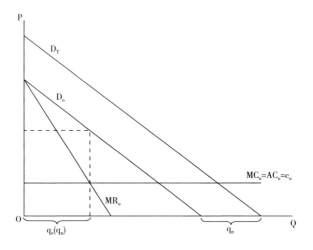

图 4-7　欧佩克的产量决策

欧佩克针锋相对的反击，非欧佩克也会增加产量以维持自己的市场地位，两者激烈竞争的结果是国际石油市场的总产量增加至完全竞争市场的产量水平。

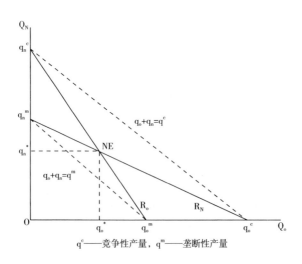

q^c——竞争性产量，q^m——垄断性产量

图 4-8　欧佩克与非欧佩克的古诺—纳什均衡

进一步分析式（4-4）的均衡结果可知，因为 $c_o < c_n$，所以 $c_n - 2c_o > c_o - 2c_n$，所以 $q_o > q_n$。

上述博弈模型的古诺—纳什均衡与 20 世纪 60~70 年代的国际石油市场基本相符。由于欧佩克国家拥有得天独厚的石油资源禀赋，其石油生产成本远远低于非欧佩克国家的石油生产成本。因此，欧佩克的石油产量高于非欧佩克的石油产量，然而，20 世纪 70 年代石油价格的大幅上涨，使拥有石油资源的非欧佩克国家纷纷加快石油工业的发展，增加石油产量。由于非欧佩克国家并没有组成统一的石油输出国组织，其产量不受配额的限制，而主要由国际油价决定，因此，在高油价的吸引下，非欧佩克国家基本上是多有多产，而且由于非欧佩克国家之间的竞争激烈，国内外很多学者认为国际石油市场可以被划分为两部分，欧佩克占据的那部分市场近似于垄断市场，而非欧佩克国家占据的那部分市场近似于完全竞争市场。为抢占有限的石油市场份额，非欧佩克国家经常处于过量生产的状态。因此，在 80 年代至今的国际石油市场上，需要承担高成本的非欧佩克国家的石油产量反而略高于拥有低成本优势的欧佩克国家的产量。

4.1.3.3　欧佩克与非欧佩克的不完全信息古诺博弈

传统的产量博弈模型是基于完全信息的假设建立起来的，在该模型中博弈双方完全了解对方的产量决策。如在前文 4.1.3.1 中已假设欧佩克与非欧佩克相互之间完全了解对方的特征、战略空间及支付函数。但事实上，欧佩克国家与非欧佩克国家之间为了各自的利益往往并不会公开本国的实际石油生产状况，导致其他国家很难了解其真实情况。因此，欧佩克在现实的决策中并不能获得非欧佩克国家石油生产状况的完全信息，而只能判断竞争者在欧佩克产量发生变化后随之反应的产量变化程度。接下来，本部分内容将分析欧佩克与非欧佩克的不完全信息古诺博弈。

假设欧佩克和非欧佩克都清楚地了解国际石油市场的反需求函数，也很明确地知道自己的生产成本。欧佩克具有不变的单位边际成本 c_o，c_o 是欧佩克和非欧佩克双方均了解的共同知识；而非欧佩克国家由很多生产成本各异的国家组成，各个国家的产量决策的变化都有可能对非欧佩克整体的边际成本产生影响，比如，如果高成本的国家增产，则非欧佩克整体单位成本上升；如果低成本的国家增产，则非欧佩克整体单位成本下降。为简化分析过程，本部分假定非欧佩克具有两种可能的单位成本——高成本和低成本，分别记为 c_n^h 和 c_n^l，非欧佩克知道自己是高成本还是低成本，但欧佩克只知道非欧佩克的成本为高成本的概率为 ρ，为低成本的概率为 $1-\rho$，其中 ρ 为共同知识。一般而言，在高油价的情况下，很多高成本的非欧佩克产油国也会增加产量，油价越高，高成本产油国的增产动力越足，从而有可能导致非欧佩克的高成本；相反，在低油价的情况下，高成本国家的增产动力不足，当石油价格下降到某些国家的生产成本以下，这些国家将减少产量，甚至停止生产。

在石油产量决策过程中，欧佩克只能通过推断非欧佩克产油国的石油生产成本来决定使自己利润最大化的产量。

由式（4-3）已知非欧佩克产量的反应函数为：

$$q_n = R_n(q_o) = \frac{a - bq_o - c_n}{2b} \tag{4-6}$$

因此，非欧佩克高成本和低成本的反应函数分别为：

$$\begin{cases} q_n^h = R_n(q_o) = \dfrac{a - bq_o - c_n^h}{2b} \\[2ex] q_n^l = R_n(q_o) = \dfrac{a - bq_o - c_n^l}{2b} \end{cases} \tag{4-7}$$

由此可以得到欧佩克利润的期望值：

$$E\pi_o = \rho\left[a - b\left(q_o + q_n^h\right)\right]q_o + (1-\rho)\left[a - b\left(q_o + q_n^l\right)\right]q_o - c_o q_o \qquad (4-8)$$

令 $\dfrac{\partial E\pi_o}{\partial q_o} = 0$，求解利润最大化的一阶条件，得

$$q_o = \frac{\rho b\left(q_n^l - q_n^h\right) - b q_n^l + a - c_o}{2b} \qquad (4-9)$$

将式（4-7）代入式（4-9），得：

$$q_o = \frac{a + \rho c_n^h + (1-\rho) c_n^l - 2c_o}{3b} \qquad (4-10)$$

将式（4-10）代入式（4-7），得：

$$\begin{cases} q_n^h = \dfrac{2a - (\rho+3) c_n^h - (1-\rho) c_n^l + 2c_o}{6b} \\[4mm] q_n^l = \dfrac{2a - \rho c_n^h - (4-\rho) c_n^l + 2c_o}{6b} \end{cases} \qquad (4-11)$$

由此可得，非欧佩克高成本或低成本情况下的古诺—纳什均衡分别为 $NE\left(q_o, q_n^h\right)$、$NE\left(q_o, q_n^l\right)$。

当非欧佩克是高成本时，国际石油总产量为：

$$Q_1 = q_o + q_n^h = \frac{4a + (\rho-3) c_n^h + (1-\rho) c_n^l - 2c_o}{6b} \qquad (4-12)$$

当非欧佩克是低成本时，国际石油总产量为：

$$Q_2 = q_o + q_n^l = \frac{4a + \rho c_n^h - (2+\rho) c_n^l - 2c_o}{6b} \qquad (4-13)$$

4.1.4 非欧佩克与欧佩克的动态博弈

德国经济学家海因里希·冯·斯坦克尔伯格（H. Von Stackelberg）将古诺模型拓展至"领导—跟随"的寡占市场动态产量竞争模型。斯坦克尔伯格认为，在现实的产业竞争中，并非所有寡头企业都具有同等的垄断竞争能力，垄断竞争能力的差异导致企业在产量博弈过程中不平等的垄断竞争博弈地位。在博弈过程中，规模较大、实力雄厚的一方被称为领导者，领导者往往在博弈中占据主动地位，它在进行决策时要同时考虑自身决策对对方的影响，以及对方为此而做出的反应，并把这种反应纳入其最优策略选择的影响因素范围内。规模较小、实力较弱的一方被称为追随者，由于追随者决策对市场的影响较小，它们在决策时不需要考虑自身决策对领导者的影响，只是根据领导者的决策，做出自己的最优决策。

4.1.4.1 模型基本假设

为了构建模型和简化计算的需要，特做出如下假设。

假设1：国际石油市场上有两个石油供应者，一个是欧佩克，另一个是非欧佩克，两者的石油产量分别为 q_o、q_n，两者的石油生产成本分别为 c_o、c_n（$c_o < c_n$）。国际石油市场的逆需求函数为：$p = a - bQ$，其中 $Q = q_o + q_n$。

假设2：石油是同质或无差异的。

假设3：在观察期内没有新的石油输出国组织成立，即市场上的石油供应方数量不变。

假设4：欧佩克与非欧佩克都以产量作为决策变量，其中欧佩克为国际石油市场上的领导者，非欧佩克为追随者。

4.1.4.2 欧佩克与非欧佩克的单阶段斯坦克尔伯格博弈

根据模型的基本假定，本部分的分析进一步假设欧佩克与非欧佩

克对彼此的成本、利润函数和产量策略空间均有准确的认识。此时，两者的利润函数与古诺模型中的利润函数一致，即

$$\begin{cases} \pi_o = [a-b(q_o+q_n)]q_o - c_o q_o \\ \pi_n = [a-b(q_o+q_n)]q_n - c_n q_n \end{cases} \tag{4-14}$$

该博弈的一次博弈过程可分为两个步骤。第 1 步，作为领导者的欧佩克首先制定产量 q_o；第 2 步，在观察到欧佩克的产量水平 q_o 后，作为跟随者的非欧佩克按照利润最大化原则决定自己的产量 q_n。

采用逆向归纳法求解这个博弈的子博弈精炼纳什均衡。首先考虑第 2 步，给定欧佩克产量 q_o 的情况下，非欧佩克的最优选择：

$$\pi_n = [a-b(q_o+q_n)]q_n - c_n q_n \tag{4-15}$$

令 $\dfrac{\partial \pi_n}{\partial q_n} = 0$，求解非欧佩克的反应函数，得：

$$q_n = R_n(q_o) = \frac{a-bq_o-c_n}{2b} \tag{4-16}$$

第 1 步，欧佩克预料到非欧佩克会根据欧佩克的产量来决定自己的产量，因此欧佩克的利润函数为：

$$\pi_o = [a-b(q_o+q_n)]q_o - c_o q_o \tag{4-17}$$

将式（4-16）代入式（4-17）得：

$$\pi_o = \left(\frac{1}{2}a - \frac{1}{2}bq_o + \frac{1}{2}c_n\right)q_o - c_o q_o \tag{4-18}$$

令 $\dfrac{\partial \pi_o}{\partial q_o} = 0$，求解欧佩克利润最大化的产量，得：

$$q_o^* = \frac{a+c_n-2c_o}{2b} \qquad (4-19)$$

将式（4-19）代入式（4-16），得非欧佩克利润最大化产量：

$$q_n^* = \frac{a+2c_o-3c_n}{4b} \qquad (4-20)$$

国际石油市场总产量为：

$$Q^* = q_o^* + q_n^* = \frac{3a-2c_o-c_n}{4b} \qquad (4-21)$$

均衡价格为：

$$p^* = \frac{a+2c_o+c_n}{4} \qquad (4-22)$$

由此得到子博弈精炼纳什均衡结果 $SPNE \{q_o^*; q_n^*; p^*\}$。

通过式（4-22）与式（4-4）、式（4-21）与式（4-5）之间的比较，可以看出，斯坦克尔伯格模型的市场均衡价格低于古诺模型的市场均衡价格，但在斯坦克尔伯格模型中，整个国际市场的均衡总产量要高于古诺模型中的均衡产量。也就是说，尽管石油市场上的博弈双方都以产量作为竞争手段，但只要彼此之间行动存在先后次序，整个市场的产出将会有所提高。进一步观察式（4-19）、式（4-20）与式（4-4）可发现，在斯坦克尔伯格模型中，领导者欧佩克的产量要大于古诺模型中的产量，而跟随者非欧佩克的产量则要低于古诺模型中的产量，这表明石油市场上总产出的增加是由于领导者产出增加而实现的。主要原因在于，在完全信息动态博弈中，跟随者根据领导者的产量信息而被迫对自己的产量进行调整，致使领导者占据了"先发优势"，拥有信息优势的跟随者则被迫置于竞争劣势。

4.1.4.3 欧佩克与非欧佩克的多阶段斯坦克尔伯格博弈

通过欧佩克与非欧佩克的单阶段斯坦克尔伯格博弈，可得到单阶段子博弈精炼纳什均衡结果。在单阶段的主从博弈中，由于先动方欧佩克具有先动优势，欧佩克的均衡产量高于后动方非欧佩克的均衡产量。但在多阶段博弈中，假定欧佩克与非欧佩克具有贝叶斯学习能力，即后动方能够根据前动方的前期和历史行动调整其对产量的判断。由于学习机制及博弈双方追逐短期利润目标的存在，前文得出的单阶段的博弈均衡在多阶段中又是不稳定的。

前文单阶段的博弈均衡结果即多阶段博弈中第一阶段的均衡结果，$SPNE$ $\{q_o^1; q_n^1; p^1\}$

$$\begin{cases} q_o^1 = \dfrac{a+c_n-2c_o}{2b} \\[2mm] q_n^1 = \dfrac{a+2c_o-3c_n}{4b} \\[2mm] p^1 = \dfrac{a+2c_o+c_n}{4} \end{cases} \tag{4-23}$$

在第二阶段的博弈中，由于欧佩克知道非欧佩克会选择产量 q_n^1，因此，欧佩克会根据非欧佩克的这一产量，来选择使自己利润最大化的产量，即：

$$\pi_o(q_o, q_n^1) = \left[a - b(q_o + q_n^1)\right]q_o - c_o q_o \tag{4-24}$$

令 $\dfrac{\partial \pi_o}{\partial q_o} = 0$，求解欧佩克利润最大化的产量，得：

$$q_o^2 = \frac{a - bq_n^1 - c_o}{2b} \tag{4-25}$$

将 $q_n^1 = \dfrac{a+2c_o-3c_n}{4b}$ 代入式（4-25），得：

$$q_o^2 = \frac{3a - 6c_o + 3c_n}{8b} \tag{4-26}$$

在此阶段博弈中，非欧佩克同样能预测到欧佩克会选择产量 q_o^2，因此非欧佩克会重新选择能够实现自己利润最大化的产量，即

$$\pi_n(q_o^2, q_n) = [a - b(q_o^2 + q_n)]q_n - c_n q_n \tag{4-27}$$

令 $\dfrac{\partial \pi_n}{\partial q_n} = 0$，求解非欧佩克利润最大化的产量，得：

$$q_n^2 = \frac{a - bq_o^2 - c_n}{2b} \tag{4-28}$$

将 $q_o^2 = \dfrac{3a - 6c_o + 3c_n}{8b}$ 代入式（4-28），得：

$$q_n^2 = \frac{5a + 6c_o - 11c_n}{16b} \tag{4-29}$$

以上过程无限次地进行下去，可得到两个产量序列：欧佩克的产量序列为 $\{q_o^1, q_o^2, \cdots, q_o^n, \cdots\}$；非欧佩克的产量序列为 $\{q_n^1, q_n^2, \cdots, q_n^n, \cdots\}$。两个序列的关系为：

$$q_o^n = \frac{a - bq_n^{n-1} - c_o}{2b} \tag{4-30}$$

$$q_n^n = \frac{a - bq_o^n - c_n}{2b} \tag{4-31}$$

设博弈双方的均衡产量 $q_o^* = \lim\limits_{n \to \infty} q_o^n$，$q_n^* = \lim\limits_{n \to \infty} q_n^n$

分别对式（4-30）、（4-31）求极限值，得：

$$\begin{cases} q_o^* = \dfrac{a - bq_n^* - c_o}{2b} \\[2mm] q_n^* = \dfrac{a - bq_o^* - c_n}{2b} \end{cases} \tag{4-32}$$

解得：

$$\begin{cases} q_o^* = \dfrac{a - 2c_o + c_n}{3b} \\[2mm] q_n^* = \dfrac{a + c_o - 2c_n}{3b} \end{cases} \tag{4-33}$$

式（4-33）的均衡结果与前文完全信息古诺博弈中的均衡结果一致。在整个博弈过程中，欧佩克与非欧佩克的多阶段斯坦克尔伯格博弈呈不稳定的状态，但产量竞争的动态博弈结果必然逐渐趋向静态博弈的古诺—纳什均衡。

4.2　石油需求国对欧佩克市场行为的影响

在国际石油市场上，石油供给方和石油需求方的市场行为相互影响、相互制约。石油供给方的效用函数既依赖于自身的选择，也依赖于石油需求方的选择。从理性人的基本假定出发，石油供给方在追求自身效用函数最大化过程中，必然会考虑需求方的选择对其效用的影响。在非完全垄断市场的条件下，需求方通常会有更多的选择以及应对策略。面对"欧佩克+"联合减产并寻求扩大影响力的做法，世界主要石油进口国通过国际能源署（International Energy Agency，IEA）、金砖国家（BRICS）等合作机制深化合作，以提升自身市场影响力。目前，石油需求方在国际石油市场中拥有较强的市场势力，能够对国际石油市场产生重要影响。

4.2.1　石油需求国市场地位

2019 年，世界石油需求总量为 9967.06 万桶/日，同比增长 0.86%。在世界范围内，主要的石油需求国包括美国、中国、印度、日本和俄罗斯等国家，它们的石油消费和石油政策深刻地影响着世界石油市场。

4.2.1.1　石油需求国整体状况

整体而言，随着世界经济的发展，世界各国对石油的需求处于稳步上升趋势，当然，由于经济周期的作用，在经济衰退和经济萧条时期，经济增速放缓，相应地，国际石油市场需求也会有所下降。如图 4-9 所示，60 年代至 70 年代初，伴随战后西方各国经济进入高速增长的繁荣时期，石油需求量增速较快，从 1960 年的 2139.58 万桶/日，增长至 1973 年的 5649.72 万桶/日，短短 13 年，石油需求量增长 1.64 倍。由于两次石油危机的冲击和经济危机周期的作用，世界经济在 70 年代末和 80 年代初进入了一段衰退和滞涨时期，石油需求增速放缓。1973 年 10 月 16 日，第一次石油危机爆发，1974~1975 年，世界石油需求量略有下降，分别为 5566.68 万桶/日和 5569.11 万桶/日。20 世纪 70 年代末至 80 年代初，第二次石油危机爆发，石油需求量从 1979 年的 6509.76 万桶/日，下降至 1983 年的 5915.49 万桶/日，降幅为 9.13%。从 80 年代中后期开始，世界石油需求总体上呈现稳步增长趋势，仅在 2008 年国际金融危机爆发之后略有回落，从 2007 年的 8667.78 万桶/日下降至 2009 年的 8498.83 万桶/日，下降 1.95%，2010 年又开始回升。1985~2019 年，世界石油需求总量从 6017.52 万桶/日增加至 9967.06 万桶/日，增长了 65.63%。

在世界石油需求国家中，经济合作与发展组织（Organization for

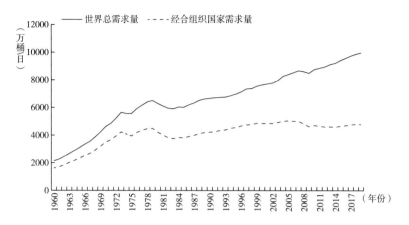

图 4-9　1960~2019 年世界和经合组织国家石油需求量

数据来源：OPEC Annual Statistical Bulletin 2020。

Economic Co-operation and Development，OECD），简称经合组织，其成员国的石油需求占主要地位。1960 年 12 月 14 日，美国、加拿大及欧洲经济合作组织的成员国等 20 个国家[①]签署《经济合作与发展组织公约》，该公约获得规定数目的成员国议会批准后，于 1961 年 9 月 30 日在巴黎生效，经济合作与发展组织正式成立。经合组织的成立被视为西方发达国家对欧佩克成立的反应，以便巩固美国和西欧各国之间的关系，致力于发达国家发挥更大的经济独立性。20 世纪 70 年代，面对世界石油的心脏——中东地区石油禁运导致的油价上涨与政局混乱，经合组织加强各成员国之间的关系。作为石油禁运的主要

---

① 经合组织的 20 个创始成员国包括美国、英国、法国、德国、意大利、加拿大、爱尔兰、荷兰、比利时、卢森堡、奥地利、瑞士、挪威、冰岛、丹麦、瑞典、西班牙、葡萄牙、希腊、土耳其。后来加入的 18 个成员国包括日本（1964 年）、芬兰（1969 年）、澳大利亚（1971 年）、新西兰（1973 年）、墨西哥（1994 年）、捷克（1995 年）、匈牙利（1996年）、波兰（1996 年）、韩国（1996 年）、斯洛伐克（2000 年）、智利（2010 年）、斯洛文尼亚（2010 年）、爱沙尼亚（2010 年）、以色列（2010 年）、拉脱维亚（2016 年）、立陶宛（2018 年）、哥伦比亚（2020 年）、哥斯达黎加（2020 年）。

目标，美国敦促经合组织成员国互相协作，共渡因油价上涨造成的难关。1974 年 2 月 11~12 日，在美国的倡议下，经合组织成员国外交部长会议在华盛顿召开，会议通过了组建能源协调小组以制定国际能源纲要的决议。同年 11 月，经合组织中的 16 个国家①决定建立国际能源机构并在巴黎签署了《国际能源机构协议》。这些石油需求国结成一个整体来应对欧佩克限产、提价等石油政策，因而在石油市场上具备一定的议价能力。

在经合组织刚成立的 20 世纪 60~70 年代初，经合组织成员国石油需求量占世界需求总量的 75% 以上；第一次石油危机之后，这一比例开始下降，80 年代至 21 世纪初，石油需求量降至世界需求总量的 60% 多；2005~2019 年，经合组织成员国石油需求量占世界需求总量从 60% 降至 48%。2008 年金融危机之前，经合组织国家石油需求量的增长趋势基本与世界石油需求总量的增长趋势同步，金融危机之后，经合组织大多数成员国经济经历了衰退、萧条，并长期处于疲软状态，因此石油需求量基本稳定在 4588.23~4798.58 万桶/日。虽然经合组织成员国石油需求量占比一直呈下降趋势，但目前该组织成员国依然是影响国际石油需求的重要力量。

4.2.1.2 主要石油需求国

世界石油需求大国中，2019 年排名前十位的国家分别是：美国、中国、印度、日本、俄罗斯、巴西、沙特阿拉伯、韩国、加拿大、德国。其中，美国、日本、韩国、加拿大和德国为经合组织成员国；美

---

① 国际能源机构的 16 个创始成员国包括：比利时、加拿大、丹麦、德国、爱尔兰、意大利、日本、卢森堡、荷兰、挪威、西班牙、瑞典、瑞士、土耳其、英国和美国。后来加入的 13 个成员国包括：希腊（1976 年）、新西兰（1977 年）、澳大利亚（1979 年）、葡萄牙（1981 年）、芬兰（1992 年）、法国（1992 年）、匈牙利（1997 年）、捷克共和国（2001 年）、韩国（2002 年）、斯洛伐克共和国（2007 年）、波兰（2008 年）、爱沙尼亚（2014 年）和墨西哥（2018 年）。

国、中国、俄罗斯、沙特阿拉伯、巴西、加拿大本身为产油大国。
2015～2019 年，石油需求量排名前十位国家的石油需求量如表 4-4
所示，这 10 个国家石油需求量占世界石油需求总量的比重接近 60%。
2016 年，印度超越日本，成为世界第三大石油需求国；2018 年，巴
西超越沙特阿拉伯成为世界第六大石油需求国。

表 4-4　2015～2019 年石油需求大国前十名

单位：万桶/日,%

国家	2015 年	2016 年	2017 年	2018 年	2019 年
美国	1952.85	1968.44	1995.51	2050.28	2048.86
中国	1148.98	1180.09	1232.08	1271.21	1307.44
印度	405.09	438.70	453.05	473.11	484.27
日本	414.21	401.29	392.50	381.25	369.02
俄罗斯	343.37	343.02	347.72	354.85	360.84
巴西	311.13	307.17	310.37	316.19	323.59
沙特阿拉伯	331.87	320.98	327.24	310.46	319.91
韩国	247.30	260.54	262.98	263.44	260.60
加拿大	246.25	248.63	242.11	247.20	253.04
德国	236.78	238.34	245.03	235.39	238.59
合计	5637.82	5707.20	5808.58	5903.38	5966.15
占世界需求总量比重	59.82	59.62	59.61	59.74	59.86

数据来源：OPEC Annual Statistical Bulletin 2020。
注：按照 2019 年石油需求量排序。

从世界石油进口量来看，2019 年，石油进口量排名前十位的国
家是中国、美国、印度、日本、韩国、德国、西班牙、意大利、荷
兰、法国，如表 4-5 所示，这 10 个国家石油进口量占世界石油进
口总量的比重超过 70%。在十大石油需求国中，中国、美国、印
度、日本、韩国和德国石油进口量排名世界前六位，俄罗斯、巴

西、沙特阿拉伯和加拿大为石油生产和出口大国。2017 年，中国石油进口量为 842.57 万桶/日，首次超过美国的 796.9 万桶/日，成为全球第一大石油进口国；2018 年，荷兰超过法国，成为世界第九大石油进口国。

表 4-5　2015~2019 年石油进口量前十名

单位：万桶/日，%

国家	2015 年	2016 年	2017 年	2018 年	2019 年
中国	673.09	762.54	842.57	926.02	1018.04
美国	736.30	785.00	796.90	776.80	679.18
印度	393.55	430.83	434.14	454.36	450.53
日本	323.35	315.78	323.52	305.59	302.27
韩国	278.11	292.80	304.06	303.65	292.90
德国	184.31	183.74	183.22	172.04	173.56
西班牙	130.80	129.21	133.22	136.45	133.90
意大利	126.16	122.55	134.04	125.22	127.41
荷兰	105.65	109.15	109.29	109.92	115.37
法国	114.58	109.24	114.69	106.11	97.62
合计	3065.91	3240.84	3375.65	3416.16	3390.79
占世界进口总量比重	71.60	72.55	72.73	73.02	73.06

数据来源：OPEC Annual Statistical Bulletin 2020。

注：按照 2019 年石油进口量排序。

4.2.2　石油需求国与欧佩克的讨价还价模型

1982 年，马克·鲁宾斯坦（Mark Rubinstein）用完全信息动态博弈的方法，对基本的、无限期的完全信息讨价还价过程进行了模拟，并据此建立了完全信息轮流出价讨价还价模型。本部分基于该模型，构建欧佩克与石油需求国的双边拍卖博弈模型。

4.2.2.1　模型基本假设

为了构建模型和简化计算的需要，特做出如下假设。

假设 1：在国际石油市场上，欧佩克为石油卖方，用字母 O 表示，石油需求国为石油买方，用字母 C 表示。

假设 2：欧佩克先报价，石油需求国选择接受或拒绝，如石油需求国拒绝，则欧佩克进行下一轮报价，报价轮次用 p_n 表示，其中 $n = 1$，2，$3\cdots$，且 $p_1 > p_2 > p_3 > \cdots > p_n$。

假设 3：交易的延期会造成损失，如果在第一阶段没有成功交易，则交易双方均会遭受一个固定数量的损失 d。

假设 4：欧佩克对石油的效用评价为 v_o，石油需求国对石油的效用评价为 v_c。v_o、v_c 服从 0 和 1 之间的均匀分布；且欧佩克和石油需求国的效用评价值是自己拥有的私人信息。

4.2.2.2　单阶段讨价还价博弈模型

欧佩克与石油需求国之间单阶段讨价还价博弈的扩展式可以用图 4-10 的博弈树表示。

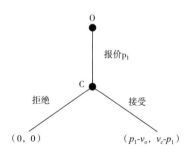

图 4-10　欧佩克与石油需求国单阶段讨价还价博弈树

欧佩克报价 p_1，如果石油需求国拒绝报价，则双方得到的支付为（0，0），如果石油需求国接受报价，则双方得到的支付为（$p_1 - v_o$，$v_c - p_1$）。

对博弈结果分析可知，在单阶段的讨价还价博弈中，对于石油需求国而言，只要 $v_c > p_1$，石油需求国就会接受欧佩克的报价。同样，对于欧佩克而言，它所报的价格一定会大于 v_o。因此，只要报价满足 $v_o < p_1 < v_c$ 的条件，该交易就会发生。

4.2.2.3 两阶段讨价还价博弈模型

欧佩克与石油需求国之间两阶段讨价还价博弈的扩展式可以用图 4-11 的博弈树表示。

欧佩克报价 p_1，如果石油需求国接受报价，则双方得到的支付为（$p_1 - v_o$，$v_c - p_1$）；如果石油需求国拒绝报价，则欧佩克进行第二次报价，价格为 p_2。由于交易的延迟，双方均遭受损失 d。因此，如果石油需求国拒绝价格 p_2，则双方得到的支付为（-d，-d）；如果石油需求国接受价格 p_2，则双方得到的支付为（$p_2 - v_o - d$，$v_c - p_2 - d$）。

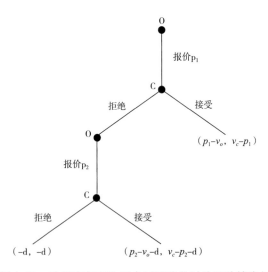

图 4-11 欧佩克与石油需求国两阶段讨价还价博弈树

对博弈结果分析可知，对作为石油卖方的欧佩克而言，由于 $p_2 < p_1$，所以 $p_2 - v_o - d < p_1 - v_o$，欧佩克希望石油需求国接受自己的第一次

报价，在讨价还价第一阶段达成交易；对作为石油买方的石油需求国而言，只要满足 $v_c-p_2-d>v_c-p_1$，即 $p_1-p_2>d$，则石油需求国将在第一阶段拒绝欧佩克的报价，而迫使欧佩克进行第二次报价，但是，如果 $p_1-p_2<d$，则石油需求国会接受欧佩克的第一次报价，并在第一阶段完成交易。

因此，一方面，在过去 60 余年的发展历程中，欧佩克曾经运用包括限制石油产量和价格等策略，试图让石油需求国相信下一阶段的石油价格并不会有所下降，或者即使有所下降，下降幅度也不足以弥补因交易延迟而给石油需求国所造成的损失。另一方面，石油需求国清楚只要延迟交易就会对欧佩克造成损失，因此，石油需求国也会采取建立石油储备、开发新能源和降低国内石油消费等石油政策迫使欧佩克相信，如果它的报价不够合理，则石油需求国会选择延迟交易的策略，这对欧佩克而言是不利的。因此，如果该博弈为无限次博弈，则最终的博弈结果是欧佩克在第一次报价时便会报一个让双方都能获益的价格，使双方在第一阶段达成交易。

4.2.3　石油需求国与欧佩克的双边拍卖模型

在双边拍卖模型中，潜在的卖者和买者同时开价。卖者提出要价，买者提出出价，拍卖商选择成交价格 p 清算市场，所有要价低于 p 的卖者卖出，所有出价高于 p 的买者买入，在价格 p 水平总供给等于总需求。查特金和萨缪尔逊（Chatterjee & Samuelson，1983）构建了一个简单的双边拍卖模型，在他们的模型里，一个买者和一个卖者决定是否交换一单位的商品。本部分基于该模型，构建欧佩克与石油需求国的双边拍卖博弈模型。

4.2.3.1　模型基本假设

为了构建模型和简化计算的需要，特做出如下假设。

假设 1：在国际石油市场上，欧佩克为石油卖方，用字母 O 表示，石油需求国为石油买方，用字母 C 表示。

假设 2：欧佩克和石油需求国同时报价，欧佩克的报价为 p_o，石油需求国的报价为 p_c。

假设 3：欧佩克对石油的效用评价为 v_o，石油需求国对石油的效用评价为 v_c，v_o、v_c 服从 0 和 1 之间的均匀分布；且欧佩克和石油需求国的效用评价值是自己拥有的私人信息。

4.2.3.2 博弈过程分析

欧佩克与石油需求国的双边拍卖博弈过程包括如下几个步骤。

（1）欧佩克和石油需求国同时决定是否要尝试进行交易。

（2）如果双方同意尝试交易，则双方同时报价，欧佩克报价 p_o，石油需求国报价 p_c。

（3）如果 $p_o \leqslant p_c$，双方达成交易的价格为 $p_1 = \dfrac{(p_o + p_c)}{2}$，双方所得支付为 $(p_1 - v_o,\ v_c - p_1)$；如果 $p_o \geqslant p_c$，双方无法达成交易，双方所得支付为 $(0,\ 0)$。

对于报价 p_c，石油需求国的期望支付为：

$$\left[v_c - \frac{p_c + E[p_o | p_c \geqslant p_o]}{2} \right] \left[\operatorname{Prob}\{ p_c \geqslant p_o \} \right] \tag{4-34}$$

对于报价 p_o，欧佩克的期望支付为：

$$\left[\frac{p_o + E[p_c | p_c \geqslant p_o]}{2} - v_o \right] \left[\operatorname{Prob}\{ p_c \geqslant p_o \} \right] \tag{4-35}$$

4.2.3.3 博弈均衡分析

此博弈有许多纳什均衡解，在此只关注其中的两个均衡，一个是单一价格均衡，另一个是唯一的线性均衡。

在单一价格均衡中，石油需求国的策略是：对于某一值 $x \in [0, 1]$，如果 $v_c \geq x$，则出价 $p_c = x$；否则，出价 $p_c = 0$。欧佩克的策略是：如果 $v_o \leq x$，则出价 $p_o = x$，否则，出价 $p_o = 1$。对于某一特定值 x 的单一价格均衡如图4-12所示，有效率的交易发生在阴影区域，但在区域 A 和 B 是缺失的。假定 $x = 0.7$，如果欧佩克想要偏离均衡且报价低于0.7，那么它将降低所接受的价格。如果欧佩克想要偏离均衡且报价高于0.7，那么 $p_o \geq p_c$ 且没有交易会发生。所以卖方不会偏离均衡，同理，对于任意的 x，也包括 0 和 1（此两点上交易绝不会发生），买方也是如此。

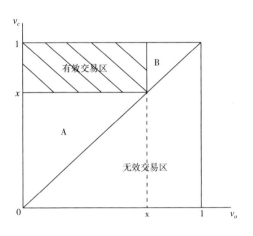

图4-12 单一价格均衡中的交易

接下来，求解线性均衡。假定石油卖方欧佩克采用一个线性策略 $p_o(v_o) = \alpha_o + \beta_o v_o$，那么从欧佩克的观点来看，当 v_o 服从 $[0, 1]$ 内的均匀分布时，p_o 服从以 $\dfrac{1}{\beta_o}$ 为分布密度，在 $[\alpha_o, \alpha_o + \beta_o]$ 内的均匀分布。既然 $E_c[p_o | p_c \geq p_o] = E_c(p_o | p_o \in [\alpha_o, p_c]) = \dfrac{(\alpha_o + p_c)}{2}$，那

么石油需求国的期望支付函数（4-34）可变换为：

$$\left[v_c - \frac{p_c + (\alpha_o + p_c)/2}{2} \right]\left[\frac{p_c - \alpha_o}{\beta_o} \right] \tag{4-36}$$

对于 p_c 最大化式（4-36），得：

$$p_c = \frac{2}{3}v_c + \frac{1}{3}\alpha_o \tag{4-37}$$

因此，如果石油卖方欧佩克采用一个线性策略，石油买方的最优反应也是一个线性策略。

同理，如果石油买方消费国采用一个线性策略 $p_c(v_c) = \alpha_c + \beta_c v_c$，那么从石油需求国的观点来看，当 v_c 服从 [0，1] 内的均匀分布时，p_c 服从以 $\frac{1}{\beta_c}$ 为分布密度，在 $[\alpha_c，\alpha_c + \beta_c]$ 内的均匀分布。

既然 $E_o[p_c|p_c \geqslant p_o] = E_o(p_c|p_c \in [p_o，\alpha_c + \beta_c]) = \frac{(p_o + \alpha_c + \beta_c)}{2}$，那么石油卖方的期望支付函数（4-35）可变换为：

$$\left[\frac{p_o + (p_o + \alpha_c + \beta_c)/2}{2} - v_o \right]\left[\frac{\alpha_c + \beta_c - p_o}{\beta_c} \right] \tag{4-38}$$

对于 p_o 最大化式（4-38），得：

$$p_o = \frac{2}{3}v_o + \frac{1}{3}(\alpha_c + \beta_c) \tag{4-39}$$

解式（4-37）、（4-39），得线性均衡策略：

$$\begin{cases} p_c = \frac{2}{3}v_c + \frac{1}{12} \\ p_o = \frac{2}{3}v_o + \frac{1}{4} \end{cases} \tag{4-40}$$

由均衡策略可知，石油卖方欧佩克的报价满足：$\frac{1}{4} \leq p_o \leq \frac{11}{12}$；石油买方消费国的报价满足：$\frac{1}{12} \leq p_c \leq \frac{3}{4}$。由前面博弈过程的分析可知，只有当双方报价满足条件 $p_o \leq p_c$ 时，交易才会发生。交易双方的有效报价区如图 4-13 中的阴影部分所示。

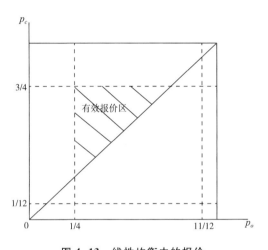

图 4-13　线性均衡中的报价

另外，均衡策略表明，当且仅当 $v_c \geq v_o + \frac{1}{4}$ 时，交易才会发生。也就是说，当交易双方对交易商品石油的效用评价差别足够大时，交易才会发生。线性均衡并不能够实现全部的有效交易，因为当 $v_c \geq v_o$ 时，说明石油需求国对石油效用价值的评价高于欧佩克对石油效用价值的评价，因而具备发生交易的可能，但交易未必发生。但线性均衡能够实现交易双方对石油的效用评价值之差大于等于 1/4 的全部交易，如图 4-14 所示。

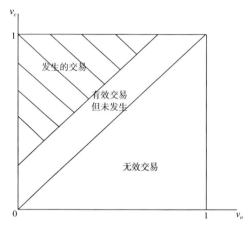

图 4-14 线性均衡中的交易

4.3 欧佩克市场行为的外部制约

在国际石油市场上，欧佩克面临来自非欧佩克产油国和石油需求大国两大强势力量的制衡，同时还必须面对国际石油需求的诸多不确定性，各种外部因素对欧佩克市场行为形成强有力的影响与制约。

4.3.1 非欧佩克产油国竞争能力提升

4.3.1.1 石油危机促使非欧佩克产油国发展石油工业

迄今为止，共爆发过三次被国际社会公认的石油危机，分别发生在 1973 年、1979 年和 1990 年。这三次石油危机对世界经济、政治格局产生了深远影响，加深了以沙特阿拉伯为首的产油国与西方世界的矛盾，迫使西方国家改变能源外交策略。为了应对石油危机带来的负面影响，并防范石油危机的再次发生，世界各国加大了对石油资源的勘探开发力度，更多的油气资源得以发现。

1967 年底，美国阿科公司的一口探井发现了美国阿拉斯加北坡的普鲁德霍湾大油田。这是美国最大的油田，原始可采储量近 100 亿桶。为了对其进行充分的开发与利用，美国决定修建一条从北到南穿过阿拉斯加到瓦尔迪兹港的输油管线，全长 800 英里，计划投资 9 亿美元，三年建成。然而，管线一开工就因技术问题和环境保护主义者及当地居民的反对而被搁置。1973 年的第一次石油危机之后，美国国会批准工程重新开工。该管线于 1977 年夏天建成，最终造价高达 77 亿美元。普鲁德霍湾油田的投产使美国石油生产有了战略接替，暂时扭转了国内石油总产量的下降。1978 年由于普鲁德霍湾大油田投产，美国石油总产量从 1977 年的 4.585 亿吨回升至 4.833 亿吨。

20 世纪 70 年代墨西哥石油工业进入一个新高潮。1972 年发现了白垩纪高产地层的雷佛玛油区，实现了海上勘探的重大突破，到 1980 年，雷佛玛油区已探明可采储量上升至 15.8 亿吨。1975 年，发现坎佩切湾产油区，这是除马拉开波湖之外拉美又一大产油区。1970 年，墨西哥产油 2359 万吨；1977 年达到 5310 万吨，产量增长 1.25 倍；1980 年首次突破 1 亿吨，达到 1.07 亿吨；1984 年增加到 1.51 亿吨。[①] 坎佩切湾的考塔雷尔大油田为墨西哥第一大主力油田，1993 年产量为 5225 万吨，占全国产量的 1/3。

20 世纪 80 年代，由于北海油气的勘探开发，英国成为重要的产油国和石油出口国。北海英国海域的大规模油气勘探始于 1959 年，1969 年英国发现第一个油田——蒙特罗斯油田。70 年代，英国油田勘探重心从南部向中部和北部转移，1970 年发现最大的福蒂斯油田，原始可采储量 2.4 亿吨。此后 5 年，连续发现布伦特等 4 个原始可采储量 1 亿吨以上的大油田。1975 年，福蒂斯和阿盖尔两个油田投产，英国成为令人瞩目的新兴

---

① OPEC Annual Statistical Bulletin 2020。

产油国。70~80 年代又陆续发现数百个油气田，英国拥有的石油可采储量从 1970 年的 3.42 亿吨迅速上升至 1982 年的 19.04 亿吨。相应地，英国石油产量从 1970 年的 17 万吨，到 1982 年突破 1 亿吨。[①]

20 世纪 90 年代，挪威的石油产量大幅提升，成为世界上少有的新兴石油出口大国。挪威石油工业起步于 1965 年，其在北海南部地区（与英国北海海域相邻）发放了第一批石油勘探许可证。1969 年 12 月，菲利普斯石油公司发现了埃科菲斯克大油田，原始可采储量达 4.45 亿立方米。1971 年埃科菲斯克油田投入生产，挪威开始拥有自己的石油产量（29 万吨）。1974 年发现斯塔福约德大油田，原始可采储量 4.47 亿立方米；1979 年发现奥斯伯格油气田，石油可采储量 2.28 亿立方米。1987 年挪威石油可采储量上升到 20.19 亿吨，超过了英国。90 年代开始，挪威油气工业进入黄金时代。1992 年石油产量突破 1 亿吨，1997 年达到 1.59 亿吨，成为欧洲第一大产油国。[②]

4.3.1.2　油价高企促进非欧佩克国家发展石油工业

进入 21 世纪以后，国际石油价格持续上涨，在 2008 年 3 月突破 100 美元/桶，并持续到 2008 年 9 月，之后，国际石油价格经过半年的下滑又开始上扬，并在 2011 年 2 月再次突破 100 美元/桶，该轮高油价一直持续到 2014 年 9 月。在高油价的刺激下，非欧佩克产油国在国际石油市场上进一步发展壮大。俄罗斯和美国作为非欧佩克产油大国，一直是欧佩克强有力的市场竞争者，2002 年以来，俄罗斯基本与欧佩克产油大国沙特阿拉伯的产量持平，2012 年，美国的"页岩革命"使美国石油产量激增，2018 年，美国陆续超过沙特阿拉伯和俄罗斯，成为世界第一大产油国。

"9·11"恐怖袭击事件后，美国与沙特阿拉伯关系出现裂痕，转

---

① OPEC Annual Statistical Bulletin 2020。
② OPEC Annual Statistical Bulletin 2020。

而与俄罗斯加强能源合作。另外，几内亚湾、里海地区产油国以及墨西哥、加拿大等国家不断发布发现新的大油田的信息，成为国际石油投资的新目标。这显然会对欧佩克的既有地位形成不可低估的冲击。21 世纪初，俄罗斯总统普京曾积极倡议建立一个由俄罗斯、伊朗、哈萨克斯坦、土库曼斯坦和阿塞拜疆这 5 个里海沿岸产油大国组成的"里海五国同盟"。里海是世界最大的内陆水域，面积在 37 万平方千米以上，蕴藏着丰富的油气资源，长期为外部国家与石油巨头所关注。在发现中东石油之前，里海可以称得上是世界石油市场的支柱。1901年里海的石油产量达 1100 万吨，占当时世界石油总产量的 50%，且其贸易量已为当时的世界石油贸易的 30%。1940 年，仅阿塞拜疆一地的石油产量就达到 2200 万吨，占当时苏联全国产量的 70%，阿塞拜疆的首都巴库也因此被称为"石油城"和"黑金之都"。在苏联早期，巴库也是其最大的石油产地，为苏联取得二战的胜利立下汗马功劳。尽管里海地区的油气资源和产量并不能与中东海湾地区相提并论，却仍蕴藏着巨大的未开采的石油资源。除去欧佩克成员国伊朗，2019 年，里海四国——俄罗斯、哈萨克斯坦、土库曼斯坦和阿塞拜疆已探明石油储量为 1176 亿桶，占世界总储的 7.58%；石油产量为 1301.59 万桶/日，占石油总产量的 17.29%。[①] 俄罗斯希望通过加强里海沿岸五个产油大国之间的合作，形成"欧亚能源联盟"，以提升俄罗斯及其能源盟国在世界能源市场上的战略地位，在威慑美国及其西方盟国能源安全的同时，也成为欧佩克强有力的抗衡者。2018 年 8 月 12 日，里海沿岸五国签署历史性的《里海法律地位公约》。

另外，非欧佩克国家页岩油的迅猛发展成为影响国际原油市场的重要因素，越来越深刻地影响着国际能源格局。随着更深层次的技术进步，

---

① OPEC Annual Statistical Bulletin 2020。

页岩油或将进一步降低成本，扩大产量，在国际原油市场中更具有竞争力。20 世纪 70 年代，美国能源部曾广泛推动页岩油生产相关技术。20 世纪 90 年代中期，米切尔能源开发公司（Mitchell Energy & Development Corp.）曾开展过一些较为商业化的开采活动。但是在很长一段时间内，页岩油的产量和影响均微不足道，页岩油生产一直属于试验性质。2006 年以后，页岩油行业获得长足的发展，正式登上国际能源市场的舞台，即所谓的"页岩革命"。美国页岩油产能调整灵活，页岩油生产可以在需求高涨时迅速扩大，在需求低迷时迅速缩减，其产能能够快速适应价格变化。由于储量巨大、主要开采技术进步和生产灵活性较高等优点，美国页岩油在国际石油市场中迅速占据优势地位，直接导致全球能源格局的重大调整。根据美国能源信息署（Energy Information Administration，EIA）的数据，2008~2020 年，美国石油产量从 512 万桶/日增至 1278 万桶/日，增加约 1.5 倍。其中，页岩油产量从 52 万桶/日上升至 811 万桶/日，增加约 14.6 倍。页岩油占原油产量比重从 2008 年的 10% 上升至 2020 年的 64%。从供给角度，美国页岩油产量的突飞猛进，有力地提升了美国石油供给能力，改变了国际石油市场供给格局，严重削弱了传统石油生产与出口大国欧佩克国家对国际石油价格的调控能力。不止美国，俄罗斯、中国等非欧佩克产油大国也在积极勘探、开发和利用页岩油。目前，页岩油技术可开采资源量最多的国家是俄罗斯，美国居世界第二位，中国居世界第三位。

4.3.1.3　科技进步大幅降低非欧佩克国家的石油生产成本

科学技术的日新月异，促进了石油勘探开发技术、炼化生产技术、设备和装置、企业制度以及管理模式各方面的创新和革命。世界上各石油生产国和大型跨国石油公司越发追求降低成本、提高效益。欧佩克的低成本优势已经被弱化了。如英国石油、壳牌、雪佛兰、康菲和埃克森美孚这五大石油公司的石油生产成本从 20 世纪 90 年代初的 15~25 美元/桶下降到目前的 10~20 美元/桶。非欧佩克产油国的非常规石油生产成本也逐步下降，并与常规石油的生产成本趋于同一水平，如 2010 年加拿大以油砂提炼石油的生产成本已经缩减到 16.13 美元/桶。随着冷战结束和经济全球化的加速推进，广大发展中国家开始普遍推行经济改革，使国际石油资本和先进石油技术得以在更广阔的范围内流动与传播。原先石油勘探开发程度较低的西非几内亚湾国家对外资的排斥态度也逐渐改善，其诸多沿海丰产油田也成为西方跨国石油公司开发的新热点，里海沿岸地区逐渐成为国际石油资本看好并激烈追逐的焦点。可以看出，科技进步和经济全球化增强了非欧佩克生产者的竞争力，并在很大程度上削弱了欧佩克赖以维持的级差地域优势。

4.3.2　石油需求大国间合作加强

面对国际石油市场上以供给方为主导的市场状况，各石油需求大国意识到仅依靠自身力量已难以解决能源安全问题，只有在全世界范围内加强各消费国之间的合作与联系，加大合作的深度和广度，才能够对欧佩克操控市场的行为形成较强的制约。

1973 年，第一次石油危机爆发，国际石油市场上的石油供给量在短期内大幅缩减，国际石油价格大幅上涨，10 月，国际石油价格还不到 3 美元/桶，1974 年 1 月 1 日即提高至 10.65 美元/桶，短短两个月时间上涨了 3 倍多。石油价格的暴涨提高了产油国的石油收益，却对西方发达国家的经济发展造成了严重的负面影响，甚至引起了西方发达国家的经济衰退。按照美国经济学家的估计，第一次石油危机导致各发达国家的国内生产总值不同程度地降低，第一次石油危机期间，美国国内生产总值增长率降低了 4.7 个百分点，欧洲各国降低 2.5 个百分点，日本降低 7 个百分点。第一次石油危机使石油商品

"政治化"得到发展。鉴于石油危机期间西方石油进口国各自为战、十分被动的情形，1974 年 2 月，美国发起召开了石油需求国会议，会议决定成立能源协调小组来指导和协调与会国的能源工作，同年11 月 18 日，美国、日本、德国等 16 个能源消费国签署了《国际能源机构协议》，该协议于 1976 年 1 月 19 日正式生效。

国际能源机构，也称国际能源署（IEA），是石油需求国政府间的经济联合组织，它是在经济合作与发展组织（OECD）的框架内为实施国际能源计划而建立的国际自治团体，担负成员国之间的综合性能源合作事务。国际能源机构的总部设在法国巴黎，该机构的宗旨是加强成员国间在能源问题上的合作，包括协调各成员国的能源政策，培育成员国的石油自给能力，共同采取措施减少石油的消耗，加强长期合作以降低对石油出口国的依赖，传递石油市场信息，拟定石油消费计划，建立应对石油危机的石油分享制度，以及加强与石油生产国和其他石油需求国的关系等。截至 2019 年，国际能源机构共有 30个①成员国。

国际能源机构成员国的主要职责包括以下几方面。①建立紧急石油储备。机构规定各成员国必须至少拥有相当于 90 天石油进口量的石油储备，包括公司储备、机构储备和政府储备等。各成员国充足的石油储备既可以在国际石油市场出现紧急石油供应短缺时避免国内石油供应中断，又可以在国际石油价格剧烈波动时有效平抑油价，并减少自身损失。②执行紧急石油共享。在某个或者某些成员国的石油供应短缺达到 7% 以上的情况下，理事会审议启动石油共享计划。各成

---

① 国际能源署（IEA）的 30 个成员国：澳大利亚、奥地利、比利时、加拿大、捷克共和国、丹麦、爱沙尼亚、芬兰、法国、德国、希腊、匈牙利、爱尔兰、意大利、日本、韩国、卢森堡、墨西哥、荷兰、新西兰、挪威、波兰、葡萄牙、斯洛伐克共和国、西班牙、瑞典、瑞士、土耳其、英国、美国。

员国将根据相互协议采取分享石油库存、限制原油消耗、向市场抛售库存等措施。国际能源署成立至今，在 1990 年第一次海湾战争期间，以及 2005 年丽塔和卡特里娜飓风来袭之后，实施过战略石油储备的紧急释放。③加强长期合作与协商。制定并实施一系列措施以加强成员国之间，以及成员国与石油生产国、其他石油需求国之间的长期合作计划，包括加强能源供应安全，促进全球能源市场稳定，促进各成员国能源库存方面的合作，加速替代能源的研究发展，建立能源技术的研究机制，开展市场情报和协商制度建设等。

自成立以来，国际能源机构的阵营日益发展壮大，并致力于促进成员国之间的信息数据交流、节能增效、替代能源技术合作，以及石油战略储备建设等工作。显然，国际能源机构成立就是为了应对欧佩克。20 世纪 80 年代中期，国际能源署的作用得到有效发挥，石油消费量增长速度明显放缓，非欧佩克国家的石油产量在世界石油市场上的份额得到了明显的提升，欧佩克对世界市场的控制力明显被削弱了。

随着国际能源格局的变化，国际能源机构的使命也有所调整，加入了提升能源安全、经济发展和环境保护等概念，逐渐将重点转向研究气候变化、能源市场改革、能源技术合作等领域。近年来，国际能源机构加大了与石油消费大国的交流与合作，建立了国际能源署联盟国机制。该机制是一个松散的联系平台，灵活解决了中国、印度等能源消费大国不是其成员国但能参加其活动的问题。除中国、印度外，国际能源署的联盟国家还包括印度尼西亚、泰国、新加坡和摩洛哥等。

此外，"金砖国家"（BRICS）① 之间的双边和多边能源合作也在不断深化，并取得了丰硕成果。在双边层面，各成员国的石油合作主

---

① 金砖国家（BRICS）引用了巴西（Brazil）、俄罗斯（Russia）、印度（India）、中国（China）和南非（South Africa）的英文首字母，同时由于该词与英语单词的砖（brick）类似，因此被称为"金砖国家"。

要涉及勘探、开发、管道建设、贸易、石油领域的兼并和收购以及工程和技术服务等。在多边层面，金砖国家借助各种多边合作平台和机制开展能源合作，包括金砖国家领导人会议、金砖国家峰会和金砖国家开发银行等。2017年6月7日，金砖国家能源部长在中国北京会晤并发表联合声明，积极开展多方面、深层次的能源合作。2017年9月，在中国厦门举办的金砖峰会上，金砖五国领导人在《金砖国家领导人厦门宣言》中专门论及金砖国家对于能源合作重要性的认知、合作路径及前景。特别提出，金砖各国将建设开放、灵活和透明的能源大宗商品和技术市场，将鼓励设立金砖国家能源研究平台、推动能源合作与能效领域联合研究。金砖各国中既有中国、印度这样的全球石油战略买家，贡献了全球石油消费增量的绝大部分；也有俄罗斯这样的非欧佩克石油出口大国，双方资源互补性很强。同时，金砖国家中，能源供需双方在资本、技术、人力等生产要素方面互补性也很强，《金砖国家领导人厦门宣言》中提出，要充分发挥各自比较优势，充分激发各国石油经济的潜力，建立合理的政治、经济合作框架，实现共同发展和能源安全。另外，金砖国家积极参与应对气候变化和新能源合作等重要议题，努力提升其在国际能源体系中的地位和话语权。

4.3.3　国际石油市场需求存在诸多不确定性

影响国际石油市场需求的因素有很多，各种影响因素的相互作用，导致欧佩克石油供应国家所面临的国际石油市场需求存在诸多不确定性，这些不确定性在一定程度上引起欧佩克市场行为的诸多不确定性。影响国际石油市场需求的因素主要包括如下几方面。

4.3.3.1　世界经济增长速度

世界经济增长是影响能源需求的关键因素，也是影响石油需求的最基本因素。2008年美国次贷危机引发的国际金融危机席卷全球，世界经济增速放缓。2007～2009 年，世界 GDP 增长率从 4.32%下降至-1.67%，经合组织国家 GDP 增长率从 2.73%下降至-3.42%，美国 GDP 增长率从 1.88%下降至-2.53%，中国 GDP 增长率从 14.23%下降至 9.39%，如图 4-15 所示。相应地，世界的石油需求总量从 2007 年的 8667.78 万桶/日，下降至 2008 年的 8608.87 万桶/日，2009 年则继续下降至 8498.83 万桶/日，2007～2009 年，世界石油需求总量下降了 1.95%，伴随世界经济的复苏，2010～2012 年世界石油消费有所回升，但由于 2009 年底开始，延续美国次贷危机，欧洲部分国家爆发主权债务危机，葡萄牙、西班牙、爱尔兰、意大利等国接连出现财政问题，德国与法国等欧元区主要国家也深受其害，经合组织国家石油需求量增速放缓，如图 4-16 所示。

2020 年，受新冠肺炎疫情影响，全球有超过 2/3 的国家和地区经济处于负增长，世界 GDP 增长率为-3.59%，经合组织国家 GDP 增长率为-4.69%，美国 GDP 增长率为-3.49%，中国经济增长率也从 2019 年的 5.95%下降至 2020 年的 2.3%，如图 4-15 所示。相应地，世界石油需求总量也从 2019 年的 9967.06 万桶/日，下降至 2020 年的 9062.45 万桶/日，下降 9.08%。

世界经济增长的不稳定直接导致国际石油需求的不确定。在世界经济增长速度和石油需求数量震荡的同时，石油需求格局也发生了重要的变化，发展中国家已经慢慢替代发达国家成为石油消费的中心，尤其是亚太地区已经在石油消费市场上占据了举足轻重的地位。二十年前，世界石油市场主要为了满足发达国家经济增长的需求。如今，发达国家经济增长速度放缓，石油需求增幅渐小，而发展中国家，特别是一些新兴国家的经济增长势头较强，需要更多的石油资源用以保证高速发展。因此，世界经济发展的结构性变化必然会导致世界石油市场上石油供给的结构调整，国际石油市场需求面临诸多不确定性。

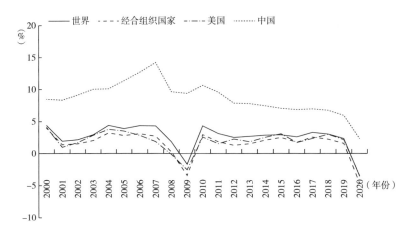

图 4-15 2000~2020 年世界、经合组织国家、美国和中国的 GDP 增长率

数据来源：世界银行官网数据库。

4.3.3.2 国际政治经济形势的变化及突发事件的影响

国际政治经济形势对国际市场上的石油消费量有非常显著的影响。石油资源分布的特殊性导致了石油的供应和消费地区不完全匹配。世界上石油产量较高的地区大多是石油消费量较低的地区，而有的石油消费大国石油产量较低，比如印度、日本和韩国。还有一些国家虽然石油产量不低，当消费量很大，所以需要进口大量石油，比如美国和中国。这就导致了产油国与消费国之间的政治经济关系对石油的消费起重要作用。国际政治经济形势的变化以及国际上一些突发公共卫生事件的发生都会对世界石油资源的消费产生影响。因此，石油消费弹性系数的变化深受国际政治情况的影响，且变化剧烈。比如，20 世纪 70 年代以来，第一次石油危机（1973 年）、第二次石油危机（1979 年）、次贷危机（2008 年）、新冠肺炎疫情（2019 年）等都对世界石油需求量产生明显影响。在这几次事件之后，世界石油需求量均呈现明显回落，如图 4-16 所示。

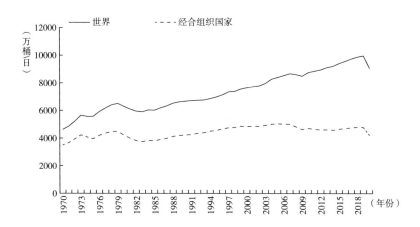

图 4-16　1970～2020 年世界和经合组织国家石油需求量

数据来源：OPEC Annual Statistical Bulletin 2020，《欧佩克石油市场月度报告》（2021.07）。

4.3.3.3　各国产业结构调整升级

石油消费量之所以会受到各国产业结构的影响，主要是因为在不同的产业结构中，石油消耗强度不同。一国石油消耗强度反映了该国国民经济发展对石油的利用率。在石油消耗强度上，重工业明显高于轻工业，尤其是水泥、钢铁、汽车和化工等行业。在一国经济发展的过程中，产业结构的调整，必然引起该国石油消费结构和强度发生变化，继而对石油消费的弹性系数产生影响。

4.3.3.4　替代能源的开发和利用

2002 年以来，世界石油市场正随着国际油价的持续高企发生着结构性的变化，石油资源在世界市场中的稀缺性日益突出。在当前的技术条件下，石油产品作为一种能源，其用途主要有两类：一类用于炉窑、供热、发电等，这类用途可用煤炭、水能、风能、天然气、太阳能、生物质能、核能等替代；另一类则是车用或用作航空燃料，这类用途可用氢能、生物质燃料和煤制油加以替代。在石油替代能源的开发和利用过程中，高油价正在转变为一种调配手段，促使石油需求国努力开发替代能源，以便降低对石油资源的依赖程度。另外，全球碳中和行动对清洁交通和可再生能源增长的助力，将让石油需求面临更大的冲击。

4.4 小结

本章内容分析了欧佩克市场行为的外部影响因素。作为国际石油市场上主要的石油供给方，欧佩克面临非欧佩克产油国、石油需求国，以及石油市场总体需求状况的影响。

本章首先分析非欧佩克产油国对欧佩克市场行为的影响。非欧佩克由除欧佩克成员国以外的拥有一定石油储产量的50多个国家构成，与欧佩克并列成为国际石油市场上的石油供给力量，并对欧佩克加以制衡。20世纪70年代的高油价刺激了非欧佩克国家的石油生产，其产量迅速上升并超过欧佩克产量，导致欧佩克产油国的市场份额出现大幅下降。本章构建了一个静态博弈模型和一个动态博弈模型，分析非欧佩克产油国与欧佩克产油国之间相互影响、相互制衡的关系。

其次详细分析了石油需求国对欧佩克市场行为的影响。从理性人的假定出发，石油生产国在追求自身效用最大化时，必然会将石油需求国的选择对其效用的影响列入考虑范围内。为维护自身能源安全并对欧佩克形成有效制衡，美国等石油需求大国在1961年成立的经济合作与发展组织（OECD）基础之上，于1974年成立了国际能源署（IEA）。目前，以美国为代表的石油需求大国在国际石油市场中占据强势地位，从而能够在很大程度上影响欧佩克市场行为。分别构建一个讨价还价模型和一个双边拍卖模型，分析石油需求国与欧佩克产油国之间相互影响、相互制衡的关系。

最后，综合分析了欧佩克市场行为的外部制约。一是国际油价高企、石油领域科技进步等因素有效提升非欧佩克产油国竞争能力；二是石油需求大国间通过组建国际能源署等方式加强合作；三是由世界经济增长、国际政治形势、各国产业结构调整以及替代能源的开发和利用等多种因素所造成的国际石油需求的不确定性。这几方面的因素从不同层面对欧佩克的市场行为形成强有力的制约。

第5章 欧佩克市场行为对中国石油产业安全的影响

石油产业在一国国民经济发展中具有基础性的战略地位，石油产业的发展直接关系到国家安全、社会稳定和可持续发展。自1993年中国成为石油净进口国以来，随着中国经济的持续快速增长，国内石油供需矛盾日益凸显，中国石油产业对外依赖程度持续提升，中国石油产业越来越多地参与国际石油市场中，同时受国际石油市场发展趋势的影响程度越来越大。欧佩克作为国际石油市场中最重要的石油供给方和中国最重要的石油进口来源，其市场行为必定会对中国石油产业安全产生重要影响。

5.1 中国石油产业发展状况分析

中国的石油产业是在极其落后和十分薄弱的基础上发展起来的，新中国成立以来，经历70余年艰苦卓绝的发展，中国石油产业发展取得举世瞩目的成就，为中国经济和社会发展做出了重要贡献。

5.1.1　中国石油产业发展历程

新中国成立以来，中国石油产业发展经历一系列变迁，根据整个发展过程中分阶段所取得的成就及发展特点，主要可划分为以下几个阶段。

5.1.1.1　第一阶段：初创期（1949~1959 年）

1949~1959 年是新中国石油产业发展的初创阶段。新中国成立之初，中国仅有甘肃玉门老君庙、陕西延长、新疆独山子等几个小油田，累计探明石油地质储量不到 0.3 亿吨，石油产量不到 20 万吨。在对原有石油厂矿实施国有化改制的基础上，经过"三年恢复"和"第一个五年计划"的建设，中国初步建立起高度集中统一的石油计划经济体制。1952 年，石油产量达到 43.56 万吨。1955 年，发现了新疆克拉玛依油田，这是新中国成立以后石油勘探史上的第一个突破。1958 年，在青海冷湖五号打出日喷 800 吨石油的高产油井，探明冷湖油田。据统计，1950~1959 年中国共发现 31 个油田，初步形成玉门、新疆、青海、四川四个石油生产基地，累计探明石油地质储量从 0.29 亿吨增加至 3.08 亿吨，增长 9.62。1959年，四个基地石油产量达 276.26 万吨，全国石油产量达 373.37 万吨，与 1950 年的 20.04 万吨相比，增长 17.63 倍，石油产业成为初具规模的新兴工业部门。同时，国家加强石油队伍建设和石油专业技术人才培养，为新中国石油产业的发展奠定了坚实基础。[①]

但是，随着国内大规模社会主义建设的迅速展开，尤其是 156 个国家重点项目的启动，各行各业对石油的需求量迅速增长，石油进口量也从 1950 年的 4.04 万吨，增加至 1959 年的 65.45 万吨，增长了15.2 倍。1959 年，国内主要石油产品的自给率只有 40.6%。[②] 1950~

[①]　《中国石油工业经济若干问题回顾与思考》编辑委员会：《中国石油工业经济若干问题回顾与思考》，石油工业出版社，2010。

[②]　同上。

1959 年，中国石油产业主要指标如表 5-1 所示。

表 5-1　1950~1959 年中国石油产业主要指标

指标	1950 年	1952 年	1957 年	1959 年
累计探明石油地质储量（亿吨）	0.29	0.29	1.74	3.08
石油产量（万吨）	20.04	43.56	145.78	373.37
石油进口量（万吨）	4.04	9.93	37.91	65.45

数据来源：石油工业部统计资料。

5.1.1.2　第二阶段：高速发展期（1960~1978 年）

1960~1978 年是中国石油产业发展史上石油产量高速增长的时期。中国石油勘探在西部取得初步成果之后，又逐步把勘探重点转移到东部，相继发现了大庆、胜利、华北、辽河等一系列大型油田。在计划经济体制下，中国政府从当时国内石油产业实际发展状况出发，在全国成功组织开展了一系列以大庆石油会战为标志的陆上石油大会战，创造了石油会战管理模式，石油工业经济总量和经济效益持续高速增长，创造了中国乃至世界石油产业发展史上的"奇迹"。

1960 年 1 月，石油部党组召开扩大会议，准备加快松辽地区勘探和油田开发，2 月 20 日，中共中央批准石油部提交的《关于东北松辽地区石油勘探情况和今后工作部署问题的报告》，大庆石油会战正式开始。当时的石油大军由石油系统 37 个厂矿、院校部分人员，以及退伍军人、转业军官组成。大庆石油工人仅用一年零三个月的时间，就探明蕴含石油面积达 860 多平方公里、地质储量达 22.6 亿吨的大油田；用三年半时间开发建设了面积达 146 平方公里、年产油能力达 600 万吨的石油生产基地，累计生产石油 1166.2 万吨，占同期全国石油总产量的 51.3%，持续三年半的大庆石油会战，甩掉了中国"贫油"的帽子，实现石油自给，从根本上改变了中国石油工业落后的面貌。随后，1964 年开展的华北石油会战，发现山东胜利、天津大港两个油田，开辟了渤海湾石油勘探新领域。1960~1965 年，累计探明石油地质储量从 5.93 亿吨增加至 31.43 亿吨，增长 4.3 倍。

1966 年，"文化大革命"开始，中国石油工业遭到不同程度的破坏，在动乱中继续前行。1970 年，石油工业部副部长孙晓风带领工作组到大庆，开始了大庆油田开发的调整工作。1973 年，萨尔图和杏树岗油田的石油年产量开始回升，1975 年达 3527 万吨。1973 年，国家决定开发喇嘛甸油田，经过两年的开发建设，喇嘛甸油田于 1975 年全面投入生产，石油年产量达 1099.2 万吨。1976 年，大庆油田的生产主力油田全部投入开发，石油年产量达到 5030 万吨，占全国石油总产量的 57.71%。1966~1978 年，随着胜坨油田、孤岛油田、东辛油田等油田的开发，胜利油田的开发建设取得巨大进展，石油年产量从 1966 年的 134 万吨，提高到 1978 年的 1946 万吨，占全国石油总产量的 22.33%，成为全国第二大油田。1978 年，中国石油产量突破 1 亿吨，成为世界第八大产油国，石油出口量达 1131.32 万吨，进入世界主要石油生产国家行列。

计划经济体制下，中国石油市场呈现以下两方面特点：首先，国家对石油勘探、开采、生产、销售等所有环节采用高度集中的计划经济管理手段，石油产业收入全部上缴国家财政，石油交易损失由国家财政承担；其次，石油生产成本、石油价格以及石油产品价值与国内外石油市场严重脱节，国内石油市场资源配置和调节功能非常薄弱。

虽然计划经济体制下的石油产业发展存在各种弊端，但在当时的历史条件下，计划经济制度对于有效动员和集中有限资源，迅速建立起比较完整的石油工业生产建设和经济发展体系，改变石油产业的落后面貌，实现国内石油产品自给，起到了重大的历史性作用。中国结合自身特点、充分发挥"社会主义能够集中办大事"的优越性，依靠广大石油工人的集体智慧和力量，独立自主、自力更生、艰苦奋斗，创造了举世闻名的"大庆经验"，有力推动了这一时期的石油产业的发展。1960~1978 年中国石油产业主要指标如表 5-2 所示。

表 5-2　1960~1978 年中国石油产业主要指标

指标	1960 年	1965 年	1976 年	1978 年
累计探明石油地质储量（亿吨）	5.93	31.43	60.91	68.13
石油产量（万吨）	521.27	1131.47	8715.59	10404.92
石油进口量（万吨）	59.40	12.69	79.89	68.98
石油出口量（万吨）	0	19.64	849.59	1131.32

数据来源：石油工业部统计资料。

5.1.1.3　第三阶段：持续前进期（1979~1997 年）

1979~1997 年，中国石油产业在改革开放中持续前进。1978 年 12 月 18 日，十一届三中全会召开，标志着中国进入了改革开放的历史新时期。

中国石油产量在 1978 年突破 1 亿吨后开始下滑。为了解决石油勘探、开发资金短缺的困难，中央决定率先在石油行业实施开放搞活的措施，实行 1 亿吨石油产量包干政策，并在石油企业推行多种形式的承包经营责任制。1982 年 2 月，中国海洋石油总公司成立，对外开放率先在海洋石油领域展开，并逐步扩大到陆上。1983 年 7 月，中国石油化工总公司成立，实行投入产出承包制。1988 年，国家精简政府机构，设立能源部，撤销石油工业部，成立中国石油天然气总公司。经过这一系列的改革，整个石油工业管理体制发生重大变化，石油石化企业逐步转变为自主经营、自负盈亏、自我约束、自我发展的市场竞争主体，中国石油工业逐步实现了从计划经济向市场经济体制的转型。市场化改革对中国石油工业进入新的稳定发展阶段起到了决定性作用，石油年产量从 1982 年开始稳步增长，1988 年达到 1.37 亿吨，石油产量居世界第五位。石油出口量也从 1979 年的 1343.15 万吨增加至 1988年的 2653.13 万吨，几乎增长了 1 倍，为国家出口创汇做出了贡献。

20 世纪 80 年代，随着石油勘探开发技术的提高以及先进采油设备的引进，大庆油田和胜利油田的勘探开发均取得了重大突破，中国累计探明石油地质储量从 1979 年的 69.66 亿吨，增加至 1988 年的137.42 亿吨。然而，东部主力油田进入开采中后期，寻找稳定石油资源战略接替区的任务已迫在眉睫。为了适应国民经济快速发展对能源的更高需求，国家决定对石油工业实施"稳定东部，发展西部"的战略。1989 年 4 月，塔里木石油勘探开发指挥部在库尔勒成立，塔里木油气勘探大会战拉开序幕，发现了轮南高产油气田和塔中油田。1992 年，中国石油总公司组织了吐哈石油会战，发现鄯善油田等 22 个油气田。1997 年塔里木油田石油产量为 420.3 万吨，吐哈油田石油产量为 300.1 万吨，新疆（克拉玛依）油田石油产量为 870.2万吨，合计 1590.6 万吨，占全国石油总产量的比重接近 10%。由此，西部地区成为中国石油生产的重要基地。1988~1997 年，累计探明石油地质储量从 137.42 亿吨增加至 190.67 亿吨，增幅为 38.75%。

改革开放以来，中国国民经济快速发展，对石油的需求急剧增加。虽然石油产量呈持续增长趋势，但仍无法满足市场需求。1993年，中国石油进口量超过出口量，再次成为石油净进口国，石油净进口量为 998 万吨，石油对外依存度为 6.7%，结束了大庆油田发现以来，我国实现石油自给并略有盈余出口的 30 年历史。1997 年，净进口石油 1564 万吨。

1979~1997 年，石油产业发展处于改革开放的历史新时期，为满足国民经济发展对石油不断增长的需求，石油产业发展既要面对复杂多变的内外部经济政策环境，克服自身发展面临的诸多困难，不断取得自身改革的突破，又要承担整个国家经济体制改革顺利推进的必要成本，为国家宏观经济稳定做出应有的贡献。这场历史上从未有过的石油大改革、大开放，极大地调动了百万石油工人的积极性，中国石油工业开始从高度集中的计划经济体制向充满活力的社会主义市场经济体制转变、从封闭半封闭的管理模式向全方位对外开放转变。经过19 年的改革与发展，中国石油产业同时存在着业务分工明确、上下游和内外贸相分离的 4 个国有石油石化公司——中国石油天然气总公司从事陆上石油勘探开发；中国石油化工总公司从事石油加工和石油化工；中国海洋石油总公司从事海上石油勘探开发；新星石油公司可以陆海并进，但实力较小。而石油和成品油进出口业务则由中国化工进出口总公司分别与中国石油天然气总公司、中国石油化工总公司联合经营。1979~1997 年中国石油产业主要经济指标如表 5-3 所示。

表 5-3 1979~1997 年中国石油产业主要经济指标

指标	1979 年	1983 年	1988 年	1997 年
累计探明石油地质储量（亿吨）	69.66	82.23	137.42	190.67
石油产量（万吨）	10614.90	10606.60	13702.80	16074.14
石油进口量（万吨）	25.65	36.99	196.16	3546.90
石油出口量（万吨）	1343.15	1492.12	2653.13	1982.90

数据来源：石油工业部统计资料和中国石油天然气总公司、中国石油化工总公司、中国海洋石油总公司统计资料。

5.1.1.4 第四阶段：深化改革和结构调整期（1998 年至今）

从 1998 年开始，中国石油产业进入了通过深化改革和调整结构来加快发展的新阶段。1998 年 3 月，中国政府开始对中国石油工业管理体制进行大刀阔斧的改革，1998 年 7 月 27 日经国务院批复，在原有中国石油化工总公司和中国石油天然气总公司基础之上，组建成立了中国石化集团公司和中国石油天然气集团公司。改组后的两大石油集团公司不再代表国家行使任何政府职能，而是完全变成了上下游、内外贸和产供销一体化的自主经营、自负盈亏的经营实体。通过石油石化行业战略性重组，形成中国石油天然气集团公司（简称"中石油"），中国石油化工集团公司（简称"中石化"）、中国海洋石油总公司（简称"中海油"）三大石油公司主导石油市场的基本格局。中石油、中石化、中海油分别于 2000 年 4 月、2000 年 10 月和 2001 年 2 月在中国香港和美国等境外资本市场发行股票、挂牌上市。

2002 年以来，根据中国加入世界贸易组织（WTO）议定书的承诺，中国石油石化市场进一步开放，其他国有企业和民营、外资积极进入。同时三大石油公司继续深化内部改革，从"引进来"发展到"走出去"，海外投资业务快速发展，投资方式从单一的风险勘探、合作开发，逐步发展到投资控股、购买储量、跨国并购等多种方式综合运用，业务范围从单一勘探开发、工程服务，延伸到炼油化工、管道运营和市场营销，逐步形成比较完整的价值链。在参与国内国际合作与竞争中，三大石油公司内部管理体制和经营机制发生巨大变化，结构调整和生产经营取得显著成效。然而，中国的石油公司开展对外能源合作的目标国家和地区过于集中，即主要集中于中东地区，而中东地区的政局动荡导致中国石油公司"走出去"战略的实施及对外能源合作与经营面临较大风险。

经过 20 余年的发展，中石油、中石化和中海油三大石油公司在参与国际国内市场竞争的环境中，通过主营业务改制上市和未上市企业的改革调整实现跨越式发展，竞争实力显著增强。同时，三大石油公司认真履行经济责任、政治责任和社会责任，加快推进资源节约型和环境友好型社会建设，油品质量升级步伐加快，节能减排和环境保护工作也有很大进展。在 2020 年的《财富》世界 500 强排名中，中石化居第 2 位、中石油居第 4 位、中海油居第 64 位，中国石油企业已成为全球大公司阵营和世界石油工业中一支不可忽视的重要力量。但是，三大石油公司在中国石油市场上各自划分了特定的地域，寡头垄断的格局阻碍了中国石油市场的有效竞争，在一定程度上制约了中国石油产业组织效率的提高。

自 1998 年石油化工行业重组以来，经过多年改革与发展，我国石油产业经济总量和效益不断提升，呈现又快又好的良性发展势头。一个面向现代化、面向世界、面向未来、充满活力、生机勃勃的石油产业基本形成，成为我国国民经济持续发展和参与国际竞争的重要力量。然而，中国经济持续快速增长放大了石油供需矛盾，石油产业对外依赖程度持续提高，石油产业参与国际石油市场的程度逐步加深，同时也越来越多地受到国际石油市场发展趋势的影响。1998~2020年，中国石油产业主要指标如表 5-4 所示。

表 5-4 1998~2020 年中国石油产业主要指标

指标	1998 年	2003 年	2008 年	2012 年	2016 年	2018 年	2020 年
探明石油储量（亿吨）	23.83	24.32	28.90	33.33	35.01	35.70	35.5
石油产量（万吨）	16100	16960.00	19044.00	20747.80	19968.52	18932.42	19491.80
石油进口量（万吨）	2680.17	9102.00	17888.50	27097.96	38100.69	46190.79	54239.00
石油出口量（万吨）	1560.10	813.30	423.80	243.21	294.06	262.66	157.70

数据来源：中国石油天然气总公司、中国石油化工总公司、中国海洋石油总公司统计资料，中国国家统计局数据库，OPEC Annual Statistical Bulletin 2020。

注：由于官方公布数据统计口径发生变化，表中"探明石油储量"为年末探明石油储量，并非本章前面几张表中所示的"累计探明石油地质储量"。

从储量来看，探明石油储量呈增长趋势，陆上东部和西部地区的油气勘探开发、陆相和海相油气藏的勘探、海上浅海和深海的石油勘探，都在有序展开，但随着勘探难度不断加大和勘探开发投资的大幅压缩，探明石油储量增速明显下降。1998~2020 年，探明石油储量从 23.83 亿吨增加至 35.5 亿吨，增长 48.97%，但 2015~2020 年，探明石油储量仅从 34.96 亿吨，上升至 35.5 亿吨，增幅仅为 1.54%。1998~2020 年中国探明石油储量变化趋势如图 5-1 所示。

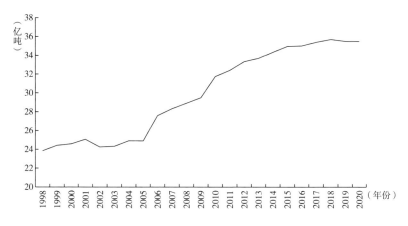

图 5-1　1998~2020 年中国探明石油储量

数据来源：中国石油天然气总公司、中国石油化工总公司、中国海洋石油总公司统计资料，中国国家统计局数据库，OPEC Annual Statistical Bulletin 2020。

就产量而言，1998~2015 年，石油产量稳定增长，从 16100 万吨，增加至 21455.58 万吨，增长 33.26%。但是从 2016 年开始，由于上游业务普遍亏损，石油公司主动减产以削减开支。2016 年中国的石油产量为 19968.52 万吨，与 2015 年相比，减少 1487.06 万吨，降幅为 6.93%。2018 年降至 18932.42 万吨，但 2019 年开始有所回升，2020 年中国石油产业在新冠肺炎疫情中逆势上扬，石油产量为 19491.8 万吨，同比增长 2.04%，如图 5-2 所示。

伴随我国经济的快速发展，国内石油需求增长强劲，国内产量远远

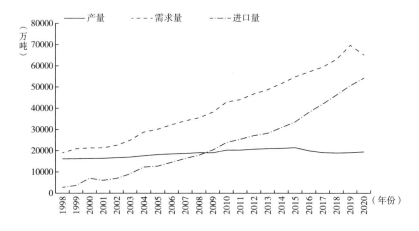

图 5-2　1998~2020 年中国石油产量、需求量和进口量

数据来源：中国石油天然气总公司、中国石油化工总公司、中国海洋石油总公司统计资料，中国国家统计局数据库，OPEC Annual Statistical Bulletin 2020。

不能满足消费。1998~2019 年，中国石油需求量从 18878.05 万吨增加至 69609.43 万吨，增长了 2.68 倍。2020 年，受新冠肺炎疫情影响，石油需求量下降至 64964.52 万吨，同比下降 6.67%。相应地，中国通过大量进口石油来满足国内日益增长的石油需求。1998~2020 年，中国石油进口量从 2680.17 万吨，增加至 54239 万吨，增长了 19.24 倍。2017 年，中国超越美国，成为世界第一大石油进口国，石油进口依存度为 60.8%。1998~2020 年中国石油产量、需求量和进口量变化趋势如图 5-2 所示。与此同时，1998~2014 年，石油出口量总体上呈螺旋式下降趋势，从 1560.1 万吨下降至 60.02 万吨。2014 年中国石油出口量仅为 1998 年石油出口量的 3.85%。2015 年开始，中国石油出口量波动较大，2017 年增加至 486.07 万吨，与 2015 年相比，增长了 7 倍多。2019 年下降至 81.01 万吨，2020 年中国石油出口量又回升至 157.7 万吨。1998~2020 年，中国石油出口量变化趋势如图 5-3 所示。

　　1998~2020 年，中国石油净进口量从 1120.07 万吨增加至

54081.3 万吨，增长了近 50 倍，石油进口依存度从 5.93% 上升至 83.25%。

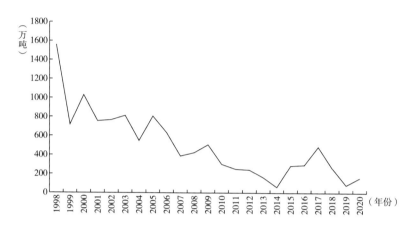

图 5-3　1998~2020 年中国石油出口量
数据来源：中国石油天然气总公司、中国石油化工总公司、中国海洋石油总公司统计资料，中国国家统计局数据库，OPEC Annual Statistical Bulletin 2020。

综观 70 年来中国石油产业的发展，新中国的成立是石油产业发展之根本，自主创新是石油产业振兴之源泉，改革开放是石油产业强大之路途。没有新中国的诞生，就没有石油产业的兴起；没有科技创新，就没有石油产业发展的历史性突破；没有计划经济向社会主义市场经济的转轨，就没有石油产业的腾飞；没有充满生机与活力的现代企业制度，就没有石油工业现代化进程的顺利推进。在某种意义上，石油产业的现代化进程体现了中国经济现代化进程的发展速度和方向。

5.1.2　中国石油价格机制

石油价格是石油产业的重要经济杠杆，是影响石油产业发展及其经济效果的重要政策因素，也是国家管理和调控石油工业经济的重要手段。由于价格在一国石油产业发展中的关键作用，本部分内容将详细分析中国石油价格机制。在新中国石油工业 70 余年的发展历程中，随着国家经济管理体制和石油生产消费状况的变化，中国石油价格机制经历了一个由封闭到开放、由计划经济到市场经济的渐进改革和不断探索的过程，通览中国石油定价的历史过程，其定价机制的演变大体可划分为如下几个阶段。

5.1.2.1 单一计划价格阶段（1960~1980 年）

新中国成立至 20 世纪 60 年代以前，全国只有少数几个小油田，天然石油产量很少，且自产自炼，产成品统一调拨，石油并没有作为一种商品在市场上流通，石油价格对石油生产的实际影响不大，因此国家并未对石油实行统一定价。

20 世纪 60 年代初期，大庆油田的开发为我国石油工业的稳定发展打下了坚实基础。1961 年 3 月，国家重点区分了天然石油和人造石油的价格，并根据各个油田的资源状况和地理位置制定了不同的出厂价格。在此期间，中国国内的石油价格远高于国际石油价格水平，比如：1960 年，国际石油价格为 13~14 美元/吨，而国内大庆石油价格按当时人民币兑美元汇率折算为 56 美元/吨，约为国际油价的 4 倍。1961~1970 年，继大庆油田之后，胜利、大港、辽河、吉林等油田相继投入开发，国内石油产量在 1970 年达到 3010 万吨，而在这一时期，国内石油价格未作调整，其实际价格高于同期国际市场价格水平。国家实施的高油价政策对促进石油工业发展和合理利用石油资源起到了积极作用，使困难时期起步的中国石油工业得以快速发展。

20 世纪 70 年代，在"文革"影响煤炭产量、实行"以油代煤"的情况下，国家要求石油工业部降低石油价格。几经协商后，1971 年全国石油出厂价格从平均 130 元/吨降为 103 元/吨，降幅达 20.8%。这次调整后的价格一直执行到 1987 年，维持了 17 年之久。在此期间，国际上两次石油危机的爆发使国际石油价格大幅上涨。

1974 年国际石油平均价格为 10.73 美元/桶，是 20 世纪 60 年代末国际石油平均价格的 4.9 倍；1980 年更增至 28.64 美元/桶。但国内一直执行 1971 年下调后的石油价格，与同期国际市场价格相比，一直处于明显偏低的水平，按当时汇率折算，只相当于国际油价的 1/4。中国这种与国际石油市场价格相背离的计划价格管理模式使石油行业出现大范围的亏损，直接后果是延缓了国内石油的勘探开发进程。而此时中国主力油田的生产已步入中后期，生产成本快速增长，而在低油价情况下难以增加生产投入，最终导致 20 世纪 70 年代末至 80 年代初中国石油产量一直处于 1 亿吨的水平。

总体而言，计划经济体制下的石油定价权完全掌握在政府手中，政府统一价格后，全国各地各企业严格按照规定价格执行，且在此期间，政府对价格的调整并未随行就市，而是长期不变，导致国内石油价格与国际石油价格完全脱节。

5.1.2.2　价格双轨制阶段（1981~1993 年）

石油价格双轨制是指由政府部门制定一个石油生产计划和供应指标，计划内的产量根据政府定价销售，计划外的产量采用市场价格供应。这是一种兼具市场经济和计划经济特点的资源配置方式，这种制度在中国经济制度转轨时期发挥了重要作用，成为当时中国石油生产和勘探的主要管理模式。

20 世纪 80 年代，国内市场上大部分产品的价格已经放开，逐步市场化，但石油产品的价格仍由国家掌控，并统一制定，而石油生产所需物资却必须以市场价格进行采购，这种"市场投入，计划产出"的局面导致石油产业发展后劲严重不足，全行业呈现大量亏损态势。1981 年 6 月，国务院决定对石油工业部门实施石油产量和加工量基数（石油 1 亿吨，加工收益率 90%）包干政策，允许石油部在完成年产包干任务的前提下，将其超产、节约自用和降低消耗的石油产品以国际价格出口。1983 年，中国石油总公司成立后，国家又规定石油部超产石油可按国际油价在国内销售，收入作为石油勘探开发基金。同时国家还决定海上生产的石油无论内销还是出口，均按国际市场同品质石油定价。由此，中国石油单一计划定价的模式被打破，开始进入计划内石油执行平价、计划外石油参照国际市场确定价格（即高价）的双轨制阶段。在此期间，随着经济改革的发展和市场需求的增长，国家还对石油价格进行了多次调整。其中，计划内平价经过多次调整，小幅上升；而计划外高价几经调整，于1992年9月完全放开，取消了石油最高限价。

在石油价格双轨制的实践中，由于各油田的石油品质及生产成本等情况差异很大，经过不断调整，全国出现了计划内三种平价、计划外两种高价共两大类 5 种石油价格并存的局面。1989 年，为解决石油勘探开发资金短缺的困难，经国家计委协调，中石油的一部分计划外石油定向供给中石化加工出售，定向石油的价格为大庆类石油 660元/吨、胜利类石油 610 元/吨。由此，中国石油价格形成三大类共 7种价格并存的局面，如表 5-5 所示。

表 5-5　1989 年中国石油分类及出厂价格

单位：元/吨

项目	计划内平价			计划外高价		定向油价	
	平价 1	平价 2	平价 3	高价 1	高价 2	高价 1	高价 2
价格	137	152	167	485	555	610	660
适用油种产地	大庆、胜利、大港、吉林、辽河、华北、河南	青海、新疆	玉门、长庆、延长、四川、江汉、冀东、滇黔桂、沈阳	除大庆、江苏、滇黔桂外的各油田	大庆、江苏、滇黔桂	除大庆、江苏、滇黔桂外的各油田	大庆、江苏、滇黔桂

20 世纪 80 年代末，政府赋予中石化 5% 的自销权，90 年代初又将这一权力赋予中石油。1993 年，上海石油交易所和北京石油交易所相继成立，市场机制在一定程度上开始在石油行业内发挥作用。引入市场定价机制，可以化解由政府定价带来的各种问题，一方面可以保证商品价格与其价值相一致，另一方面还可以为市场经济体制改革奠定良好的制度基础。

价格双轨制的实施打破了传统石油产业垄断格局，有效提高了非国有经济参与市场竞争的积极性，减少行政干预，让市场在石油资源配置过程中发挥主导性作用。这些带有改革探索和逐步过渡性质的政策措施，对于稳定石油生产、缓解供需矛盾、保持国内石油价格相对稳定和减轻石油工业资金短缺压力起到了积极的作用，培养了我国石油产业的自我发展能力，为全面推进国家石油战略储备提供了有力的政策和制度支持。但它不可能从根本上解决我国石油工业存在的问题，甚至还引发了一些新的问题，如计划内外多种油价并存使资源分散、多头经营、经济核算和市场监管困难、价格失控、市场混乱。同时，由于计划内和计划外石油价格差距很大，某些人趁机以权谋私、牟取暴利，严重损害国家和消费者利益。

5.1.2.3　价格并轨阶段（1994～1997 年）

为解决 20 世纪 90 年代初国内石油价格不尽合理，以及石油市场秩序颇为混乱等问题，1994 年 4 月 5 日，国务院批转了国家计委、国家经贸委《关于改革原油、成品油流通体制的意见》（以下简称《意见》），对我国石油市场价格机制进行了全面深刻的调整。《意见》指出"现行油品管理体制不顺，价格不合理的问题日益突出"，存在"油品资源分散，多头经营，价格失控，市场混乱的状况以及投机倒把、违法乱纪者乘机牟取暴利、贪污腐败等问题"。"因此，必须采取有力措施，改革现行原油、成品油的流通体制，加强对原油、成品油生产、流通的宏观管理，理顺油品价格，整顿流通秩序，减少流通环节，逐步建立起一个适应社会主义市场经济要求的、规范化的、活而有序的原油和成品油流通体制。"针对石油价格体制的改革，《意见》提出："1994 年，原油实行两个档次的价格，配置给各地区、各部门的原油价格构成，由国家计委商有关部门另行确定。""原油、成品油一律实行国家定价。"具体的改革内容是：平价原油全部"平转高"，实行计划内外价格"并轨"提价；国产陆上原油全部实行国家定价，并按市场需求实行统一配置。根据油田实际情况按"优质优价"的原则，将国产陆上石油分为两个档次 5 种类别，分别确定出厂价格。第一档石油是将原计划内平价、高价原油并轨提价，平均价格为 700 元/吨；第二档石油是部分比较困难的油田生产的石油和原计划外石油，平均油价为 1250 元/吨。1994~1997 年，国家多次对两档石油价格进行适度微调，并将部分第一档价格原油转为第二档价格原油，以此减少两档价格的价差。经过多次调整，1996 年国内石油平均价格达到 946.48 元/吨，与 1993 年 546.26 元/吨的平均石油价格相比，增长了 0.73 倍。

经过这一阶段的价格机制改革，中国国内的石油价格严重偏低的时代基本结束，石油价格更加合理，石油企业也开始扭亏为盈，为后续石油勘探和开发提供了充足的资金保障，有效促进了石油资源的合理配置和石油产业的健康发展。

5.1.2.4 与国际市场石油价格接轨阶段（1998 年至今）

经过一系列石油价格机制改革之后，中国石油价格逐步趋于市场化，但中国国内石油价格与国际石油价格相比，仍存在较大差距，石油产业的上下游企业不能依据市场规律组织生产经营。按照中国社会主义市场经济的改革目标，石油价格改革的总方向是逐步与国际市场价格接轨。从 1997 年 10 月开始，国际石油价格大幅下跌，1998 年 4

月的国际市场石油离岸价格降到 13.4 美元/桶左右，折合人民币 810
元/吨，比当时中国国内石油一、二档综合平均价格还低 70 元。这为
国内石油价格与国际市场接轨提供了难得的机会。1998 年 6 月，为
配合两大集团公司的改革和重组，同时适应国际市场石油价格的变化
和应对中国加入世贸组织后的挑战，国家开始了以国际价格接轨为重
点的油价改革。1998 年 6 月 3 日，国家发展计划委员会发布《原油
成品油价格改革方案》（以下简称《方案》），《方案》规定："中石
油和中石化之间购销的原油价格由双方协商确定。购销双方协商的基
本原则是，国内陆上原油运达炼厂的成本与进口原油到厂成本基本相
当，国内原油到厂成本应略低于进口原油到厂成本。购销双方结算价
格（不含税），由原油基准价格和贴水（或升水）两部分构成。贴水
（或升水）由购销双方根据原油运杂费负担和国内外油种的质量差价
以及市场供求等情况协商确定。原油基准价格则由国家计委根据每月
国际市场相近品质原油离岸价加关税确定。两个集团公司每月 27 日
（节假日顺延）向国家发展计划委员会报送上月 26 日至本月 25 日新
加坡市场相近品质的参照油种各交易日的实际成交价格。国家发展计
划委员会按各交易日的平均价格加关税确定原油基准价，于月底发
布，下月 1 日起执行。国内原油分为轻质油、中质油 I、中质油 II、
重质油四类。国际相近品质参照油种为：轻质油参照塔皮斯原油，中
质油 I 参照米纳斯原油，中质油 II 参照辛塔原油，重质油参照杜里原
油。"1998 年 6 月中国国内原油基准价格如表 5-6 所示。

表 5-6　1998 年 6 月中国国内原油基准价格

项目	轻质油	中质油 I	中质油 II	重质油
基准价格（元/吨）	975	810	788	744
离岸价（美元/桶）	14.722	12.943	12.726	12.963
关税（元/吨）	16	16	16	16

2000 年 6 月，国家继续推进国内成品油价格形成机制的改革，国内成品油价格主要参考新加坡成品油市场同类产品的市场价格进行相应调整，成品油价格进入与国际市场"挂钩联动"阶段。

2001 年，原油价格不再报送国家计委，而是由中石油和中石化协商决定，采用主要国际市场原油价格确定国内原油的基准价，各油田以此为依据根据相近品质国际原油价格确定其油价。于是，形成了吐哈原油参照塔皮斯轻质原油，大庆、塔里木、中原、临盘、华北、冀东原油参照米纳斯中质 I 类原油；胜利和大港原油参照辛塔中质 II 类原油；孤岛原油参照杜里重质原油等国产原油的定价格局。

2009 年 5 月 7 日，国家发改委发布《石油价格管理办法（试行）》以下简称《办法》，进一步推进国内石油价格与国际石油价格的接轨，《办法》第四条规定："原油价格由企业参照国际市场价格自主制定。中石化和中石油之间互供原油价格由购销双方按国产陆上原油运达炼厂的成本与国际市场进口原油到厂成本相当的原则协商确定。中石化、中石油供地方炼厂的原油价格参照两个集团公司之间互供价格制定。中国海洋石油总公司及其他企业生产的原油价格参照国际市场价格由企业自主制定。"成品油价格区别情况，实行政府指导价或政府定价。当国际市场原油连续 22 个工作日移动平均价格变化超过 4% 时，可相应调整国内成品油价格。无论在何种情况下，成品油价格的制定均以国际市场原油价格为基础。

2016 年 1 月 13 日，国家发展改革委发布《关于进一步完善成品油价格形成机制有关问题的通知》，改革内容主要包括：设定成品油价格调控下限水平为每桶 40 美元；建立油价调控风险准备金；放开液化石油气出厂价格；简化成品油调价操作方式。另外，根据近年来《石油价格管理办法（试行）》实施情况及此次成品油价格机制完善内容，修订并形成《石油价格管理办法》。

2017 年 7 月，国务院发布《关于深化石油天然气体制改革的若干意见》，标志着中国油气领域改革进入全面深化阶段。此后，在"管住中间、放开两头"的改革思路指导下，突破性的政策措施陆续出台，改革进程不断加快，形成了中游管网环节独立且公平开放、上下游投资主体有权自由进入的市场，在政策层面快速完成了石油市场组织架构的转型。

2018 年 3 月 26 日，经过 17 年的探索与酝酿，中国首个原油期货合约——上海原油期货（SC）在上海国际能源交易中心（INE）正式挂牌交易，标的物主要为中东产的中质含硫原油，计价货币为人民币，这也是全球首个人民币计价原油期货。上海原油期货上市首日，持仓量 1779 手，成交 4.2 万手。2018 年底，上海原油期货合约交易量超过迪拜商品交易所（DME）的阿曼原油（Oman），成为全球第三大原油期货。此后市场稳步扩容，2019 年持仓量同比增长 45%。2020 年国际油价大幅波动，国内原油期货持仓在 3 个月内迅速增长超 3 倍。截至 2021 年 6 月 29 日，上海原油期货总持仓量为 7.98 万手。经过 3 年多的发展，目前中国原油期货上市的影响力在一定程度上受到全球原油市场的认可，中国原油期货市场形成的价格，基本能够体现出国内甚至亚太地区原油供需情况的变化，可以认为这是一个与国际期货和现货市场联动性较高的公允价格。

2021 年 5 月 18 日，国家发改委发布《关于"十四五"时期深化价格机制改革行动方案的通知》，强调"结合国内外能源市场变化和国内体制机制改革进程，研究完善成品油定价机制"。

总之，与国际市场石油价格接轨以后，中国国内石油价格基本与国际市场价格同步变化，国内石油价格的形成机制基本消除了长期由政府计划定价的弊端，为进一步形成合理的石油价格奠定了基础，同时促进了石油勘探开发的不断发展和石油资源的稳定供应。

5.2 欧佩克市场行为影响中国石油产业安全的传导机制

欧佩克和中国分别作为国际石油市场上最重要的石油供给方和石油需求方，供给方欧佩克的市场行为必定会对需求方中国的石油产业产生影响，其影响主要通过两个途径传导：一个是石油价格机制；另一个是石油数量机制。

5.2.1 欧佩克市场行为对中国石油价格的影响

由微观经济学的供需理论可知，商品的市场价格由市场供给和市场需求共同决定。但石油是一种与国家经济发展以及人民日常生活息息相关的重要物资，由于其在短期内的不可替代性，石油的短期需求弹性很小。因此，在石油市场上，需求影响价格的能力较弱，而石油供给发生的轻微变化有可能会导致国际石油价格的大幅波动。石油需求相对缺乏弹性，大大提升了欧佩克在影响国际油价方面的能力。

欧佩克通过产量行为和价格行为影响国际石油价格，进而影响中国国内石油价格，传导机制如图5-4所示。

5.2.1.1 欧佩克市场行为影响国际油价

纵观欧佩克石油政策的实施历程，欧佩克的卡特尔目标主要通过石油价格体系和生产配额制度两个手段加以实现。根据国际石油市场及欧佩克自身发展状况和政策目标，在巩固组织国际石油市场地位的目标指引下，欧佩克会通过降价保值扩大市场份额；而在以防止油价下跌、保证产油国经济利益为目标的情况下，欧佩克则会实施生产配额制度控制油价。两个手段相辅相成，密切联系。欧佩克根据石油供需形势、国际政治等因素，多数情况下联合使用实施油价体系和生产

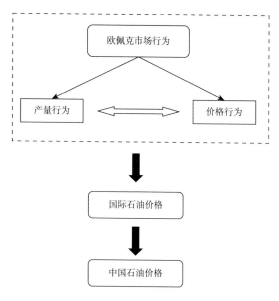

图 5-4　欧佩克市场行为影响中国石油价格的传导机制

配额制度保证其市场地位和石油收益。由第 3 章的分析可知，欧佩克拥有丰富的石油资源，在国际石油市场中占有举足轻重的地位。OPEC Annual Statistical Bulletin 2020 显示，2019 年，欧佩克已探明可采石油储量占世界石油总储的 79%，石油产量占世界石油总产量的 39%，石油出口量占世界石油出口总量的 50%。由于欧佩克在国际石油市场上的重要地位，其石油供应数量和价格的波动会在很大程度上影响国际石油价格波动，但不可否认的是，就长期而言，欧佩克并不能控制国际油价的变化趋势。1998 年 6 月至 2021 年 6 月欧佩克石油价格与国际石油价格走势如图 5-5 所示。[①] 其中，国际石油价格用布伦特（Brent）原油现货价格代表。

————————

① 自 1998 年 6 月 1 日起，中国国内石油价格才与国际石油价格接轨，所以对欧佩克石油价格和国际石油价格走势的分析也从 1998 年 6 月开始。

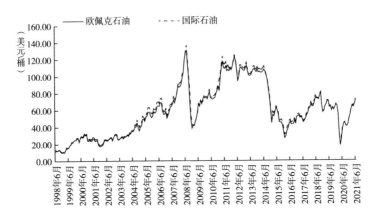

图 5—5　1998 年 6 月至 2021 年 6 月欧佩克石油价格和国际石油价格走势

数据来源：OPEC Annual Statistical Bulletin 2020。

（1）欧佩克对国际油价波动的影响

纵观欧佩克的发展历程，在大多数情况下，欧佩克石油政策的有效实施，包括欧佩克产量的调整等会对国际石油价格的波动产生直接影响。1973 年 10 月，第四次中东战争爆发，阿拉伯产油国减产石油并对西方发达资本主义国家实施石油禁运，造成世界石油市场日均短缺 500 万桶的局面，成功夺回长期被大石油公司所控制的石油价格决定权。欧佩克于 1973 年 10 月 16 日将基准石油价格从 3.01 美元/桶调整为 5.11 美元/桶，1974 年 1 月 1 日提高至 10.65 美元/桶，引起国际石油价格的快速上涨，直接引发了第一次石油危机。1986 年，为了争夺市场份额，沙特阿拉伯等国家通过各种方式变相降低石油价格，引发国际石油市场上产油国之间的"价格战"，从 1985 年底至 1986 年，国际石油市场价格连续 7 个月暴跌，从 30 美元/桶以上，跌至 10 美元/桶以下，跌幅超过 67%，并最终导致第三次石油危机的爆发。

1999 年 3 月，为了应对国际石油市场上供过于求的状况，欧佩克与非欧佩克国家签署了减产协议，日产量减少 200.4 万桶，导致国际石油价格持续上涨，2000 年 1 月达到 30 美元/桶的水平。2000 年 3 月，欧佩克通过连续 4 次增产，将国际石油价格维持在 22~28 美元/桶的"价格带"内。2001 年，欧佩克通过 3 次减产成功地抑制了石油价格的下滑，2002 年 1 月再次通过降低石油产量将石油价格拉回到"9·11"事件之前的水平。2008 年，全球金融危机爆发后，欧佩克及时采取的减产行动，对于抑制国际石油价格的持续下跌起到了至关重要的作用。2010 年以来中东地区局势动荡，沙特阿拉伯等国的及时增产成功抑制了 2011 年利比亚石油供应中断带来的国际油价快速上涨。2012 年 1 月，欧盟外长会议决定，从 7 月 1 日开始禁止成员国从伊朗进口、转运石油和成品油，以及为伊朗的石油贸易提供融资和保险服务。在欧盟宣布将对伊朗进行石油禁运之后，伊朗宣布对欧洲多个国家实施报复性断油，并威胁封锁石油要道霍尔木兹海峡，结果引起国际油价一路高涨，2012 年 3 月布伦特油价达到 125.45 美元/桶的高点。但在随后的 3 个月，由于沙特阿拉伯等国承诺弥补禁运产生的供应缺口，石油供给增加，国际油价开始一路滑落，6 月 8 日，布伦特油价跌破 100 美元/桶，整个 6 月的平均油价为 94.85 美元/桶。随后，世界经济复苏势头向好，石油供求关系趋紧，加之地缘政治风险、市场投机增加等因素的影响，导致石油价格迅速攀升，直至 2014 年 8 月，国际石油价格一直处于 100 美元/桶以上的高位。2014 年，全球经济复苏乏力拉低石油需求增速，而非欧佩克产油国石油资源的发掘和开采量的持续增长使全球石油供应呈上升趋势，国际油价从当年 7 月开始下跌，欧佩克一方面认为这是正常的市场供给反应，另一方面为了保住其市场份额，一直未做出减产决定，甚至还扩张产量，导致国际石油价格持续下跌，短短半年时间，布伦特原油价格从 2014 年 7 月的 106.65 美元/桶，跌至 2015 年 1 月的 47.87 美元/桶，价格下跌 58.78 美元/桶，跌幅高达 55.12%。2015 年 2 月开始，受美元走软、中东地区局势紧张等因素影响，石油供应过剩的局面有所缓和，国际石油价格略有反弹，下半年开始，又一路走低，2016 年 1 月跌至 30.7 美元/桶。

油价大幅下跌对经济的冲击迫使欧佩克，尤其是沙特阿拉伯不得不开始考虑减产问题，从 2016 年 2 月开始，经过多方博弈和磋商，欧佩克终于在 2006 年 11 月 30 日达成减产协议：从 2017 年 1 月起，持续 6 个月减产原油约 120 万桶/日，成员国综合减产后目标产量为 3250 万桶/日。减产幅度较大的沙特阿拉伯、伊拉克、阿联酋三国日减产量分别为 486 万桶、210 万桶和 139 万桶。自减产协议达成后，国际石油价格有效攀升，布伦特原油价格从 2016 年 11 月的 45.13 美元/桶涨至 2017 年 2 月的 55.11 美元/桶，价格上涨 9.98 美元/桶，涨幅高达 22.11%，但从 2017 年 3 月开始有所回落。2017 年 5 月 25 日，欧佩克与非欧佩克产油国在维也纳召开会议，决定将日均减产约 180 万桶原油的减产协议延长 9 个月至 2018 年 4 月 1 日。2017 年 11 月 30 日，在维也纳举行的欧佩克大会上，包括欧佩克成员国和俄罗斯等非欧佩克产油国在内的各国决定延长减产协议 9 个月至 2018 年底，经过三轮减产协议的持续，2018 年 10 月，布伦特原油价格上涨至 81.15 美元/桶。

2019 年 12 月开始，新冠肺炎疫情在全球迅速蔓延，严重挤压能源需求并冲击原本就供应过剩的石油市场。国际石油价格从 2019 年 12 月的 67.12 美元/桶，迅速跌至 2020 年 4 月的 18.58 美元/桶，跌幅高达 73.32%。2020 年 4 月 12 日，欧佩克和美国、俄罗斯等非欧佩克主要产油国达成历史性限产协议，从 5 月 1 日起分三阶段实施限产。石油供应量的削减无法完全抵消疫情导致的全球经济停摆所致的石油需求萎缩，但在一定程度上缓解了石油供给过剩和全球各地石油库存空间接近极限的压力，石油价格有效回升。2021 年 6 月，布伦特原油价格升至 72.98 美元/桶。

由此可见，欧佩克有能力通过产量的调整对国际油价的波动施加影响。

（2）欧佩克对国际油价趋势的影响

欧佩克虽然能够对油价波动施加一定程度的影响，但无法控制石油价格的总体变化趋势。1974~1975 年，沙特阿拉伯 34°轻油的价格与西德克萨斯中质油的价格非常接近，但 1976 年之后，国际石油市场开始回暖，西德克萨斯中质油的标价开始上涨。欧佩克并没能控制住现货市场石油价格的上涨，只能在石油需求的压力下，不断上调欧佩克基准油价。在第二次石油危机之后，欧佩克试图通过"限产保价"策略，维持住在 1981 年设定的 34 美元/桶的欧佩克标价，但是在需求下降的压力下，欧佩克不得不跟随现货价格下调标价，并以 1986 年的"价格战"结束了固定油价的策略。2000 年 3 月，欧佩克制定并通过了价格带机制（Price Band Mechanism），试图通过调整产量，将石油价格限定在 22~28 美元/桶的范围内。但事实证明，欧佩克难以控制石油价格的上涨趋势。在"9·11"事件发生之后的 6 个月中，石油价格最低降至 16 美元/桶。2002 年 9 月末，石油价格开始攀升，并超过了价格带的上限。为维持石油价格带机制，欧佩克将日产量增加了 76 万桶，到 10 月末，石油价格下降 10%，并回到价格带范围内。但 2003 年开始，世界石油需求增长旺盛，石油价格再次突破价格带上限，非欧佩克石油产能几乎达到极限。2004 年 7 月欧佩克共实施了 5 次增产，并未起到降低油价的作用，加之美元贬值、世界范围内原材料涨价以及石油需求强劲，石油市场受到越来越多的来自基本供求以外因素的影响，2005 年 1 月欧佩克只好暂时中止价格带机制。从欧佩克目标油价和石油现货价格的关系来看，欧佩克无论是采取控制价格的方法，还是采取控制产量的方法，都不能完全控制国际油价的走势，包括 2014 年下半年和 2020 年初国际石油价格的两次断崖式下跌，欧佩克的市场行为均无法完全改变石油价格下跌的整体趋势。

作为一个卡特尔组织，欧佩克无论是选择固定价格还是固定产量，其对价格的影响最终都是通过产量的调节得以实现。然而石油产量的调整幅度毕竟是有限的，这就是欧佩克不能控制国际油价走势的根本原因。1973 年之后，欧佩克一直利用剩余产能来影响油价。在国际市场增加欧佩克"剩余需求"的情况下，欧佩克能够迅速释放剩余产能，缓解国际石油市场供不应求的状况，以避免油价上涨；在国际市场减少欧佩克"剩余需求"的情况下，欧佩克需要将部分产能封存起来，改变国际石油市场供过于求的状况，以避免油价下跌。但是，一方面，由于石油产业前期投资成本巨大，剩余产能的保持成本高昂，欧佩克保持剩余产能的程度和规模是有限的，剩余产能的规模决定了欧佩克增产的限度。另一方面，石油产量的减少势必会造成国家财政收入的减少，因此欧佩克成员国在减产时势必要考虑本国的财政状况，当国际石油市场对欧佩克的"剩余需求"减少时，欧佩克成员国并不会严格按照欧佩克的配额调整进行同比例的减产，如果国家财政承受不了减产带来的经济损失，那么产油国之间就会采取竞争性行为，放弃对价格的干预。总之，相对于国际石油供求变化而言，欧佩克的产量调整能力十分有限，因此欧佩克很难控制国际市场上的石油价格走势。

5.2.1.2 中国国内石油价格与国际石油价格的联动

中国石油价格随国际石油价格波动而波动。由本章第 1 节的分析可知，自 1998 年 6 月 1 日起，国内石油价格与国际油价接轨。虽然目前我国是世界第二大石油需求国和第一大石油进口国，但由于目前我国石油市场尚未形成合理有效的价格机制，国内石油价格被动跟踪国外石油价格。同时，国际上普遍实行现货市场和期货市场相结合的石油定价方式，从而导致石油价格经常处于波动状态。尤其当国际油价平稳上升或下降时，中国油价与国际油价几乎完全一致。在大多数情况下，中国石油价格略低于国际油价。如图 5-6 所示，1998 年 6 月至 2021 年 6 月，中国石油价格走势与国际石油价格走势基本一致，其中，国际石油价格用布伦特原油价格代表，中国石油价格用大庆原油价格代表。

总之，石油作为一种重要的战略资源，关系到一国国民经济发展的命脉。各国对石油市场供应量及市场价格的关注度和敏感度比普通商品高得多。由于欧佩克市场行为对国际石油市场较强的影响力，以及中国石油市场与国际石油市场之间的高度关联性，欧佩克市场行为的变化所引起的石油价格的波动，很容易通过国际石油市场传导至中国石油市场，引起中国石油价格的波动。

图 5-6   1998 年 6 月至 2021 年 6 月国际石油价格和中国石油价格走势
数据来源：Wind 数据库。

5.2.2   欧佩克国家与中国的石油贸易与合作

近二十年来，中国经济的迅速发展引发对石油等基础能源的强劲需求。2009 年，中国超过日本，成为仅次于美国的世界第二大石油进口国。2017 年，中国超越美国，成为世界第一大石油进口国。欧佩克是中国最大的海外石油供应来源和最重要的能源合作伙伴。2020 年，中国从欧佩克国家进口石油 27366.74 万吨，占中国石油进口总量的 50.49%。与 2019 年相比，进口量减少 668.62 万吨，主要是因为在美国制裁升级和委内瑞拉国内动荡加剧的双重影响下，2019 年 8 月起中国停止从委内瑞拉进口石油。而在此之前，2017 年中国从委内瑞拉进口石油量占总进口量的 5.19%，委内瑞拉为当年中国第八大进口来源国；2018 年为 3.6%，2019 年上半年为 4.08%，委内瑞拉均为第九大进口来源国。因此，欧佩克国家的市场行为特别是产量行为的变化，会对中国国内石油供应产生重要影响。2019 年 8 月以前，欧佩克 13 个成员国均为中国石油进口来源国。目前，中国从除委内瑞拉以外的欧佩克 12 个成员国进口石油。其中沙特阿拉伯、伊拉克、安哥拉、阿联酋和科威特 5 个国家是中国主要的进口来源国，2020 年，中国从这 5 个国家进口石油 24546.82 万吨，占中国从欧佩克进口石油总量的 89.7%，占中国进口石油总量的 45.29%。2020 年中国从欧佩克国家进口石油的数量及占石油进口总量的比重如图 5-7 所示。

本部分内容主要分析沙特阿拉伯、伊拉克、安哥拉、阿联酋和科威特 5 个国家与中国的石油贸易与合作。

5.2.2.1　中国与沙特阿拉伯的石油贸易与合作

沙特阿拉伯位于亚洲西南部的阿拉伯半岛，东濒海湾，西临红海，同约旦、伊拉克、科威特、阿联酋、阿曼、也门等国接壤，是名副其实的"石油王国"。2019 年沙特阿拉伯已探明石油储量为 2586 亿桶，占世界石油总储量的 16.68%，居世界第二位；产量为 980.82

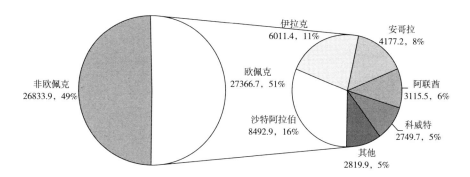

图 5-7　2020 年中国从欧佩克国家进口石油情况

数据来源：中国海关总署数据库。

注：图中数字为进口数量（单位：万吨）；右饼图中的其他包括：中国从刚果（布）（924.40 万吨）、加蓬（585.31 万吨）、尼日利亚（393.33 万吨）、伊朗（391.90 万吨）、赤道几内亚（314.83 万吨）、利比亚（169.72 万吨）、阿尔及利亚（40.44 万吨）7 个国家进口石油的数量。

万桶/日，占世界石油总产量的 13.03%，居世界第三位；出口量为 703.81 万桶/日，占世界石油总出口量的 15.58%，居世界首位。[①] 沙特阿拉伯巨大的石油储量和生产、出口石油的能力使欧佩克在国际市场上占据举足轻重的地位。沙特阿拉伯在世界能源格局中的重要地位还体现在它还拥有巨大的剩余产能，这种强大的剩余产能使其能够在较短的时间内，迅速大幅度地增加或减少石油产量，从而有效抑制国际石油价格的大幅上涨或下跌。

1990 年 7 月 21 日，中国与沙特阿拉伯建立正式的外交关系，在所有阿拉伯国家中，沙特阿拉伯是与中国建交最晚的，但自中沙两国正式建交开始，两国经贸关系稳步发展，特别是在能源领域的合作愈发密切。1992 年 11 月 5 日，双方签署两国的第一份双边经贸合作协定——《中华人民共和国政府和沙特阿拉伯王国政府经济、贸易、

————————

① OPEC Annual Statistical Bulletin 2020。

投资和技术合作协定》。从中国和沙特阿拉伯长远发展的关系来看，两国在能源问题上具有较强的互补性，因此双方一致希望并致力于加强和深化在能源领域的合作。1994 年，沙特阿拉伯首次提出希望与中国在石油相关领域建立长期、稳固的战略关系。1998 年 10 月 16 日，两国签署了《（关于成立经贸合作四个工作组的）谅解备忘录》，分别探讨在贸易、石油矿产、投资和技术领域的双边合作。2006 年 1 月 23 日，两国签署了《中华人民共和国政府和沙特阿拉伯王国政府关于石油、天然气、矿产领域开展合作的议定书》。2008 年 6 月，两国签署了《中国与沙特关于加强合作与战略性友好关系的联合声明》，正式建立了战略性友好关系。2009 年 2 月 10 日，两国签署《中华人民共和国政府和沙特阿拉伯王国政府关于石油、天然气、矿产领域开展合作的议定书的补充谅解备忘录》。沙特阿拉伯商投部最新数据显示，中国是沙特阿拉伯第一大贸易伙伴，2018 年两国贸易额达 614 亿美元，同比增长 32%，占沙特阿拉伯同期外贸总量的 17%。从贸易结构来看，石油在沙特阿拉伯对中国出口前五大产品中排名第一。

2002 年，沙特阿拉伯成为中国最大的石油供应国，中国从沙特阿拉伯进口的石油数量从 2002 年的 1140 万吨，增加到 2020 年的 8492.86 万吨，约 169 万桶/日，同比增长 1.9%，占 2020 年中国进口石油总量的 15.67%。中国扩大从沙特阿拉伯进口石油的同时，中沙两国石油公司之间的合作也在不断深化。2004 年，中石化和沙特阿美公司与沙特阿拉伯石油部签署了开发路卜哈利盆地 B 区块上游石油的协议，这也是沙特阿拉伯 25 年来第一次对海外投资者开放的三块油气田中的一块。2008 年 6 月，沙特阿美公司入股的中石化青岛大炼油项目正式投产，项目设计年加工石油 1000 万吨，主要是加工来自沙特阿拉伯的进口石油，作为回报，沙特阿拉伯方面承诺将向中石化每天供应 100 万桶石油。2009 年 11 月，沙特阿拉伯阿美中国公司（沙特阿拉伯阿美石油公司的子公司，中国占 25% 的股份）、埃克森美孚中国石油化工有限公司（中国占 25% 的股份）和福建炼油化工有限公司（中国占 50% 的股份）合资的福建炼油乙烯合资项目（FREP）正式投入商业运营，该项目把沙特阿拉伯含硫石油的加工从每天 8 万桶扩大到 24 万桶，同时也提供重要的产品升级能力，包括新的石化设备，即 80 万吨/年的乙烯裂解装置、65 万吨/年的聚乙烯装置、40 万吨/年的聚丙烯装置和 100 万吨/年的芳烃装置。2009 年中石化与沙特阿拉伯基础工业公司以各占一半的比例投资 183 亿元人民币，在天津建设年产 $320 \times 104t$ 石化产品的综合项目，所需原油 $1000 \times 104t/a$ 由沙特阿拉伯供应。作为延伸，又在 2012 年 1 月签订建设年产 $26 \times 104t$ 的聚碳酸酯项目，总投资约 17 亿美元，其产品主要是向亚太地区出口。2012 年 1 月，中国石化与沙特阿拉伯阿美公司在利雅得签署延布炼油厂合资协议。延布炼油厂位于沙特阿拉伯西部延布市石油化工工业区，占地面积 487 万平方米，设计原油加工能力为 40 万桶/日（约 2000 万吨/年），以沙特阿拉伯重油作为原料，总投资 91.5 亿美元，中石化与沙特阿拉伯阿美公司分别持股 37.5% 和 62.5%。2016 年 1 月，延布炼厂正式投产，这是中石化首次在海外投资建设炼油厂。

长期以来，中国和沙特阿拉伯在中沙石油合作项目中实现双赢，沙特阿拉伯石油资源丰富，而中国市场大且稳定。中国获得长期石油供应，沙特阿拉伯的高硫石油也获得了长期稳定的市场。

5.2.2.2　中国与伊拉克的石油贸易与合作

伊拉克共和国位于亚洲西南部、阿拉伯半岛东北部，南方是沙特阿拉伯、科威特，北方是土耳其，西北是叙利亚，伊朗和约旦各位于其东西两侧。1958 年，伊拉克共和国成立。2003 年伊拉克战争爆发，萨达姆政权被推翻，伊拉克政坛逐步呈现什叶、逊尼和库尔德三派分立的政权架构。2019 年 10 月，伊拉克多地爆发大规模示威游行，11 月底，总理阿卜杜勒马赫迪辞职，政府转入看守状态。石油工业是伊拉克经济的主要支柱，约占国内生产总值的 56%、财政收入的 90% 和外汇收入的 80%。2019 年伊拉克已探明石油储量为 1450.19 亿桶，占世界石油总储量的 9.35%，居世界第四位；产能约 500 万桶/日，产量为 457.61 万桶/日，占世界石油总产量的 6.08%，居世界第四位；出口量为 396.82 万桶/日，占世界石油总出口量的 8.78%，居世界第三位。[①]

1958 年 8 月 25 日，中国和伊拉克建立正式的外交关系，建交以来两国在政治、经济、文化等领域展开广泛合作。1990 年海湾危机爆发后，中国根据联合国有关决议，终止了与伊拉克的经贸往来。1996 年，联合国"石油换食品"计划启动，中伊在该计划框架下恢复了经贸交往。2018 年，中国取代印度成为伊拉克最大的贸易伙伴，双边贸易额超过 300 亿美元。2019 年，伊拉克超越安哥拉成为中国第三大石油进口来源国，2020 年，中国从伊拉克进口石油 6011.43 万吨，同比增长 16.06%，占当年中国进口石油总量的 11.09%。[②]

1996 年，中石油曾与萨达姆政权签署合作开发阿赫代布油田的协议，后因联合国制裁伊拉克，协议中断。2008 年 11 月，中石油与伊拉克政府正式签署《阿赫代布油田开发服务合同》，该项目总投资为 30 亿美元，合同期限为 23 年。这是自 2003 年伊拉克战争之后，外国石油公司在伊拉克获得的第一份大型原油开采合同。阿赫代布油田位于伊拉克中部，是战后伊拉克境内的最大原油开采项目之一。2011 年 6 月，阿赫代布油田正式投产，该油田最初三年石油产量为 2.5 万桶/日，六年后达到 11.5 万桶/日。

---

① OPEC Annual Statistical Bulletin 2020。
② 中国海关总署数据库。

　　近十几年来，在伊拉克石油部举行的多轮针对跨国石油公司的招标工作中，中石油、中石化与中海油均获得了投资机会。2009 年 6 月 30 日，伊拉克石油部拿出 8 块油气田进行首轮招标，中石油与英国石油公司（BP）联合组成的财团竞标成功。2009 年 11 月，中石油、英国石油公司与伊拉克国家石油销售公司、伊拉克南方石油公司，在巴格达正式签署《伊拉克鲁迈拉油田服务合同》，合同期限为 20 年。根据协议，中石油与英国石油公司在该油田的运作采用技术服务合同模式，三家公司将在合同生效 30 日内设立鲁迈拉油田作业组织，并在 1 年内接管油田作业。中石油和英国石油公司分别拥有该项目 37% 和 38% 的作业权益，伊拉克国家石油销售公司持有 25% 的干股。鲁迈拉油田位于伊拉克南部城市巴士拉以西 50 公里，是伊拉克最大的油田，储量位居世界第六。油田分为南鲁迈拉油田和北鲁迈拉油田两部分，共占地 1800 平方公里。美国能源信息署（EIA）数据显示，南鲁迈拉油田探明储量为 19.6 亿吨，北鲁迈拉油田探明储量为 11.2 亿吨。2010 年 12 月 25 日，在中石油、英国石油公司和伊拉克南方石油公司组成的鲁迈拉联合作业机构的努力下，提前实现鲁迈拉油田原油初始产量提高 10% 的 IPT 目标，兑现向伊拉克政府的承诺，具备启动投资回收程序的必要条件，并于 2011 年 4 月 12 日联合签署《原油出口协议》。2011 年 5 月，伊拉克当地时间 28 日凌晨，超级油轮九华山号满载 200 万桶原油缓缓驶离伊拉克巴士拉港口，横渡印度洋运往中国。这是中石油在伊拉克地区所有服务合同中的第一次提油，标志着中国石油伊拉克公司鲁迈拉项目已开始成本回收，获取服务报酬，并迈入滚动发展阶段。2014 年 9 月，联合财团更新合同，将英国石油公司占股提升至 47.6%，中石油占股提升至 46.4%，有效期延长 5 年，目标产量降至 210 万桶/日。

　　2009 年 12 月 11 日，伊拉克举行第二轮对外公开油田招标，由中石油、法国道达尔（Total）以及马来西亚国家石油公司（Petronas）组成的财团以每桶 1.4 美元的服务费报价中标哈法亚油田，中石油在财团中占股 50%，其余两家公司各占 25%。2010 年 1 月 27 日，各方共同签署了技术服务合同，中石油占股 37.5%，马来西亚国家石油公司与道达尔各占股 18.75%，其余股份由伊拉克国有的南方石油公司（South Oil Company）占有。另外，2013 年底，中石油通过下属全资子公司收购了埃克森美孚公司（Exxon Mobil Corporation）持有的伊拉克西古尔纳一区油田技术服务合同 25% 的权益。

2009 年 6 月 25 日，中石化宣布以 72 亿美元的价格收购瑞士艾达克斯石油公司（Addax），该收购业务使中石化顺利进入伊拉克库尔德自治区，并获得塔克塔克油田的开采权及相应的炼化设备。塔克塔克油田的产能约为 13 万桶／日，中石化与库尔德自治政府签订了传统的产品分成合同。2010 年 5 月，中海油联合土耳其国家石油公司（Turkish Petroleum Corporation，TAPO），与伊拉克政府签订了《米桑油田群的技术服务合同》，合同期限为 20 年，中海油承诺在 6 年内将该油田群的产量提高至 45 万桶／日。中海油担任该油田群的作业者并拥有 63.75% 的工作权益，土耳其国家石油公司拥有 11.25% 的权益，伊拉克钻井公司则拥有其余 25% 的权益。

2015 年，伊拉克签署了"一带一路"倡议书，以石油换取投资、重建和发展项目。当时，中国参与了伊拉克近百个项目的建设。但后来这些项目因为伊拉克紧张的政治和安全局势，以及内阁改组而停止。

2019 年 9 月，伊拉克时任总理阿卜杜勒马赫迪（Adil Abdul-Mahdi）访华，希望与中国扩大合作关系，其间，双方签署关于重建的谅解备忘录等多份文件，伊拉克和中国正式启动了"石油换重建"项目。根据协议，中国公司参与伊拉克基础设施重建工作，伊拉克则承诺每天向中国提供 10 万桶石油。

目前，中国在伊拉克的投资总额达到 200 亿美元，主要集中在能源部门，以跨国公司合作或独立投资的方式发展能源产业。此外，两国贸易额达到了 300 亿美元，其中 150 亿美元是中国进口的伊拉克石油。

5.2.2.3　中国与安哥拉的石油贸易与合作

安哥拉位于非洲西南部、西滨大西洋，北及东北邻刚果民主共和国［刚果（金）］，南邻纳米比亚，东南邻赞比亚，另有一块外飞地卡宾达省与刚果共和国［刚果（布）］、刚果民主共和国相邻。在世界石油市场格局中，安哥拉并不属于产油国中的翘楚。2019 年安哥拉已探明石油储量为 77.83 亿桶，占世界石油总储量的 0.5%，居世界第十八位；产量为 137.28 万桶／日，占世界石油总产量的 1.82%，居世界第十四位；出口量为 131.87 万桶／日，占世界石油总出口量的 2.92%，居世界第十位。[①] 2019 年安哥拉却是中国第四大石油进口来源国，2018 年是第三位，2020 年下降至第五位。安哥拉是中国在非洲最重要的能源战略合作伙伴。2020 年，中国从安哥拉进口石油 4177.24 万吨，同比下降 11.77%，占中国石油进口总量的比重也从 2019 年的 9.36% 下降至 2020 年的 7.7%。虽然中国从安哥拉进口石油数量从 2018 年开始有所下降，但纵观近十几年来的发展，中国从安哥拉进口石油数量增长较快，从 2002 年的 571 万吨增加到 2017 年的 5041.60 万吨，增长了 8.83 倍，2020 年减少至 4177.24 万吨，但与 2002 年相比，也增长了 7.32 倍。[②]

1983 年 1 月 12 日，中国与安哥拉正式建立外交关系，建交以来，两国关系发展顺利。1984 年 6 月，中国与安哥拉签订了双边贸

---

① OPEC Annual Statistical Bulletin 2020。
② 中国海关总署数据库。

易协定。1988 年 10 月，双方签订成立经贸联委会协定，此后双边经贸合作发展迅速，中国企业在安哥拉承建项目的种类不断增多，规模不断扩大。中国与安哥拉在能源领域的合作开始于 20 世纪 90 年代初，1992 年中国开始从安哥拉进口石油，当年进口量仅 20 万吨。长达 27 年的"安哥拉内战"导致安哥拉国内政治经济环境动荡，基础设施落后，经济发展十分困难。在安哥拉急需外部援助的紧要关头，中国本着平等互利的原则，在不附加任何政治条件的前提下对安哥拉施以援手，开展多领域的经贸合作。2003 年 11 月，中国商务部与安哥拉财政部签署了《关于两国经贸合作特殊安排的框架协议》，在安哥拉矿产资源开发领域开创了以资源还贷的"安哥拉模式"，即把石油工程项目与基础设施建设等具有公益性质的项目结合起来，在安哥拉没有偿还贷款能力的情况下，以开采出来的石油等矿产做补偿贸易。2004 年，中国进出口银行向安哥拉提供 20 亿美元的低息贷款，用于铁路、公路、农业灌溉等基础设施的建设，以及医院、学校等公共服务设施的改善，安哥拉则承诺在未来的 17 年内每天向中国提供 1 万桶石油。由于上述协议的成功实施，中安两国又在 2007 年 9 月签署了一项框架协议，合作协议金额同样为 20 亿美元。此外，中国进出口银行还追加了 5 亿美元贷款，以增补完善首期已竣工项目。这些贷款安哥拉将用石油折合美元偿还，利率 1.7%，偿还期限为 17 年。这种合作方式既能够满足安哥拉政府对资金的迫切需求，促进国内经济发展，又能够满足中国对石油的需求，保证中国国内的石油供应。2008 年 12 月，中国与安哥拉签署了《中华人民共和国和安哥拉共和国合作框架协议》等文件，指明了中安关系未来友好发展的方向。2010 年，中国与安哥拉建立战略伙伴关系，双边经贸合作深化发展。

随着安哥拉大储量油田的发现，中国石油公司与安哥拉石油公司之间的合作也日益深化，中国石油企业包括民营石油企业在安哥拉成功中标数个油区开采权。2004 年，中国与安哥拉签订了 20 亿美元的石油项目合同。同年，中资企业——创辉国际发展有限公司与安哥拉国家石油公司成立了合资公司，即中安石油，其后中安石油与中石化成立合资公司——安中国际，安中国际拥有安哥拉 5 个海上区块的权益。

2006 年 2 月，中石化与安哥拉国家石油公司签署了长期石油供应合作协议和一个联合开采备忘录，在安哥拉海上第 3 区和第 10 区进行开发合作。同年，中石化与安哥拉国家石油公司合资组建中石化—安哥拉石油国际公司（So-nangol-Sinopec International），中石化拥有 75% 的股份，安哥拉国家石油公司拥有 25% 的股份。该公司投资 30 亿美元在洛比托港建设了一座产能为 20 万桶/日的炼油厂，有效提升了安哥拉的石油炼化能力。此外，中石化控股的当地企业安中石化在众多竞争者中以高报价取得安哥拉第 15、17、18 石油生产区块 20%、27.5%、40% 的权益。2009 年中石化、中海油又共同出资 13 亿美元收购了马拉松石油公司在安哥拉第 32 区块 20% 的权益。2012 年中石油管道局安哥拉国家公司在安哥拉注册成立，在承建了安哥拉总容积达 8.2 万立方米的渔港油库二期项目后，业务范围不断拓展，成为集油气储运、投融资、配套设施建设于一体的综合服务商，并高质量承建了安哥拉丹迪油库项目、马兰热油库项目、罗安达机场油库项目等，为推动当地经济发展做出了突出贡献。

不仅如此，中国与安哥拉国家石油公司的合作还引入了第三国。如中石化和安哥拉国家石油公司联合成立的中石化—安哥拉石油国际公司，于 2004 年 12 月与阿根廷国家能源公司签订了合作意向，在阿根廷投资 5 亿美元，取得该国 5 年的石油开采权。

近年来，安哥拉政治经济发展开启新阶段，2017 年 9 月，安哥拉结束了持续 38 年的"多斯桑托斯时代"。新任总统洛伦索以"重振石油工业"为核心，明确提出要采取多项举措，开启安哥拉改革新时代，明确提出要建立独立自主的石油工业，大力发展炼油业。此前，以"安哥拉模式"为牵引，中国和安哥拉两国石油企业已开展了卓有成效的合作，中石化等通过与安哥拉本土石油公司组建合资企业等方式，进入安哥拉石油勘探与开发等领域。事实上，中国与安哥拉之间的石油合作具有较高的互补性，中国石油工业资金雄厚，拥有大量专业人才和先进的技术设备，具备较强的炼油产能优势，当前安哥拉新政府亟须提升本国炼油能力，中安之间有很大的合作空间。随着洛伦索总统改革新政的渐次展开，中安能源合作持续深入推进，中国石油企业可以在安哥拉石油工业发展新阶段发挥更大作用。

5.2.2.4 中国与阿联酋的石油贸易与合作

阿联酋，全称"阿拉伯联合酋长国"，成立于 1971 年 12 月 2 日，是由阿布扎比、迪拜、沙迦、富查伊拉、乌姆盖万、阿治曼和哈伊马角 7 个酋长国组成的联邦国家。阿联酋位于阿拉伯半岛东南端，北濒波斯湾，西北与卡塔尔为邻，西和南与沙特阿拉伯交界，东和东北与阿曼毗连，地处海湾进入印度洋的海上交通要冲，油气资源丰富，油田大且集中、距海近，运输方便，油井自喷率和单井产量高，开采成本低廉。2019 年阿联酋已探明石油储量为 978 亿桶，占世界石油总储量的 6.3%；产量为 305.79 万桶/日，占世界石油总产量的 4.06%；出口量为 241.42 万桶/日，占世界石油总出口量的 5.34%。① 阿联酋石油储量、产量和出口量均居世界第六位。石油产业是阿联酋的支柱产业，石油收入是阿联酋财政收入的主要来源，巨额且稳定的石油收入使其成为海湾地区第二大经济体和世界上最富裕的国家之一。

---

① OPEC Annual Statistical Bulletin 2020。

1984 年 11 月 1 日，中国与阿联酋正式建立外交关系。建交以来，中国和阿联酋双边经贸合作取得令人瞩目的成就。2012 年，中阿两国建立战略伙伴关系，各领域友好合作迈上新台阶。阿联酋是第一个与中国建立战略伙伴关系的海湾国家，也是最早响应"一带一路"倡议的国家之一。2015 年 3 月，阿联酋正式申请成为亚洲基础设施投资银行的创始成员国。近年来，中阿双边贸易发展迅速，阿联酋是中国在中东地区仅次于沙特阿拉伯的第二大贸易伙伴。中国从阿联酋进口石油数量大幅提升，从 2019 年的 1527.96 万吨增加至 2020 年的 3115.55 万吨，增加了 1 倍多，占中国石油进口总量的比重也从 3.02% 提高到 5.75%，2020 年，阿联酋超越科威特，成为中国第七大石油进口来源国。[①] 据中国商务部统计，2019 年中国对阿联酋直接投资流量 12.07 亿美元；截至 2019 年末，中国对阿联酋直接投资存量 76.36 亿美元，主要集中于能源、化工等领域。

2008 年 11 月，阿布扎比国际石油投资公司与中石油管道局共同签约承建从阿布扎比至富查伊拉 400 公里的战略油气管道线路项目，项目金额高达 32.9 亿美元。2015 年，中石油工程建设有限公司与阿布扎比陆上石油公司签约曼德油田 EPC 总承包项目；2017 年，中石油工程建设公司再次中标阿布扎比国家石油公司巴布油田的服务项目。

2014 年 4 月，中石油国际（香港）公司和阿布扎比国家石油公司组建合资公司——阿尔亚萨特公司（Al Yasat），中方持股 40%，阿方持股 60%。阿尔亚萨特公司在阿布扎比最高石油委员会批准的陆上和海上合作区块进行油田勘探与开发，合作区面积 8425 平方公里，其中陆上 7843 平方公里、海上 582 平方公里，预计总投资额将超过 10 亿美元。2017 年初，中石油获得阿布扎比陆上石油区块 40 年特许权项目 8% 股份权益，支付

---

① 中国海关总署数据库。

进入费为17.76亿美元，这是中国在中东产油国首次获得上游合作份额。2018年3月，中石油获得阿布扎比乌姆沙依夫—纳斯尔油田开发项目及下扎库姆油田开发项目各10%股份权益，合作期为40年，支付进入费11.75亿美元。这两项合作意味着中阿双方在石油领域的合作实现从上游勘探到下游炼化的全产业链，对于中国石油战略安全意义重大。

2015年3月，中石化冠德控股有限公司在海外投资建设的富查伊拉石油仓储公司（FOT）竣工投产，这是中石化在海外参与投资建设的最大仓储项目，总投资3.4亿美元，罐容120万立方米，极大提升了当地原油、成品油的储备能力。

2018年7月，中阿两国发表建立全面战略伙伴关系的联合声明，强调油气领域的合作是双方务实合作的重要支柱，两国政府主管部门要为两国企业建立油气领域全方位合作创造条件，鼓励相关企业深化在油气资源勘探开发、油田工程建设服务和石油贸易等领域合作。2019年7月，两国又发布加强全面战略伙伴关系的联合声明，声明指出：在陆上和海上区块特许经营权框架下，双方能源企业在石油勘探、开采、炼化、运输和实施重点开发项目方面都取得显著进展，双方将继续鼓励和支持两国企业加强在油气等能源领域的交流与合作。

5.2.2.5　中国与科威特的石油贸易与合作

科威特位于西亚地区阿拉伯半岛东北部、波斯湾西北部，南邻沙特阿拉伯，北与伊拉克接壤，同伊朗隔海相望。科威特是中东地区重要的资源大国，2019年科威特已探明石油储量为1015亿桶，占世界石油总储量的6.55%，居世界第五位；产量为267.77万桶/日，占世界石油总产量的3.56%，居世界第八位；出口量为198.63万桶/日，占世界石油总出口量的4.4%，居世界第八位。①

---

① OPEC Annual Statistical Bulletin 2020。

1971 年 3 月 22 日，中国与科威特正式建立外交关系。建交以来，两国政治互信持续巩固，经贸关系稳步发展，务实合作不断深化。1980 年 10 月，两国政府签订《贸易协定》。2004 年 7 月，两国政府签署《经济技术合作协定》和《石油合作框架协议》。科威特高度评价并积极响应中国提出的共建"丝绸之路经济带"和"21 世纪海上丝绸之路"倡议，是最早签署共建"一带一路"合作文件的阿拉伯国家，也是亚洲基础设施投资银行的创始成员国之一。

中国和科威特两国的经济具有较强的互补性，这为双方在"一带一路"框架下合作提供了契合点。首先，科威特经济总体上以石油、天然气和石化工业为主，而中国是世界第二大石油需求国和第一大石油进口国；其次，中国物美价廉的轻工产品能为科威特提供实用可靠的生活资料；最后，科威特在油田勘探及基础设施建设等方面的工程承包项目需求量大，而中国企业正好具备人才、技术、经验和实力。2019 年，中科双边贸易额达 172.8 亿美元，中国已经成为科威特第一大贸易伙伴。从贸易结构看，中国从科威特进口主要石油与石化产品。2019 年，中国从科威特进口石油 2268.87 万吨，同比缩减2.26%，占 2019 年中国进口石油总量的 4.49%，科威特是中国第七大石油进口来源国。2020 年，中国从科威特进口石油 2749.75 万吨，同比增长 21.19%，占 2020 年中国进口石油总量的 5.07%，科威特被阿联酋赶超，成为中国第八大石油进口来源国。[①]

2005 年，科威特国家石油公司设立北京办事处，与中国签署长期原油供应协议，逐步增加对华石油出口。2006 年，中石化与科威特国家石油公司合资在广东南沙建炼油项目。

2014 年 6 月 3 日，中国国家能源局与科威特石油部签署关于石

---

① 中国海关总署数据库。

油领域合作的协议，两国政府部门将支持两国企业开展石油上游勘探开发、工程服务和下游炼化等领域合作，科威特愿继续扩大对华原油出口，并研究在我国建设战略石油储备的可能性。两国企业还将积极扩大在第三国开展石油项目合作，并在石油科技领域加强合作。

2016 年 12 月，中石化和科威特国家石油公司合资建设的中科合资广东炼化一体化项目（简称中科炼化项目）开始全面建设，双方各持股 50%，项目位于中国广东省湛江市经济技术开发区东海岛新区，一期项目设计包括 1000 万 t/a 炼油和 80 万 t/a 乙烯系列生产装置，以及部分工程配套设施，其中炼油部分于 2019 年底建成投产，化工部分于 2020 年初建成投产，主要生产国Ⅵ汽油、柴油、航空煤油和聚乙烯等油品和化工产品。

目前，中国企业在科威特执行各类工程承包项目近 90 个，涉及油田服务、勘探、炼化等领域，合同总额 144.4 亿美元。石油领域的主要项目包括油田钻修井项目、祖尔新炼厂项目等。中石化国际石油工程公司深耕科威特市场，在科威特钻机总数达到 53 台，已经成为科威特最大的钻井承包商。

近年来，中国与科威特之间的经贸合作不断深化。2019 年 11 月，中国—科威特经贸联委会第六次会议在科威特召开。双方就进一步加强在能源、石化等领域的务实合作交换了意见，并共同签署了联委会会议纪要。在双方共同努力下，两国间全方位、宽领域、多层次的能源合作新格局将进一步巩固。

5.3 欧佩克石油价格影响中国石油价格的实证分析

欧佩克石油价格的波动通过国际石油市场会传导到中国，引起中国石油价格的波动，本部分构建一个 VAR 模型，引入欧佩克石油价格和中国石油价格两组时间序列数据，就欧佩克石油价格对中国石油价格的影响进行实证分析。

5.3.1　研究方法

传统的经济计量模型是以经济理论为基础来描述变量之间的关系，但通常经济理论不足以对变量之间的动态联系提供严密的解释，而且内生变量既可以出现在方程的左边又可以出现在方程的右边，使估计和推导过程更为复杂。为解决这些问题，1980 年西姆斯（C. A. Sims）构建了向量自回归（vector autoregression，VAR）模型，并将其引入经济学的分析中。VAR 模型是基于数据的统计性质而建立，该模型把系统中每一个内生变量作为系统中所有内生变量的滞后值的函数来构造模型，从而将单变量自回归模型推广到由多元时间序列变量组成的"向量"自回归模型。VAR 模型常用于预测相互联系的时间序列系统及分析随机扰动对变量系统的动态冲击，从而解释各种经济冲击对经济变量形成的影响。

VAR（p）模型的数学表达式是：

$$y_t = \varphi_1 y_{t-1} + \cdots + \varphi_p y_{t-p} + H x_t + \varepsilon_t \qquad t = 1, 2, \cdots, T \qquad (5-1)$$

式（5-1）中，y_t 是 k 维内生变量列向量，x_t 是 d 维外生变量列向量，p 是滞后阶数，T 是样本个数。$k \times k$ 维矩阵 Φ_1，$\cdots$，Φ_1 和 $k \times d$ 维矩阵 H 是待估计的系数矩阵。ε_t 是 m 维扰动列向量，它们相互之间可以同期相关，但不与自己的滞后值相关，且不与等式右边的变量相关。在 VAR 模型中，不考虑同期相关性问题，因而用普通最小二乘法（OLS）能够得到 VAR 模型的一致且有效的估计量。即使扰动向量 ε_t 有同期相关，最小二乘法仍然有效，因为所有的方程有相同的回归量，其与广义最小二乘法（GLS）是等价的。由于任何序列相关都可以通过增加更多的 y_t 的滞后项而被消除，所以通常情况下，我们希望滞后期 p 足够大，从而能够完整反映所构造模型的动态特征，但是滞后期越长，模型中的待估参数就越多，自由度就越少，所以通常综合考虑 LR、FPE、AIC、SC 和 HQ 五个信息准则来确定滞后阶数。

5.3.1.1 单位根检验

传统的 VAR 理论要求模型中的每一个变量是平稳的，对于非平稳时间序列需要经过差分，得到平稳序列再建立 VAR 模型，这样通常会损失水平序列所包含的信息。近年来，随着协整理论的发展，对于非平稳时间序列，只要各变量之间存在协整关系，也可以直接建立 VAR 模型。在进行协整分析之前有必要先进行变量的平稳性分析，检验变量序列是否平稳的方法称为单位根检验，单位根检验的方法有很多，本部分主要使用 ADF（Augmented Dickey-Fuller）检验。对于变量序列 $\{y_t\}$，该检验的一般形式为：

$$\Delta y_t = \eta y_{t-1} + \alpha + \delta_t + \sum_{i=1}^{p-1} \beta_i \Delta y_{t-1} + \mu_t \qquad t = 1, 2, \cdots, T \qquad (5-2)$$

式（5-2）中，α 表示常数项，δ_t 表示时间趋势项，μ_t 为残差项。判断在检验方程中是否包括这两项，可以通过画出检验序列的曲线图来观察。若图形显示原序列在一个偏离 0 的位置随机变动或具有一个线性趋势，则在检验时需包含常数项；若图形中大致显示了被检验序列的波动趋势呈非线性变化，则需添加时间趋势。

扩展定义将检验

$$\begin{cases} H_0: \eta = 0 \\ H_1: \eta < 1 \end{cases}$$

也就是说原假设为：序列至少存在一个单位根；备择假设为：不存在单位根。如果在检验时拒绝原假设，则序列 y 不存在单位根，为平稳序列；否则说明序列 y 是不平稳的。

5.3.1.2　协整检验

协整关系检验是一种处理非平稳数据的有效方法。1987 年美国经济学家罗伯特·恩格尔（Robert F. Engle）和英国经济学家克莱夫·格兰杰（Clive W. J. Granger）提出协整理论及检验方法，其基本思想是：虽然一些经济变量本身是非平稳序列，但是它们的线性组合有可能是平稳的，说明这些变量之间可能存在长期稳定的均衡关系。非平稳序列很容易出现伪回归，而协整的意义就是检验它们的回归方程所描述的因果关系是否是伪回归的。常用的协整检验方法有两种：Engel-Granger 两步协整检验法和 Johansen 协整检验法。Engler-Granger 两步协整检验法采用的是一元方程技术，适合于检验两个变量之间的协整关系；而 Johansen 协整检验法则是多元方程技术，可用于检验多个变量之间的协整关系，所以 Johansen 协整检验法受限更小，使用范围更广。

本部分拟运用 Johansen 协整检验方法进行协整检验，这是一种以 VAR 模型为基础的检验回归系数的方法。Johansen 协整检验的基本思想如下：

首先建立一个 VAR（p）模型。

$$y_t = \varphi_1 y_{t-1} + \cdots + \varphi_p y_{t-p} + Hx_t + \varepsilon_t \qquad t = 1, 2, \cdots, T \qquad (5-3)$$

式（5-3）中 y_t 的各分量都是非平稳的 I（1）变量，x_t 是一个确定的 n 维外生向量，代表趋势项、常数项等确定性项目；ε_t 是 k 维扰动列向量。在式（5-3）两端减去 y_{t-1}，通过添项和减项的方法，得：

$$\Delta y_t = \prod y_{t-1} + \sum_{i=1}^{p-1} \Gamma_i \Delta y_{t-1} + Hx_t + \varepsilon_t \qquad (5-4)$$

其中，$\prod = \sum_{i=1}^{p} \varphi_i - I$，$\Gamma_i = -\sum_{j=i+1}^{p} \varphi_j$

设 Π 的秩为 r，当 $0<r<k$ 时，表示存在 r 个协整关系。Johansen 协整检验的基本原理就是将 y_t 的协整检验变成对矩阵 Π 的分析问题，因为矩阵 Π 的秩等于它的非零特征根的个数，因此可以通过对非零特征根个数的检验来检验协整关系和协整向量的秩，设矩阵 Π 的特征根为 $\lambda_1>\lambda_2>\cdots>\lambda_k$。可以通过迹检验（Trace）和最大特征值检验（Maximum Eigenvalue）对特征根进行检验，进而确定协整关系的个数。

假设：

$$\begin{cases} H_{r0}:\lambda_{r+1}=0 \\ H_{r1}:\lambda_{r+1}>1 \end{cases} \qquad r=0,1,\cdots,k-1$$

（1）特征根迹检验

迹检验的检验统计量为：

$$\eta_r = -T\sum_{i=r+1}^{k}\ln(1-\lambda_i), \qquad r=0,1,\cdots,k-1 \qquad (5-5)$$

当 $\eta_0<$临界值，接受 H_{00}，有 k 个单位根，不存在协整关系；

当 $\eta_0>$临界值，拒绝 H_{00}，至少有 1 个协整向量；

当 $\eta_1<$临界值，接受 H_{10}，只有 1 个协整向量；

当 $\eta_1>$临界值，拒绝 H_{10}，至少有 2 个协整向量；

……

当 $\eta_r<$临界值，接受 H_{10}，只有 r 个协整向量。

（2）最大特征值检验

最大特征值检验的检验统计量为：

$$\xi_r = -T\ln(1-\lambda_{r+1}), \qquad r=0,1,\cdots,k-1 \qquad (5-6)$$

其中 ξ_r 称为最大特征根统计量，简记为 λ-max 统计量。

当 ξ_0<临界值，接受 H_{00}，无协整向量；

当 ξ_0>临界值，拒绝 H_{00}，至少有 1 个协整向量；

……

当 ξ_r<临界值，接受 H_{r0}，共有 r 个协整向量。

5.3.1.3　格兰杰因果关系检验

根据计量经济学的分析可知，在经济变量中有一些变量显著相关，但它们之间的关联未必都是有意义的。1969 年，美国著名计量经济学家克莱夫·格兰杰（Clive W. J. Granger）提出一个因果检验的方法，用以判断一个变量的变化是否是另一个变量变化的原因，即格兰杰因果检验（Granger causality tests）方法。该方法后经亨德里和理查德进一步发展。在从统计的角度确定变量间的因果关系时，格兰杰因果检验方法是一种非常实用的分析工具。1980 年西姆斯将格兰杰因果检验应用于 VAR 模型的分析中，用以分析经济时间序列变量之间的因果关系。格兰杰因果关系检验实质上是检验一个变量的滞后变量是否可以引入其他变量方程中。一个变量如果受到其他变量的滞后影响，则称它们具有格兰杰因果关系。

在一个二元 p 阶的 VAR 模型中：

$$
\begin{bmatrix} y_t \\ x_t \end{bmatrix} = \begin{bmatrix} \varphi_{10} \\ \varphi_{20} \end{bmatrix} + \begin{bmatrix} \varphi_{11}^{(1)} & \varphi_{12}^{(1)} \\ \varphi_{21}^{(1)} & \varphi_{22}^{(1)} \end{bmatrix} \begin{bmatrix} y_{t-1} \\ x_{t-1} \end{bmatrix} + \begin{bmatrix} \varphi_{11}^{(2)} & \varphi_{12}^{(2)} \\ \varphi_{21}^{(2)} & \varphi_{22}^{(2)} \end{bmatrix} \begin{bmatrix} y_{t-2} \\ x_{t-2} \end{bmatrix} + \cdots + \begin{bmatrix} \varphi_{11}^{(p)} & \varphi_{12}^{(p)} \\ \varphi_{21}^{(p)} & \varphi_{22}^{(p)} \end{bmatrix} \begin{bmatrix} y_{t-p} \\ x_{t-p} \end{bmatrix} + \begin{bmatrix} \varepsilon_{1t} \\ \varepsilon_{2t} \end{bmatrix}
$$

$$(5-7)$$

当且仅当系数矩阵中的系数 $\varphi_{12}^{(q)}$（$q=1$，2，…，p）全部为 0 时，变量 x 不能格兰杰引起 y，等价于变量 x 外生于变量 y。这时，可利用 F-检验的方法来判断格兰杰原因：

假设：

$$\begin{cases} H_0 : \varphi_{12}^{(q)} = 0, q = 1, 2, \cdots, p \\ H_1 : 至少存在一个 p 使 \varphi_{12}^{(q)} \neq 0 \end{cases}$$

其统计量为：

$$S_1 = \frac{(RSS_0 - RSS_1)/p}{RSS_1/(T - 2p - 1)} \sim F(p, T - 2p - 1) \qquad (5\text{-}8)$$

如果 $S_1 > F$ 的临界值，则拒绝原假设，说明 x 是 y 的格兰杰原因；

如果 $S_1 < F$ 的临界值，则接受原假设，说明 x 不是 y 的格兰杰原因。

在满足高斯分布的假定下，检验统计量式（5-8）具有精确的 F 分布，则如式（5-7）所示 VAR 模型的一个渐进等价检验式为：

$$S_2 = \frac{T(RSS_0 - RSS_1)}{RSS_1} \sim \chi^2(p) \qquad (5\text{-}9)$$

如果 $S_2 > \chi^2$ 的临界值，则拒绝原假设，说明 x 是 y 的格兰杰原因；

如果 $S_2 < \chi^2$ 的临界值，则接受原假设，说明 x 不是 y 的格兰杰原因。

5.3.1.4 脉冲响应函数

协整关系只说明变量之间是否存在一种长期均衡关系。但是要想分析各变量的单位变化如何通过其内在联系引起对整个系统的扰动，以及各变量对这些扰动的综合反应，就需要通过 VAR 模型对变量之间的关系做脉冲响应函数分析。脉冲响应函数刻画的是，在扰动项上施加一个标准差大小的冲击对内生变量当前值和未来值所带来的影响。对一个变量的冲击直接影响这个变量，并且通过 VAR 模型的动态结构传导给其他所有的内生变量。脉冲响应函数试图描述这些影响的轨迹，显示任意一个变量的扰动如何通过模型影响所有其他变量，最终又反馈到自身的过程。脉冲响应函数的基本思想如下：

考虑一个两变量的 VAR（2）模型：

$$\begin{cases} x_t = a_1 x_{t-1} + a_2 x_{t-2} + b_1 z_{t-1} + b_2 z_{t-2} + \varepsilon_{1t} \\ z_t = c_1 x_{t-1} + c_2 x_{t-2} + d_1 z_{t-1} + d_2 z_{t-2} + \varepsilon_{2t} \end{cases} \quad t = 1, 2, \cdots, T \quad (5\text{-}10)$$

其中 a_i、b_i、c_i、d_i 是参数，扰动项 $\varepsilon_t = (\varepsilon_{1t}, \varepsilon_{2t})'$ 为白噪声向量。

假设该系统从 0 期开始活动，且设 $x_{-1} = x_{-2} = z_{-1} = z_{-2} = 0$，给定扰动项 $\varepsilon_{10} = 1$，$\varepsilon_{20} = 0$，且 $\varepsilon_{1t} = \varepsilon_{2t} = 0$（$t = 1, 2, \cdots, T$），称此为第 0 期给 x 以脉冲，接下来可讨论 x_t 与 z_t 的响应：

当 $t = 0$ 时，$x_0 = 1$，$z_0 = 0$；

当 $t = 1$ 时，$x_1 = a_1$，$z_1 = c_1$；

……

依次求解，最终求得结果为：x_0，x_1，x_2，…，即由 x 的脉冲引起的 x 的响应函数。同样所求得的 z_0，z_1，z_2，… 称为由 x 的脉冲引起的 z 的响应函数。

同理，第 0 期的脉冲反过来，从 $\varepsilon_{10} = 0$、$\varepsilon_{20} = 1$ 出发，可以求出由 z 的脉冲引起的 x 的响应函数和 z 的响应函数。

5.3.1.5　方差分解

1980 年，西姆斯提出方差分解（variance decomposition）方法。方差分解通过分析每一个结构冲击对内生变量变化的贡献度，进一步评价不同结构冲击的重要性。因此，方差分解给出对 VAR 模型中的变量产生影响的每个随机扰动的相对重要的信息。方差分解的基本思想：把系统中每个内生变量（n 个）的波动按其成因分解为与各方程信息相关联的 n 个组成部分，从而了解各信息对模型内生变量的相对重要性，即变量的贡献占总贡献的比重。比较这个相对重要性信息随时间的变化，就可以估计出该变量的作用时滞，还可估计出各变量效应的相对大小。

根据

$$y_{it} = \sum_{j=1}^{k} (c_{ij}^{(0)} \varepsilon_{jt} + c_{ij}^{(1)} \varepsilon_{jt-1} + c_{ij}^{(2)} \varepsilon_{jt-2} + c_{ij}^{(3)} \varepsilon_{jt-1} + \cdots) ,$$
$$i = 1, 2, \cdots, k, \qquad t = 1, 2, \cdots, T \qquad (5-11)$$

可知，各个括号中的内容是第 j 个扰动项 ε_j 从无限过去到现在时点对 y_i 影响的综合。求其方差，假定 ε_j 无序列相关，则：

$$E[(c_{ij}^{(0)} \varepsilon_{jt} + c_{ij}^{(1)} \varepsilon_{jt-1} + c_{ij}^{(2)} \varepsilon_{jt-2} + c_{ij}^{(3)} \varepsilon_{jt-1} + \cdots)^2] = \sum_{q=0}^{\infty} (c_{ij}^{(q)})^2 \sigma_{jj},$$
$$i, j = 1, 2, \cdots, k \qquad (5-12)$$

这是把第 j 个扰动项对第 i 个变量从无限过去到现在时点的影响，用方差加以评价的结果。此处还假定扰动项向量的协方差矩阵 Σ 是对角矩阵，则 y_i 的方差是上述方差的 k 项简单和：

$$var(y_{it}) = \sum_{j=1}^{k} \left\{ \sum_{q=0}^{\infty} (c_{ij}^{(q)})^2 \sigma_{jj} \right\} , i = 1, 2, \cdots, k, \qquad t = 1, 2, \cdots, T \quad (5-13)$$

y_i 的方差可以分解成 k 种不相关的影响，因此为了测定各扰动项相对 y_i 的方差有多大的贡献，定义了如下尺度：

$$RVC_{j \to i}(\infty) = \frac{\sum_{q=0}^{\infty} (c_{ij}^{(q)})^2 \sigma_{jj}}{var(y_{it})} = \frac{\sum_{q=0}^{\infty} (c_{ij}^{(q)})^2 \sigma_{jj}}{\sum_{j=1}^{k} \left\{ \sum_{q=0}^{\infty} (c_{ij}^{(q)})^2 \sigma_{jj} \right\}}, \quad i, j = 1, 2, \cdots, k$$

$$(5-14)$$

即相对方差贡献率（relative variance contribution，RVC）是根据第 j 个变量基于冲击的方差对 y_i 的方差的相对贡献度来观测第 j 个变量对第 i 个变量的影响。

事实上，我们不可能用 $s = \infty$ 的 $c_{ij}^{(q)}$ 项和来评价。如果模型满足平稳性条件，则 $c_{ij}^{(q)}$ 随着 q 的增大呈几何级数性的衰减，所以只需取有限的 s 项。VAR（p）模型的前 s 期的预测误差是：

$$C_0\varepsilon_t + C_1\varepsilon_{t-1} + C_2\varepsilon_{t-2} + \cdots + C_{s-1}\varepsilon_{t-s+1}, C_0 = I_0$$

可得近似的相对方差贡献率（RVC）：

$$RVC_{j\to i}(s) = \frac{\sum_{q=0}^{s-1}(c_{ij}^{(q)})^2\sigma_{jj}}{\sum_{j=1}^{k}\{\sum_{q=0}^{s-1}(c_{ij}^{(q)})^2\sigma_{jj}\}}, \qquad i, j = 1, 2, \cdots, k \qquad (5-15)$$

其中 $RVC_{j\to i}(s)$ 具有如下的性质：

（1）
$$0 \leqslant RVC_{j\to i}(s) \leqslant 1, \quad i, j = 1, 2, \cdots, k \qquad (5-16)$$

（2）
$$\sum_{j=1}^{k} RVC_{j\to i}(s) = 1, \quad i = 1, 2, \cdots, k \qquad (5-17)$$

如果 $RVC_{j\to i}(s)$ 大，意味着第 j 个变量对第 i 个变量的影响大；反之，如果 $RVC_{j\to i}(s)$ 小，则可以认为第 j 个变量对第 i 个变量的影响小。

5.3.2　数据选取与基本描述

本部分主要选取 1998 年 6 月至 2021 年 6 月的欧佩克一篮子石油价格和大庆原油现货价格两组月度时间序列数据，来分析欧佩克石油价格对中国石油价格的影响。其中，欧佩克一篮子石油价格代表欧佩克石油价格，数据来源于 OPEC Annual Statistical Bulletin 2020；大庆原油现货价格代表中国石油价格，数据来源于万得（Wind）数据库。数据的选取主要基于以下原因：第一，自 1987 年开始，欧佩克一直采用欧佩克一篮子参考价格作为测定目标价格的工具。1987 年 1 月 1 日至 2005 年 6 月 15 日，欧佩克一篮子参考价格既包括欧佩克 6 种主要石油价格，也包括增产潜力较大的主要非欧佩克石油输出国墨西哥的石油价格，是7种石油价格的算术平均值。从2005年6月16日开始，欧佩克引入新的一篮子价格计算体系，即根据欧佩克成员国的石油产量对成员国的一篮子石油赋予一定权重进行加权平均，得到一篮子石油价格，即参考价。从这一价格体系开始启用至今，伴随欧佩克成员国的调整，一篮子石油价格的计算范围也随之进行了调整，目前这一价格体系包括欧佩克13个成员国的13种有代表性的石油。第二，就已探明石油储量和平方量而言，大庆油田是我国最大的油田，大庆油田自1960年投入开发建设以来，累计探明石油地质储量56.7亿吨，累计生产原油18.21亿吨，占同期全国陆上石油总产量的47%。大庆原油现货价格基本能够代表中国整体石油价格水平，也是国际上通常采用的中国石油价格的代表。第三，根据前文分析可知，欧佩克石油价格对中国石油价格的影响通过国际石油市场来传导。而1998年6月1日起，国内石油价格才开始与国际石油价格接轨，因此本部分的内容分析，将数据选取范围限定为1998年6月至2021年6月。需要说明的是，虽然欧佩克一篮子参考价格体系在2005年进行了一次调整，但是调整前后的价格体系均能够有效反映欧佩克国家的石油价格，因此，这一调整并不影响数据的平稳性和有效性。

1998年6月至2021年6月欧佩克与中国月度石油价格走势如图5-8所示，其中横轴表示时间（月度），纵轴表示价格（美元/桶）；曲线POT代表欧佩克石油价格，曲线PDT代表中国石油价格。从两条曲线的走势来看，欧佩克石油价格与大庆石油价格走势基本一致。从价格波动的特征来看，大体可以划分为四个阶段。

5.3.3　实证检验

5.3.3.1　单位根检验

为了避免出现伪回归，构建VAR模型的序列要求是平稳的或是协整

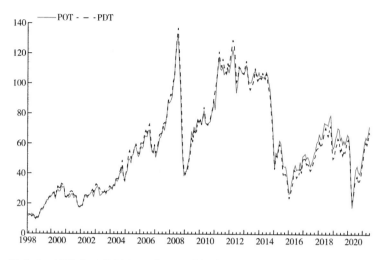

图 5-8　1998 年 6 月至 2021 年 6 月欧佩克石油价格和中国石油价格走势

数据来源：OPEC Annual Statistical Bulletin 2020，Wind 数据库。

的，本部分对 1998 年 6 月至 2021 年 6 月欧佩克石油价格和中国石油价格
两组时间序列进行单位根（ADF）检验，检验结果如表 5-7 所示。

表 5-7　变量的单位根检验结果

序列	检验形式 （c，t，k）	ADF 统计量	1% 显著水平	5% 显著水平	10% 显著水平	P 值	结论
POT	（c，0，6）	-2.594042	-3.453997	-2.871845	-2.572334	0.0954	非平稳
△POT	（0，0，6）	-10.68346	-2.573398	-1.941982	-1.615929	0.0000	平稳
PDT	（c，0，6）	-2.590115	-3.453997	-2.871845	-2.572334	0.0962	非平稳
△PDT	（0，0，6）	-10.56472	-2.573398	-1.941982	-1.615929	0.0000	平稳

注：检验形式（c，t，k）中，c、t、k 分别代表常数项、时间趋势和最大滞后阶数。

表 5-7 的单位根检验结果表明，两组变量为非平稳时间序列，但其
一阶差分序列平稳，说明这些变量为一阶单整时间序列。然而，如图 5-8
所示，两组时间序列的曲线图均显示序列在一个偏离 0 的位置上随机变
动，由此可以认为两组时间序列中包含常数项，但对其进行一阶差分后，

常数项为零，用一阶差分后的数据进行建模显然与实际不符。

5.3.3.2 Johansen 协整关系检验

为检验变量之间是否存在长期稳定的均衡关系，需要对变量进行协整检验，与 Engle-Granger 检验相比，Johansen 协整检验能够给出全部协整关系，功效更稳定。因此，本部分对两组时间序列进行 Johansen 协整检验。构建 VAR 模型之前，为了能够准确反映 VAR 模型的动态特征，首先要确定该模型的滞后阶数。综合考虑 LR、FPE、AIC、SC 和 HQ 五个信息准则确定滞后阶数如表 5-8 所示。滞后阶数为 6 时，有三个信息准则通过，即该模型的最优滞后阶数为 6，因此建立 VAR（6）模型。在 VAR（6）模型下对国际油价和通货膨胀进行 Johansen 协整检验，检验结果如表 5-9 所示。表 5-9 中的迹检验和最大特征值检验的结果均表明，欧佩克石油价格和中国石油价格之间，在 5% 的置信水平下，存在两个长期稳定的协整关系。

表 5-8　VAR 模型最优滞后阶数选择

Lag	LogL	LR	FPE	AIC	SC	HQ
1	−1416.773	NA	122.6895	10.48541	10.53858	10.50676
2	−1373.407	85.45173	91.75638	10.19489	10.30122 *	10.23758 *
3	−1371.268	4.183732	93.02608	10.20862	10.36812	10.27266
4	−1363.570	14.94118	90.52349	10.18133	10.39400	10.26672
5	−1362.788	1.506382	92.70208	10.20508	10.47092	10.31182
6	−1355.260	14.38984 *	90.32378 *	10.17904 *	10.49805	10.30712

注："＊"表示标准选择的滞后顺序。

表 5-9　变量的 Johansen 协整检验

协整关系	特征值	迹检验			最大特征值检验		
		统计量	5%显著水平	P 值	统计量	5%显著水平	P 值
无*	0.079023	27.74763	25.87211	0.0289	22.30870	19.38704	0.0183
至多一个	0.019870	5.438932	12.51798	0.5346	5.438932	12.51798	0.5346

5.3.3.3　VAR 模型稳定性检验

在确定变量之间存在协整关系之后，需要检验 VAR（4）模型的稳定性。如果模型不够稳定，实证分析结果的有效性会受到影响，模型稳定性检验也就是计算模型的 AR 特征多项式，如图 5-9 所示，可以看出 AR 特征多项式的逆根都小于 1，均落于单位圆内，表明构建的 VAR（6）模型是稳定的，即欧佩克石油价格和中国石油价格所构成的整个系统稳定，变量之间存在相互影响关系，模型有效。

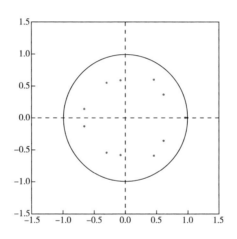

图 5-9　VAR 模型的 AR 特征多项式逆根图

5.3.3.4　Granger 因果检验

上述协整关系检验结果表明，欧佩克石油价格和中国石油价格之间存在长期稳定的均衡关系，但这一结论还无法解释两者之间的相互影响的关系。Granger 因果检验可以分析两个变量之间的因果关系，检验某个变量的滞后值（过去的信息）对被解释变量的信息是否有预测能力。通过 Granger 因果检验，可以进一步解释究竟是欧佩克石油价格波动引起中国石油价格波动，还是中国石油价格波动引致欧佩克石油价格波动。

欧佩克石油价格和中国石油价格之间 Granger 因果关系检验的
结果如表 5-10 所示。由检验结果可知，在滞后期 1 期的情况下，
欧佩克石油价格变化是中国石油价格变化的原因，但中国石油价格
变化并不能引起欧佩克石油价格变化；在滞后期 2 期的情况下，中
国石油价格与欧佩克石油价格之间不存在因果关系。由此说明，欧
佩克石油价格的变化能够迅速影响中国石油价格的变化，但中国作
为产油大国和需求大国，中国石油价格的变化并不能引起欧佩克石
油价格的变化。

表 5-10　变量的 Granger 因果检验

滞后阶数	原假设	F 统计量	P 值	结论
1	POT 不是 PDT 的 Granger 原因	5.57532	0.0189	拒绝
	PDT 不是 POT 的 Granger 原因	0.37836	0.5390	接受
2	POT 不是 PDT 的 Granger 原因	14.7458	8.E-07	接受
	PDT 不是 POT 的 Granger 原因	0.35647	0.7005	接受

5.3.3.5　脉冲响应

通过建立中国石油价格与欧佩克石油价格的脉冲响应函数，可以
分析二者之间相互影响机制，进而分析两者之间的互动关系。分别给
欧佩克石油价格和中国石油价格一个正的冲击，中国石油价格和欧佩
克石油价格的脉冲响应函数如图 5-10 所示。图中横轴表示冲击作用
的滞后期间数（单位：月度），纵轴表示响应程度，实线表示脉冲响
应函数，虚线表示正负两部标准差偏离带。其中图 5-10（1）表示给
欧佩克石油价格一个冲击，中国石油价格的脉冲响应函数；图 5-10
（2）表示给中国石油价格一个冲击，欧佩克石油价格的脉冲响应
函数。

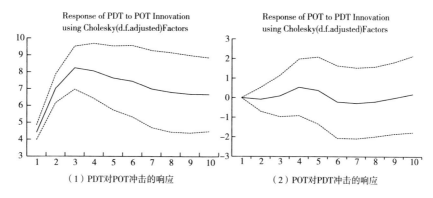

图 5-10　变量的脉冲响应函数

总体而言，分别给两组石油价格变量一个正的冲击，都会给另一组石油价格变量带来冲击，使二者价格产生一定幅度的变化。但是如图 5-10（1）所示，欧佩克石油价格冲击对中国石油价格的影响比较强烈，效果比较明显，持续时间较长。具体而言，在本期给欧佩克油价一个正面冲击，则中国油价将会快速大幅上涨，在第 3 期达到最高点，之后，虽然增幅有所降低，但直到第 10 期仍然有较大幅度的影响。而如图 5-10（2）所示，中国油价冲击对欧佩克油价的影响相对平缓，影响效果相对较小，持续时间较短。具体而言，在本期给中国油价一个正面冲击，欧佩克油价将会从第 3 期开始小幅上涨，在第 4 期达到最高点，之后增幅降低，从第 6 期到第 9 期甚至会有负向的反应，但影响程度也非常小。

5.3.3.6　方差分解

方差分解主要是分析每一个随机误差项影响内生变量结构冲击的贡献度，其贡献程度越大，代表这个变量的重要性越大，对因变量的解释程度就越高。对中国石油价格进行方差分解，检验结果如表 5-11 所示，对欧佩克石油价格进行方差分解，检验结果如表 5-12 所示。

表 5-11 中国石油价格的方差分解结果

时期	S. E.	POT	PDT
1	5.035342	85.60163	14.39837
2	8.730330	93.84193	6.158075
3	12.06742	96.20337	3.796635
4	14.44935	96.61551	3.384487
5	16.29964	96.92373	3.076268
6	17.78540	97.41324	2.586760
7	19.03150	97.71480	2.285197
8	20.15147	97.91511	2.084888
9	21.20288	98.03922	1.960780
10	22.20560	98.10032	1.899676

表 5-12 欧佩克石油价格的方差分解结果

时期	S. E.	POT	PDT
1	5.035342	100.0000	0.000000
2	8.730330	99.99084	0.009156
3	12.06742	99.98959	0.010409
4	14.44935	99.85463	0.145371
5	16.29964	99.83222	0.167778
6	17.78540	99.84497	0.155031
7	19.03150	99.84363	0.156371
8	20.15147	99.85107	0.148930
9	21.20288	99.86544	0.134563
10	22.20560	99.87037	0.129629

如表 5-11 中国石油价格方差分解结果所示，欧佩克石油价格冲击影响中国石油价格的贡献度在第 1 期为 85.6%，之后呈逐渐上涨趋势；中国石油价格自身冲击影响程度的贡献率则比较低，第一期为 14.4%，之后逐期递减。而如表 5-12 欧佩克石油价格方差分解结果所示，欧佩克石油价格冲击影响自身价格的贡献度在第 1 期为 100%，之后虽略有下降，但

其贡献度到第 10 期依然维持在 99.8% 以上；中国石油价格冲击影响欧佩克石油价格的贡献度在第 1 期为 0，后面虽有小幅上升，但其贡献度微乎其微。表明欧佩克石油价格变动是引起中国石油价格变动的主要原因，但中国石油价格的变动，对欧佩克石油价格的变动几乎没有影响。

通过以上分析可知，目前中国虽然是世界上第五大产油国、第二大石油消费国和第一大石油进口国，但中国在国际石油市场中仍处于较为被动的地位，在国际石油价格形成过程中影响力较低，这对我们这样一个石油进口依存度为 83.25% 的石油进口大国而言是非常不利的。

5.4　小结

本章详细分析了欧佩克市场行为对中国石油产业的影响。自 1993 年中国成为石油净进口国以来，中国经济的持续快速增长凸显了国内石油供需矛盾，中国石油产业对外依赖程度持续提升，越来越多地受国际石油市场发展趋势的影响。作为国际石油市场中最重要的石油供给方和中国最重要的石油进口来源及能源合作对象，欧佩克市场行为必定会对中国石油产业产生很大影响。

本章第 1 节分析了中国石油产业发展状况，系统梳理中国石油产业发展历程，呈现了中国石油产业的发展现状。新中国成立以后至改革开放之前，中国石油产业发展经历了 50 年代的艰苦初创期和六七十年代的高速发展期，创造了中国乃至世界石油产业发展史上的奇迹。改革开放后，伴随中国经济体制改革，中国石油产业也经历了一系列市场化改革，形成四个国有石油石化公司。1998 年开始，中国石油产业进入进一步深化改革和结构调整的新阶段，形成三大石油公司主导石油市场的基本格局。由于价格在一国石油产业中起着关键性作用，同时也是本部分分析欧佩克市场行为影响中国石油产业传导机制的关键，因此，本章将中国石油价格机制单列出来详细分析。伴随中国石油产业的发展,石油价格机制也经历了一系列改革变迁,1998 年开始,国内石油价格与国际石油价格接轨。目前,中国石油市场的结构性缺陷制约着石油产业组织效率的提高,同时,石油产业存在对外依存度过高和石油价格机制不健全等问题,中国石油产业面临风险。

系统分析中国石油产业发展状况之后,本章第 2 节分析欧佩克市场行为影响中国石油产业的传导机制。欧佩克市场行为影响中国石油产业的传导机制包括价格机制和数量机制两个。一方面,由于中国石油价格与国际石油价格接轨,欧佩克市场行为的变化通过价格机制传导至国际石油市场引起国际油价波动,进而引起中国石油价格的波动;另一方面,由于中国与欧佩克国家之间密切的能源合作关系,欧佩克国家的市场行为,特别是产量行为会直接影响中国石油进口数量及中国石油企业对外战略的实施,最终影响中国国内石油供应。

基于第 2 节的分析,本章第 3 节构建一个向量自回归(VAR)模型,引入欧佩克石油价格和中国石油价格两组月度时间序列数据,就欧佩克石油价格对中国石油价格的影响进行实证分析。实证结果认为,国内石油价格与欧佩克石油价格之间存在长期稳定的均衡关系,欧佩克石油价格变化是中国石油价格变化的原因,欧佩克石油价格的波动会影响中国石油价格波动,且欧佩克石油价格冲击影响中国石油价格的贡献度很高,在 85% 以上。但中国石油价格变化并不能引起欧佩克石油价格变化,中国石油价格对欧佩克石油价格的影响微乎其微。

第6章 中国石油产业存在的
风险及对策

石油是关系国计民生的战略物资，石油产业则是支撑一国经济持续稳定发展的战略性基础产业。从前文的分析可知，欧佩克市场行为会在很大程度上影响中国石油产业，一方面欧佩克市场行为受多重因素影响而存在不确定性；另一方面中国石油产业发展存在诸多不足。因此，目前中国石油产业面临价格、进口和储备等风险，为保障中国石油产业安全，本章针对各项风险提出相应的风险防范对策。

6.1　中国石油产业存在的风险

石油产业安全的基本特征包括稳定的石油价格、多元的石油进口来源，以及充足的石油储备。然而，目前我国石油产业在这三个方面均存在风险。

6.1.1　价格风险

价格是在市场经济中反映资源稀缺程度的一个重要信号。在建立和培育石油市场的过程中，石油价格是重要的经济杠杆，它不仅可以优化石油资源配置，而且能在调整各种利益关系方面发挥不可替代的作用。石油价格风险可以理解为国际市场石油价格波动幅度过大，造成石油利益相关者收益不确定的状况。目前，中国石油产业的价格风险主要来源于以下几个方面。

6.1.1.1　中国现行的石油价格机制存在弊端

目前，中国石油价格与国际石油价格水平简单直接接轨，价格既无法正确反映石油产品的生产成本，也无法实际反映国内市场的供需关系。事实上，无论以何种方式确定石油价格，影响国内市场价格的因素既包括国际市场价格，还包括国内石油供需状况。在世界上大部分有石油生产能力的国家，其供应量主要取决于自身的生产能力，同时也依赖于各国政府对石油的销售实施不同的经济政策。因此，石油价格的形成基础主要应立足于国内市场，而不是国际市场。然而，中国的石油价格由石油企业按照国际市场石油价格自主制定，说明中国的石油价格主要以国际石油价格为基准，既没有充分考虑国内的经济发展状况，也没有反映国内石油市场实际的供需状况，所反映出来的主要是国际石油市场的供求关系。

6.1.1.2　国内外石油价格挂钩联动过于直接透明，为市场投机创造条件

因为国内石油价格与国际石油价格挂钩联动且存在一定时滞，所以，市场投机者可以轻易地根据国际石油市场价格的变化，准确预测随后国内石油价格调整的趋势及范围。如果投机者预期石油价格上涨，并进行大量囤积，容易造成国内石油市场供应紧张，石油资源配置更加扭曲。

6.1.1.3　中国原油期货尚未真正取得定价权

国际石油市场历经上百年的发展，形成了西北欧、地中海、美国、加勒比海及新加坡等五个主要的石油现货市场，以及纽约商业交

易所（NYMEX）、伦敦国际石油交易所（IPE）、上海国际能源交易中心（INE）、迪拜商品交易所（DME）、新加坡商品交易所（SMX）等十几个主要石油期货交易所。当前的国际石油市场形成了根据期货价格决定现货价格的"间接定价方式"。通过分析近年来石油价格波动情况，期货市场已经在很大程度上发挥了价格发现功能，石油期货价格已经成为国际石油价格变化的预先指标。石油期货交易所的公开竞价交易方式形成了市场对未来供需关系的信号，交易所向世界各地实时公布交易行情，石油贸易商可以随时得到价格资料，这些因素促使石油期货价格成为石油市场的基准价格。

2018 年 3 月 26 日，中国首个国际化石油期货品种——上海期货交易所原油期货（SC 原油期货）正式上市交易。2018 年底，上海原油期货成为全球第三大原油期货。然而，中国原油期货市场处于发展的初级阶段，在很多方面还不成熟。第一，国内原油期货市场基础比较薄弱。原油期货市场的发展需要一个发达的现货市场作为支撑，而胜利原油是中国唯一的原油现货交割品种。目前中国境内基本没有完税原油现货，保税原油现货市场也尚在培育中，境内主体无法自由买卖保税原油现货，只能通过能源中心参与原油期货仓单的买卖。第二，国内市场始终处于信息的接收方，国内原油期货对现货价格的影响力尚未有效发挥。中国原油期货价格对大庆原油现货价格具有一定的引导作用，但是布伦特和 WTI 原油期货价格对大庆原油现货价格的影响仍居主导地位。第三，与国际两大基准原油相比，上海原油期货的持仓量较低，且远期合约的流动性较低。这说明上海原油期货的流动性不足，且流动性的连续性还需进一步提高。第四，境外投资者的参与度能够在一定程度上体现上海原油期货在全球定价方面的影响力。然而目前上海原油期货的参与主体以境内投资者为主，境外投资者所占比重较小。

我国的原油期货市场尚处在发展萌芽期，与原油相关的金融衍生品种类比较单一、产品结构也较为简单，且与对应的现货市场以及其他关键的商品市场的关联程度较低，致使其无法充分发挥应有的价格发现和风险管理功能，其对本国原油现货市场的影响力还不能媲美主要的国际原油市场。目前世界上主要的石油资源依然掌握在以美国、沙特阿拉伯为首的利益集团手中，中国原油期货缺乏真正的定价权。因此，想要真正获取国际上的原油定价话语权，大力发展原油金融市场，提升资本市场开放程度，完备和完善金融市场经济体系是必由之路。

6.1.1.4 欧佩克市场行为的不确定性影响中国石油价格

欧佩克部分产油国市场行为的不确定性容易通过价格传导机制引起中国石油价格的波动。进入 21 世纪以来，世界石油产量的增长速度趋缓，而石油需求量的增长却日益加快。作为国际石油市场中最主要的石油供应者，以及中国最重要的石油进口来源方，欧佩克的大多数成员国所处的中东地区局势动荡，政治变革、武装冲突、战争爆发等突发事件常常造成某些产油国石油供应骤减，甚至中断。欧佩克受内部及外部各种不稳定因素影响，其市场行为存在诸多不确定性，这些不确定性主要通过石油产量的不确定性得以体现，其产量的波动很容易引起国际石油价格的波动，进而引起中国石油价格的波动。

总之，由于我国石油定价机制本身存在的问题和缺陷，目前，虽然中国是世界第五大石油生产国，同时也是第二大石油消费国和第一大石油进口国，但是中国一直没有建立起自己信赖的价格基准，因而不具备影响国际石油市场价格的能力。前述第五章欧佩克石油价格影响中国石油价格的实证分析结果表明，欧佩克石油价格变动是引起中国石油价格变动的主要原因，但中国石油价格的变动，对欧佩克石油价格的变动几乎没有影响。中国在国际石油市场中仍处于较为被动的地位，中国石油产业面临较大的价格风险。

6.1.2　进口风险

改革开放以来，伴随中国经济的高速增长以及工业化进程的不断加快，中国对石油的需求持续上涨，而由于资源禀赋和石油开采技术等条件的限制，中国石油产能和产量的增长速度远跟不上经济增长的速度，进口量持续攀升、出口量日益减少。1993 年中国成为石油净进口国，当年净进口石油 998 万吨，石油对外依存度为 6.7%，结束了大庆油田发现以来，我国实现石油自给并略有盈余出口的 30 年历史。此后，石油进口量不断跨上新台阶。2004 年突破 1 亿吨大关，2009 年突破 2 亿吨，2014 年突破 3 亿吨，2017 年突破 4 亿吨，2019 年突破 5 亿吨。与此同时，石油对外依存度持续攀升。2011 年 8 月，中国石油进口依存度首次超过美国，达到 55.2%。2017 年，中国超越美国，成为全球第一大石油进口国，当年进口石油 41946 万吨，同比增长 10.09%，进口依存度为 69.80%。2019 年，中国进口石油 50589 万吨，同比增长 9.52%，对外依存度高达 72.56%，2020 年，中国进口石油 54239 万吨，同比增长 7.07%，对外依存度高达 83.25%。当然，2020 年中国石油对外依存度的大幅提升主要是由新冠肺炎疫情所致的石油需求大幅下降。中国石油需求量从 2019 年的 69609 万吨下降至 2020 年的 64965 万吨，下降 6.67%，而石油进口量增速基本稳定。① 1998～2020 年，中国石油进口量、净进口量以及进口依存度如图 6-1 所示。

从需求量角度考量，我国仍属于石油资源匮乏国家，石油探明储量和产量暂不能满足国民经济发展的需求。考虑到我国所处的发展阶段和资源禀赋等，在未来很长一段时间内，石油进口依存度上升势头明显。此外，中国石油产业安全一方面有进口来源过于集中的问题，

---

① 数据来源于中国国家统计局数据库、中国海关总署数据库，中国石油对外依存度为笔者根据相关数据计算得到。

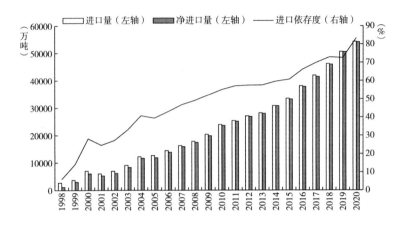

图 6-1　1998~2020 年中国石油进口量、净进口量和进口依存度
数据来源：中国国家统计局数据库，中国海关总署数据库。

另一方面也面临着对一些地区（特别是欧佩克）高度依赖的问题。过高的对外依存度以及进口来源的高度集中使中国石油产业面临较大的进口风险。

为了解决石油进口过于集中的问题，多年来中国加强与世界上各产油国之间的交流与合作，尽量使石油进口来源多元化以规避风险。2020 年，中国的石油进口来源国从长期以来的 40 余个增加至 50 个，进口来源国的排名及数量也有变化。如表 6-1 所示，2019 年，沙特阿拉伯超越俄罗斯成为中国第一大石油进口来源国，2020 年，中国从沙特阿拉伯进口石油 8492.86 万吨，占石油进口总量的 15.67%。中国从刚果（布）和伊朗进口石油的数量有所下降，两个国家分别于 2019 年和 2020 年被挤出了中国石油进口来源国前十位；2019 年 8 月起中国停止从委内瑞拉进口石油。中国从美国进口石油的数量则迅速增加，从 2016 年的 48.54 万吨增加至 2018 年的 1228.07 万吨，2019 年回落至 634.87 万吨，2020 年又上升至 1975.67 万吨，同比增长了2倍多。美国在中国石油进口来源国中的排名也从2016年的第39名，上升至2018年的第11名，2019年下降至17名，2020年进入前十，排名第9。

表6-1　2018~2020年中国石油进口来源国家前十位

单位：万吨，%

排名	2018年		2019年		2020年	
	国家	进口量	国家	进口量	国家	进口量
1	俄罗斯	7149.16	沙特阿拉伯	8332.96	沙特阿拉伯	8492.86
2	沙特阿拉伯	5673.43	俄罗斯	7764.24	俄罗斯	8344.45
3	安哥拉	4737.91	伊拉克	5179.80	伊拉克	6011.43
4	伊拉克	4505.07	安哥拉	4734.19	巴西	4223.40
5	阿曼	3290.18	巴西	4016.14	安哥拉	4177.24
6	巴西	3162.52	阿曼	3386.64	阿曼	3783.30
7	伊朗	2927.44	科威特	2268.87	阿联酋	3115.55
8	科威特	2321.22	阿联酋	1527.96	科威特	2749.75
9	委内瑞拉	1663.18	伊朗	1477.06	美国	1975.67
10	刚果（布）	1257.96	哥伦比亚	1311.32	挪威	1271.49
合计		36688.07		39999.18		44145.14
份额		79.43		79.1		81.45

数据来源：中国海关总署数据库。

近年来，中国石油进口来源国及数量有所变化，但是石油进口来源过于集中的问题并未改善，如表6-1所示，2018年，中国从排名前十的进口来源国进口石油36688.07万吨，占进口石油总量的79.43%；2020年，进口44145.14万吨，占进口石油总量的81.45%。在排名前十位的进口来源国中，2018年有7个属于欧佩克，随着刚果（布）和伊朗陆续被挤出前十位，以及2019年8月起中国停止从委内瑞拉进口石油，2020年，排名前十位的进口来源国中只有5个属于欧佩克。如表 6-2 所示，中国从欧佩克进口石油数量占进口总量的比重也从 2018 年的 56.04% 下降至 2020 年的 50.49%，但进口数量不降反升，从 2018 年的 25885.48 万吨，上升至 2020 年的 27366.74 万吨。

表 6-2　2018~2020 年中国从欧佩克国家进口石油量

单位：万吨,%

排名	2018 年		2019 年		2020 年	
	国家	进口量	国家	进口量	国家	进口量
1	沙特阿拉伯	5673.43	沙特阿拉伯	8332.96	沙特阿拉伯	26833.90
2	安哥拉	4737.91	伊拉克	5179.80	伊拉克	8492.86
3	伊拉克	4505.07	安哥拉	4734.19	安哥拉	6011.43
4	伊朗	2927.44	科威特	2268.87	阿联酋	4177.24
5	科威特	2321.22	阿联酋	1527.96	科威特	3115.55
6	委内瑞拉	1663.18	伊朗	1477.06	刚果（布）	2749.75
7	刚果（布）	1257.96	刚果（布）	1195.78	加蓬	924.40
8	阿联酋	1219.63	委内瑞拉	1138.50	尼日利亚	585.31
9	利比亚	856.84	利比亚	940.10	伊朗	393.33
10	加蓬	362.55	加蓬	693.40	赤道几内亚	391.90
11	赤道几内亚	247.95	赤道几内亚	249.22	利比亚	314.83
12	阿尔及利亚	65.84	尼日利亚	243.61	阿尔及利亚	169.72
13	尼日利亚	46.45	阿尔及利亚	53.92	委内瑞拉	0
合计	—	25885.48	—	28035.36	—	27366.74
份额	—	56.04	—	55.44	—	50.49

数据来源：中国海关总署数据库。

欧佩克国家所处的中东地区和北非地区一直以来局势动荡，外来势力、地区冲突、贫富差距、民族宗教等多种错综复杂的矛盾频繁干扰石油供应安全。欧佩克成立以来的 60 年中，伊拉克、伊朗、科威特、利比亚等国家均卷入过战争，国内政局动荡及武装冲突等突发事件的发生经常使一些国家石油供应突减甚至中断。据美国能源情报署统计，第一次石油危机期间（1973～1974年），在第四次中东战争爆发的6个月内，国际市场平均每天减少260万桶石油供应。第二次石油危机期间（1979～1981年），伊朗伊斯兰革命和两伊战争造成国际市场平均每天减少330～350万桶石油供应。第三次石油危机期间（1990～1991年），在海湾战争爆发的5个月内，国际市场平均每天削减460万桶石油供应。石油供应量的大幅减少势必引起进口国石油进口量的大幅减少，由此可能导致石油进口国国内石油供应紧缺。中国在1993年以后才成为石油净进口国家，在20世纪90年代以前，中国石油能够自给自足，所以前三次石油危机所造成的石油供应减少并未对中国国内石油供应产生太大影响。但是，由于中国石油市场开放程度的不断提高，以及石油市场对外依赖程度的不断提高，中国石油进口来源国石油供应的中断必然会对中国国内石油供应产生影响。比如2011年2月发生的利比亚战争使利比亚原本每天160万桶的石油产量几乎全部中断，中国从利比亚进口石油的数量从2010年的738.8万吨，减少到2011年的259.2万吨，份额由3%减少至1%。幸运的是，中国从利比亚进口的石油数量并不多，因而利比亚石油供应的中断并未对中国国内石油供应造成太大影响。另外，在2012年发生的伊朗石油禁运事件中，中国属于豁免国家，因而中国并未停止从伊朗进口石油，但也不会贸然提高从伊朗进口石油的份额。

虽然近期在欧佩克国家发生的突发事件并未对中国石油进口造成太大影响，但是欧佩克主要国家所处的中东地区时局动荡，中国石油进口面临较大风险。一旦中国主要的石油进口来源国卷入战争、武装冲突、政治变革等突发事件，导致石油供应中断，就会严重威胁中国石油安全。

6.1.3　储备风险

根据国际能源署的定义，石油储备是指一国政府及其相关代理机构、石油企业保有的全部原油和主要石油制品的库存总和，包括管线和中转站中的存量（计算中扣除 10% 无法提取的库存），包括公共储备和商业储备。20 世纪 70 年代国际能源署引入战略石油储备（SPR）制度以来，这一强制性措施对于防范石油危机发挥了积极作用。国内外学者研究表明，石油储备是稳定石油供求关系、平抑石油市场价格、应对突发事件、保障国家石油安全的有效措施。首先，当国际石油供应突然中断或国际油价暴涨危及国家能源安全与国民经济的正常运行时，国家可释放一部分石油储备以平衡供需、抑制油价过快上涨、抵御石油供应中断的风险、保障国家经济安全。国际能源署成员国曾经在海湾战争、卡特里娜飓风登陆、利比亚战争等危急时刻多次大规模协同释放石油储备，对稳定石油市场起到了重要作用，被认为是"防止和减少石油供应中断危害的最可行、最安全、最有效的手段"。其次，当国际石油需求突然萎缩，导致石油市场供给严重过剩，石油价格暴跌的情况下，有储备能力的国家可扩充战略石油储备，消化市场上的过剩供给以抑制石油价格下跌，稳定石油市场。比如为了应对新冠肺炎疫情引起的逆向石油危机，国际能源署成员国扩大了战略石油储备功能。美国、英国等国家增加的石油储备量已远远超出了应对石油供应中断风险的应急储备量。最后，在石油市场稳定运行的正常状态下，石油储备对稳定本国油价和调整市场预期亦具有静态平衡作用。总体而言，石油储备带来的经济价值远远超过其成本。

20 世纪 70 年代，西方发达国家相继投入大量资金建立了保障本国石油安全的国家石油储备体系。事实上，一个国家石油安全的核心问题并不在于这个国家生产石油的数量和能力，而在于这个国家能否以合理的价格保障国内石油的稳定供给。一开始，国际能源署规定成员国在没有石油净进口的情况下，至少应保有满足本国 60 天石油消费的应急储备，第二次石油危机后，国际能源署又将成员国的法定储备义务提高至 90 天，事实上，大多数成员国的石油储备已超过 120 天。美国是世界上战略石油储备规模最大的国家，目前美国战略石油储备能力约为 7.135 亿桶，实际储备原油 6.42 亿桶。2020 年上半年，新冠肺炎疫情所致的石油价格暴跌更是为世界各国扩充战略石油储备提供了机遇。据统计，2019 年 8 月至 2020 年 7 月，国际能源署成员国石油储备量从 332 天净进口量迅速攀升至 416 天净进口量。其中澳大利亚、日本、韩国和新西兰等国际能源署亚太成员国战略石油储备规模从 165 天净进口量增长至 174 天净进口量；欧洲成员国的石油储备量从 135 天净进口量增长至 142 天净进口量。[①]

中国是世界上唯一尚未建立完备的战略石油储备体系的石油进口大国。中国的石油储备体系建设起步晚，现有的石油储备措施在平抑油价波动、保障石油稳定供给及经济持续发展方面略显不足，比较容易受到来自国际社会的能源安全威胁。具体而言，中国战略石油储备体系建设主要存在以下问题。

6.1.3.1　石油储备能力有待提高，基地空间分布亟待优化

与其他发达国家相比，中国石油储备的发展起步较晚。1993 年中国成为石油净进口国，面对国内石油供需矛盾日益突出和国际形势的变化，1996 年 3 月，第八届全国人民代表大会第四次会议批准的《中华人民共和国国民经济和社会发展"九五"计划和 2010 年远景目标纲要》中首次提出"要加强石油储备"。2002 年底，国务院总理办公会审议批准了《国家计委关于建立国家石油储备实施方案的请

---

① 国际能源署数据库。

示》。2004 年 3 月，中国石油储备基地建设一期项目正式启动。一期
项目包括四个基地：镇海国家石油储备基地，库容 520 万立方米，于
2006 年 8 月建成；黄岛国家石油储备基地，库容 320 万立方米，于
2008 年 11 月建成；舟山国家石油储备基地，库容 500 万立方米，于
2008 年 12 月建成；大连国家石油储备基地，库容 300 万立方米，于
2008 年 12 月建成。2008 年，中国对标国际能源署 90 天进口消费量
的世界通用储备标准，制定了《国家石油储备中长期规划（2008—
2020 年）》，计划在 2020 年以前分三期完成国家石油储备基地建设。
第一期 1200 万吨储量，第二期 2800 万吨储量，第三期 2800 万吨储
量，最终形成相当于 100 天石油净进口量的储备规模。

一期石油储备基地于 2007~2008 年底陆续投入使用，总库容 1640
万立方米，可储存石油 1243 万吨。按照 2008 年 17464.7 万吨的石油净
进口量计算，相当于 26 天石油净进口量。2017 年 5 月，中国建成舟
山、舟山扩建、镇海、大连、黄岛、独山子、兰州、天津及黄岛国家
石油储备洞库 9 个国家石油储备基地，储备原油 3773 万吨，按照 2017
年 41460.14 万吨的石油净进口量计算，相当于 33 天石油净进口量。截
至 2021 年 7 月，尚未有官方资料公开表明中国石油储备第三期项目竣
工投产。如果中国战略石油储备三期项目全部完成，石油储备基地总
容量将达到近 7000 万吨。2008 年，中国净进口石油 17464.7 万吨，按
照石油净进口量计算，7000 万吨相当于 146 天石油净进口量的储备规
模。然而，十几年来中国经济快速稳定发展，与 2008 年相比，2020 年
中国石油需求量几乎翻了一番，石油净进口量也提升至 54081.3 万吨，
7000 万吨的石油储备量仅相当于 47 天的石油净进口量，远未达到国际
能源署规定的 90 天石油净进口储备规模。

从国家战略石油储备第一、二、三期项目的空间分布来看，国家
一期石油储备项目主要解决的是从无到有的问题，当时主要考虑的是

石油需求、靠近炼油厂和运输便利等因素，因此一期 4 个石油储备基地全部位于东部沿海地区。因为东部沿海地区经济发达、需求旺盛，附近均有大型炼油厂，而且当时中国的石油进口绝大部分通过海上运输。考虑到石油储备布局的合理性和安全性，第二期和第三期储备项目规划了部分西部石油储备基地。从目前已完成的三期石油储备基地布局来看，主要考虑的是与海上石油进口通道、陆上油气管道输送通道、石油炼化基地相匹配等，没有充分考虑军事安全、地质条件、环境承载力、石油消费区变化等其他综合因素。除浙江镇海、舟山等储备基地位于长江以南外，其余基地都在我国北方炼化集中地区，南方沿海尤其是华南区域缺乏相关石油储备基地。

6.1.3.2　石油储备主体类别和储备方式单一

目前国际上通行的石油储备模式主要有三种。一是政府储备，即由一国政府依据相关法律规定，通过国家财政建立、运营并完全由政府控制，存储于国家各个石油储备设施中的石油储备。在突发性的紧急情况下，政府可以释放本国石油储备以缓解国内石油供应短缺或石油价格暴涨的状况。二是商业储备，又称民间储备。即由石油进口商、炼油商、销售商以及消费者所拥有并控制的石油储备。三是机构储备，即由政府公共财政和私营部门共同建立并维持的石油储备，政府和私营机构共同分担石油储备的成本，并有权控制石油储备的使用。现阶段，中国的石油储备采取以政府储备为主、商业储备作为补充的储备模式，商业储备也以国有石油公司为主。以政府储备为主的石油储备模式具有一定的优势，能够充分践行国家能源战略方针，便于集中管理、统一指挥，比较容易与现有的国家物资储备管理系统进行协调与衔接，能够有效管理和使用石油储备资源。但这种储备模式的缺陷也很明显，比如运作成本比较高、与市场经济运作规则不相符、管理方式比较保守和僵化等。

从储备方式来看，国际上采用的石油储备形式主要有地上油罐、海上船罐以及地下盐穴三种储备方式。目前中国的石油储备设施以地上油罐为主，其中国家石油储备一期工程全部为地上油罐，利用废弃油气藏、地下盐穴、洞穴等自然条件的地下储备设施比较少。目前依靠地上油罐的单一储备方式难以为继，而储备基地建设周期长，一般地下储备基地全建设周期为 7~8 年。此外，石油储备责任主体、管理体系、资金来源以及储备动用的条件尚未通过法律法规予以明确，各方参与储备的相关程序、要求、支持政策等也不明确，影响民间投资主体的积极性。

6.1.3.3 石油储备基地落地、建设困难重重

国家石油储备基地是不以营利为目的的国家战略项目，承接储备基地建设的地方难以从中直接获益，而且国家石油储备设施的建设用地为政府划拨，占用地方政府建设用地指标，大多数地方年度建设用地指标本就紧张，很多地方政府不愿把宝贵的土地指标拨付给盈利能力不强的石油储备库及附属设施建设，因此地方政府对于石油储备基地落地、建设的积极性不高。从地方管理来看，各地对油库等危险化学品项目非常谨慎，加之群众对石油储备库的安全性等有所担忧，石油储备库建设可能会影响周边土地市场价值，地方政府土地出让收入也会受到影响。因此，部分地方政府对石油储备项目建设采取拖延甚至设法阻拦等态度，国家战略原油储备库第二、三期工程均出现选址困难和工程延期等现象，建成后的资质办理也存在困难。

6.1.3.4 石油储备资金来源单一，财政资金保障难度大

石油储备体系的建设与维护是一项耗资巨大的系统性工程，不仅在储备设施建设过程中需要大量的资金投入，储备基地的运行与维护，以及储备规模的保有均需要大规模的资金支持。中国国家石油储备基地建设主要采取财政投资，中石油、中石化、中海油等企业负责

承建和管理的模式，资金来源单一，完全依赖财政拨款。从石油储备基地公司实际运营情况看，财政部门延期付款等现象时有发生，很多石油储备基地公司亏损运营，国有企业参与石油储备库建设运营的积极性不高。由于财政资金难以保障、项目回款慢，民营企业、社会资本也不愿参与石油储备基地建设。随着三期石油储备库逐步建成和运行，储备库维护保养费用将不断攀升，财政压力进一步加大。

总之，与美国、日本等发达国家石油战略储备发展水平相比，目前中国的战略石油储备仍处于初级阶段，中国面临较大的石油储备风险。

6.2 保障中国石油产业安全的对策

基于前文欧佩克影响中国石油产业的分析，针对目前中国石油产业的价格风险、进口风险和储备风险，本部分从以下三方面提出保障中国石油产业安全的对策。

6.2.1 争取国际石油定价权，规避油价波动风险

作为世界第五大石油生产国、第二大石油消费国和第一大石油进口国，中国石油进口量已占到世界石油进口总量的 21.94%。然而，美国、英国、欧佩克等国家和组织利用石油期货市场牢牢把控着石油定价的话语权，中国在石油消费市场贡献巨大，但主要在现货市场进行实物交易，在国际石油价格决定中处于被动地位。与一些发达国家相比，中国在石油进口中要付出更多的外汇成本，即所谓的"亚洲溢价"。更重要的是，欧佩克市场行为所引起的国际石油价格波动能迅速传导至中国石油市场，引起中国石油价格波动，进而影响中国经济的稳定发展。石油作为国民经济重要的生产原材料及战略物资，其

在能源结构中的地位和重要性决定了石油定价机制的选择和安排始终是国家利益和国家能源政策的集中体现。在中国特殊的产权制度安排下，资源稀缺性和市场供求关系并未得到充分体现，寻求既能体现资源稀缺性又能体现供求关系，以及拥有相应定价权的石油定价机制成为中国的当务之急。国际石油定价权的争取应从优化中国国内的石油价格机制入手，积极发展中国石油期货市场，提升资本市场开放程度，加快石油金融市场建设，并进一步完善金融市场经济体系。

6.2.1.1 优化中国石油定价机制

中国现行石油定价机制本质上是价格跟随制，由于信息的不完备，国内石油价格与国际石油价格间存在时滞，国内石油价格表面上与国际石油价格接轨，但这种具有滞后性的接轨方式为市场投机创造条件。中国石油定价机制的改革应遵循市场化、国际化、竞争性、协调性和公开性等基本原则。具体而言，优化中国石油价格机制应主要从以下三方面入手。

（1）培育石油竞争市场，为石油定价机制市场化创造有利条件

由于中国石油定价机制改革的总目标是要实现石油价格市场化，因此应该引入竞争机制，打破石油市场上寡头垄断的市场格局，培育市场多元主体，建立科学的现代石油市场体系，营造有效竞争、健康有序的市场环境。一直以来，政府为了保障国家能源安全，对石油勘探和开采资格的审批比较严格，民营企业在资金和科技能力上处于劣势，很难达到国家规定的石油勘探和开发的资质。因此，政府应在技术、资金、税收等方面给予民营企业一定的扶持，通过市场公开竞标方式，授予部分民营企业石油勘探和开采权，加强开采区域的流转，同时，鼓励优秀民营企业参与海外石油贸易与能源合作等，逐步形成国有大型石油企业、跨国石油企业和民营企业共同参与的中国石油市场竞争格局。

（2）有序推进市场化定价

价格是市场供求最直接的反映，是引导资源配置最重要的杠杆。要发挥价格在石油市场上的杠杆作用，必须取消价格管制，推行市场化定价，这是市场经济发展的客观规律。然而在中国现有的石油市场发展现状和制度安排下，石油定价机制暂不能实现完全的市场化，否则有可能出现石油企业的合谋现象，扰乱石油市场的正常秩序。政府的价格管理职能应逐步由直接定价过渡到通过税收、利率、储备等经济手段对石油价格进行间接调控。当外部冲击或者突发事件等引起石油价格大幅波动，威胁国内宏观经济的稳定运行时，国家应该使用财税手段而不是行政手段进行干预。当石油价格过高而损害了消费者利益和宏观经济运行时，可采用增收石油特别收益金和特殊行业补偿机制等经济手段合理调节各方利益；当石油价格过低而损害了企业经营利益和行业发展时，可采用税收减免等措施进行补偿，充分发挥市场的基础性调节作用。石油价格的市场化推进应采取渐进改革的方式，并根据石油市场发展的现实状况选择改革的有利时机。中国石油产业的调控是不断发展的动态过程，面对行业的特殊性、国际石油价格的动荡，以及政府本身的治理问题等诸多因素的综合影响，政府调控模式的选择就显得尤为重要。根据市场经济发展的客观规律，中国石油价格改革在较长时期内仍需要在政府的调控和引导下，逐步实现市场化。

（3）完善石油企业信息披露制度

在中国，以中石油、中石化、中海油三大石油公司为代表的企业形成从上游勘探开发、中游炼化到下游销售的完整产业链，企业对石油从勘探到销售各环节的掌控导致市场信息不透明或半透明，违背了市场公平的基本原则。因此，政府应出台相关规定，强制石油企业向社会披露相关价格信息。在这方面，可借鉴美国的做法：美国原油在国内市场上销售之前先由销售方根据原油品质、国际市场价格、市场需求等因素确定一个公告价格，公告价格加上运输、保险和其他费用构成购买方的实际成本。在政府和公众的有效监督下，石油价格的确定公开透明，石油企业之间也难以形成合谋，能够有效保障石油市场的公平竞争和健康发展。

6.2.1.2 促进中国石油期货市场发展

国际石油市场流通的石油现货价格并不是由供求双方直接决定的，石油期货交易价格的变动对国际石油现货市场价格的稳定起到重要作用，是国际石油现货交易价格变动的"晴雨表"。因此，拥有石油期货合约交易市场往往就会掌握国际石油价格变动的准确信息，做出适当的国家石油战略决策。石油定价权的竞争实质上是规则制定权的竞争，哪个国家具备有影响力的期货市场，哪个国家就在定价权竞争中拥有话语权。长期以来，在国际石油贸易体系中发挥主导作用的布伦特原油期货和WTI原油期货，分别反映的是欧洲和美国市场的供需情况。2018年3月26日，中国首个国际化期货品种——上海期货交易所原油期货（SC原油期货）正式挂牌交易，并于2018年底成为全球第三大原油期货。但世界主要的石油资源依然掌握在以美国、沙特阿拉伯为首的利益集团手中，要增强亚太地区在国际石油市场中的话语权，中国期货市场的建设与发展任重道远。

（1）政府层面

首先，要发展完善的期货市场，中国政府应加快经济体制改革，打破垄断和行政限制，促进资本流通和金融开放，形成石油生产企业、消费企业和贸易企业以及期货交易所之间互相竞争的局面，为中国石油期货市场的培育和发展提供良好的现货市场竞争环境。

其次，政府要做好制度建设和监督管理方面的工作，建立和完善相关的法律法规体系。中国政府应借鉴发达国家先进经验，综合考察国际上各个市场的石油期货交易情况，摒弃之前对我国石油市场发展不利的交易规则，研究制定符合自身实际条件的科学合理的期货交易规则，为石油期货市场发展提供有力的法律法规政策支持，以确保石油期货市场的建设工作有法可依。

（2）期货交易所层面

作为市场中介机构，期货交易所应精准发力，通过为相关实体客户提供专业化的服务，推动石油期货市场建设。

首先，深入研究，为客户提供专业优质的服务。石油化工产业链涵盖勘探、开采、储运、炼制和销售等环节，石油价格本身又与国际政治、经济、金融、军事、供需、天气等紧密相关，期货交易所应建立石油上下游基础产业数据库和信息发布机制，开发深度行情平台，紧密跟踪影响油价走势的多空因素，为客户参与原油期货交易提供前瞻性的研究支持。此外，期货公司应大力推进仓单串换、质押、合作套保、场外期权等风险管理业务，通过石油期货介入石油产业链上下游，为实体企业提供个性化、定制化服务，在提高营业收入的同时，有效增强相关企业风险管控能力。

其次，提升期货公司国际化管理水平，增强境外投资者交易的便利性，吸引更多合格投资者入市交易。协同国内其他期货交易所统一规则，采取跨所互认、部分豁免等原则，推动境内外技术对接。期货交易所还可以通过举办境外石油推介会议或注册境外实体等形式，提升其境外业务的影响力，为期货市场更大范围地对外开放做好充分准备。

最后，围绕原油期货产品进行金融创新，发展相关金融衍生品市场。通过丰富中国原油期货市场的产品种类、优先结构，构建多样化的金融市场体系，拓展机构投资者参与原油金融衍生品市场的广度和深度，提高国内涉油企业在国际市场中的竞争力和参与度，削弱国际油价的波动给国内实体经济带来的负面影响。

目前，中国原油期货平稳起步，但原油期货市场建设并非一蹴而就，将是一项长期持续的工作，需要监管机构、交易所、市场参与者共同努力，逐步引导石油产业上下游企业利用石油期货进行定价，争取早日形成与 WTI 和布伦特原油期货比肩的国际影响力。

6.2.2　拓展石油进口来源，分散石油进口风险

欧佩克国家一直是世界石油市场主要的供应方，亦是中国石油进口的主要来源地，由前文的分析可知，进口来源的高集中度以及欧佩克国家所处地区的局势动荡使中国石油产业面临较高的进口风险。但是，由于欧佩克国家拥有丰富石油资源，今后中国石油进口贸易仍应以欧佩克国家为主要进口来源，并维持合理份额，同时，中国更应该积极拓展与周边国家的石油贸易，充分利用东欧和中亚、非洲、拉丁美洲等非欧佩克国家的石油资源，增加从这些地区进口的数量。我国与中亚和东欧、非洲、拉丁美洲国家间长期保持友好的外交关系，特别是紧邻东欧和中亚国家，这为中国尽可能多地从这些国家进口石油提供了便利。

中亚里海地区蕴藏着非常丰富的石油资源，是仅次于中东和西伯利亚的世界第三大石油储积区，是 21 世纪最有潜力的石油供应地区。据估计，2019 年里海五国①石油储量为 3262 亿桶，占世界总储量的 21%。通过前文的分析可知，在非欧佩克产油国中，俄罗斯的石油储量和出口量均最高，产量在 2018 年被美国超越之前也最高。2019 年，俄罗斯已探明石油储量为 800 亿桶，占世界总储量的 5.16%；产量为 1062.5 万桶/日，占世界总产量的 14.12%；出口量为 525.3 万

---

① 包括里海沿岸的五个国家——俄罗斯、阿塞拜疆、哈萨克斯坦、土库曼斯坦和伊朗。

桶/日，占世界总出口量的 11.63%。近年来，俄罗斯出口中国的石油数量增长迅速，2016～2019 年，俄罗斯出口中国的石油数量从 91.45 万桶/日增加至 150 万桶/日，占俄罗斯出口总量的比重也从 18% 提升至 28%。2019 年哈萨克斯坦的已探明石油储量为 300 亿桶，占世界总储量的 1.93%，在非欧佩克产油国中居第三位；产量为 154.98 万桶/日，占世界总产量的 2.06%，在非欧佩克产油国中居第六位；出口量为 141.09 万桶/日，占世界总出口量的 3.12%，在非欧佩克产油国中居第四位。而在中国石油进口来源国中，哈萨克斯坦居第 20 位，2019 年，哈萨克斯坦向中国出口石油 5.26 万桶/日，仅占哈萨克斯坦出口总量的 3.73%。目前哈萨克斯坦出口中国的石油数量与其出口总量相比还较少，而且哈萨克斯坦与中国西部接壤，紧邻新疆，中哈之间于 2005 年建成全长 962.2 公里的石油输送管道，哈萨克斯坦对中国的石油出口还有很大潜力。里海五国中，除伊朗以外的阿塞拜疆和土库曼斯坦也拥有丰富的石油资源，2016～2020 年，中国从阿塞拜疆进口石油从 95.31 万吨增加至 250.80 万吨，排名也从第 29 位提升至第 24 位。土库曼斯坦则从 2020 年才成为中国的进口来源国，2020 年中国从土库曼斯坦进口石油 10.85 万吨。

基于地缘政治的考虑，拥有丰富石油资源的中亚里海地区可以作为我国石油进口多元化战略的首选目标。一方面，这是唯一可以不经过远洋运输就可以确保石油供应的来源地；另一方面，该地区各个国家的政局比较稳定，这些国家均以发展经济作为今后的长期目标，这有利于中国与这些国家长期合作战略的实施。在与石油资源相关的地缘政治版图中，中亚里海地区处于石油资源的核心区域，重要的地理位置凸显了其重要的战略地位，因此有研究世界能源格局的学者提出："谁控制中亚的石油，谁就能在全球能源战略格局中争取到主动权。"近年来，中亚成为各发达国家争相抢夺的石油资源目标区域，发达国家大石油公司，如埃克森美孚公司、壳牌公司、BP 公司、雪佛龙公司等纷纷进驻中亚里海地区进行石油开发。对中国而言，参与中亚石油资源开发获益匪浅，最关键的是能够确保中国石油供应的陆上来源，可通往俄罗斯、中东等能源大区，有利于"东稳西进"中"西进"战略的实现。中国同俄罗斯、哈萨克斯坦、吉尔吉斯斯坦、塔吉克斯坦、乌兹别克斯坦都是上海合作组织成员国，中国可以依托上海合作组织，进一步加强与成员国之间的能源合作，扩大中国的石油进口来源，为国内石油供应提供保障。

此外，非洲的苏丹和埃及、拉丁美洲的墨西哥和阿根廷也是中国实施石油进口来源多元化战略的目标国家，虽然这些国家目前都是中国石油进口来源国，但中国从这些国家进口石油的数量比较少，与其产储量和出口量相比，仍存在较大的提升空间。

当然，拓宽中国石油进口来源，并不意味着放松甚至放弃与欧佩克国家的石油贸易与合作，在未来很长一段时期，中国以欧佩克为主油源的现实难以改变。因此，中国必须稳定并加强与欧佩克国家的石油贸易与合作，以此为基础，进一步拓宽石油进口来源，以分散石油进口风险。

6.2.3　推进石油储备体系建设，保障国内石油供应

石油资源是维持一国经济持续稳定发展的基础性战略资源，石油消费国应对石油危机最有效且最直接的方式就是建立战略石油储备，以确保国内石油供应，降低石油供应中断的风险，并在一定程度上稳定石油价格。石油储备体系的建设是一项耗资巨大、规划性强、涉及部门多、建设周期长的系统工程，在系统研究发达国家石油体系建设经验的基础上，针对中国国情，笔者认为推进中国战略石油储备体系建设应着重从以下几方面入手。

6.2.3.1　优化石油储备基地空间分布，有序提升石油储备能力

受新冠肺炎疫情影响，目前国际石油价格还在 60~70 美元/桶的中低价位徘徊，美国、日本等国家利用低油价的机遇对本国石油储备进行了大肆扩张，中国也应抓住机遇，有序提升石油储备。然而，中国石油储备面临最大的问题是石油储备基地的建设速度远远赶不上石油需求和石油进口增长的速度，且石油储备基地空间分布不均衡。而石油储备基地建设周期一般都比较长，就短期而言，中国政府可以通过租赁企业自有储油设施、租赁国外储油设施等方式快速但暂时提升储备能力。长期来看，中国政府应加快战略石油储备基地的建设，充分发挥政府、企业和社会力量，共同布局、协调，优化石油储备基地的空间分布。华东、华南地区需求量大，应加强石油储备量和地区规模；中西部原油不足地区重点布置商业储备；东北、西北做好内陆地区国家储备，并接替国内原油供应的不足。具体而言，在适当增加现有储备库容的基础上，在东南（福建）、西南（西藏）、北部（内蒙古）、东北（吉林）和中部（河南）等地新建 5~8 个国家级战略储备基地。石油需求量较大、拥有大型炼油厂，以及地质条件允许的省份也应尽快规划建设部分省级战略石油储备基地；部分地市及大中型石油石化企业，也可根据实际需要新建或扩建自己的原油储备库，以应对意外事变、满足经济发展和平抑油价的需要。

石油储备基地的选址不仅需要考虑储备方面的问题，而且要综合考虑供应、消费、物流等多方面问题，特别要注重石油进出库的配套基础设施建设，形成与储备能力相匹配的输配保障体系。

6.2.3.2　构建主体多元、形式丰富的储备体系

目前国际上通行的石油储备模式主要有政府储备、商业储备和机构储备三种。各个国家根据本国国情或采取单一储备模式，或采取将各种储备形式有机结合的复合储备模式。澳大利亚、意大利、加拿大

等国采取的是单一的商业储备模式，而美国、日本等国则主要采取的是复合储备模式。美国采用的是自由市场型储备体制，其战略石油储备体系包括政府储备和商业储备两个部分，美国政府只对政府储备有决定权和控制权，对于民间的商业储备，美国法律并没有强制规定企业拥有，政府也不会对企业石油储备量的增减加以干预，事实上，美国的商业石油储备规模远远超过政府储备规模。日本的石油储备模式与其经济制度相匹配，属于政府导向型储备模式，该模式主张政府储备与民间储备并重，但以政府储备为主。日本经济产业省大臣拥有石油储备的控制权。在面对石油危机时，日本石油储备的释放考虑三个层次：首先是从抑制需求方面，减少国内石油使用，然后释放民间储备，最后才考虑政府储备的释放。

针对中国当前以政府储备为主的石油储备体系，借鉴国外成功经验，笔者认为，政府应在明晰不同状态储备功能定位的前提下，创新发展理念，引入多元主体，增加储备规模，构建综合型石油储备体系。即在充分利用现有国家石油储备体系，有效发挥石油储备运营能力，实现石油储备资源的优化配置的基础上，通过社会力量的引入，减轻政府的财政负担，为保守僵化的储备体系注入市场活力。在此过程中，企业义务储备是实现国家石油储备目标的关键因素，因此必须大力推进企业义务储备建设。一方面，石油企业要以维护国家能源安全为己任，增强社会责任感，加大石油储备基础建设投入，积极扩充义务储备规模；另一方面，政府也要从财政政策、税收政策等角度对企业义务储备建设给予引导和支持，抓住有利时机，积极利用社会企业库容代储国家储备原油，鼓励社会资本参与商业仓储设施投资运营。

就储备方式而言，目前中国的石油储备设施以地上油罐为主。从成本和安全性角度考虑，未来中国石油储备设施应以成本较低、安全性较高、存储油品质量较好的底下盐穴储备为主。中国江苏、安徽、山东等东部地区，湖北、河南、四川、陕西、云南等中西部地区都有丰富的盐矿资源，目前中国岩盐开采的规模正在不断扩大，岩盐溶腔的规模和质量均能够保证地下盐穴石油储备库的建设。另外，海上船罐式储油方式与地上油罐式储油方式相比，具有建设周期短、建造成本低、抗震能力强、运送接卸简便、不占用土地资源等明显优势。新冠肺炎疫情导致的石油价格下跌，为中国加大原油储备提供了难得的时间窗口，在此情形下，应将海上船罐式储油基地建设作为国内扩大基建投资的重要方向，快速形成海上储备能力，在油价低位运行时逢低吸储，降低我国石油储备整体收储成本，为未来经济发展提供有力的能源保障。

6.2.3.3　加快推进石油储备领域市场化改革，激发地方政府积极性

针对中国石油储备基地落地、建设困难，维护成本较高，沉淀成本和资金压力较大，地方政府积极性不高等问题，中国政府应当以制定《国家石油储备条例》和《能源法》等石油储备相关法律法规为契机，完善中国石油储备制度，更好地发挥石油储备引导市场预期的作用。一是通过法制化、规范化的制度安排，给石油储备市场化运作留出充足空间，推动石油进口、储存、运输、炼化、批发、零售、出口等实现链条化、产业化、市场化，促使多元主体有信心、有动力、有能力进入石油储备行业，真正发挥市场化作用。二是建立完善的石油储备市场化运行机制，明确石油储备的收储、轮换、动用、补给等条件，让一部分储备油能够按照市场机制"动"起来，实现一定的盈利，回补石油体系的建设和维护成本，形成"以油养油"的良性发展机制。特别是要赋予企业对石油储备更灵活的使用权限，在遵守相关监管规则的前提下，允许一部分社会责任储备根据市场价格进行轮动。三是加大中央与省、市各级部门的行政协调力度，充分发挥行

政考核指挥棒的作用，将石油储备项目建设纳入地方政府行政考核范围，并适度放松对项目所在地政府的经济指标的考核。在统筹每年建设用地指标时，单独划拨战略石油储备项目的用地指标，不占用当地建设用地指标，同时可考虑对项目所在地政府给予税收、转移支付、产业政策等方面的优惠，更好地调动地方政府的积极性。

6.2.3.4　扩大石油储备资金融资渠道，丰富资金来源

石油储备体系建设是一项资产重型化、资本密集型工程，石油储备的成本不仅包括石油储备基地的建设、维护、管理、运营等费用，还包括石油采购的费用。因此，石油储备体系的建设需要综合运用多种融资方式。一国石油储备规模的角逐本质上是国家经济实力和国际竞争力的较量。世界各国所采用的石油储备模式不同，在储备资金的筹措方面也存在差异。比如在美国，政府石油储备的资金投入全部直接从财政预算中拨付；而日本的做法是通过征收石油税，政府和国家信贷部门筹集各种公共基金、向民间石油储备公司提供低息贷款等方式筹措资金。

目前，中国石油储备资金来源以政府财政出资为主，但从长远发展来看，仅依靠政府资金投入将会给政府造成沉重的财政负担，且难以达到保障国家能源安全的最优储备规模。基于中国当前的石油储备模式，除政府财政出资外，可从以下几方面扩展石油储备筹资渠道：一是税收筹资，即政府设立专门的战略石油储备税种，对石油及石油产品出口和消费征税，用于战略石油储备设施的建设、维护或储备石油的购买；二是债权筹资，即国家或储备机构发行石油储备专项债券，向全社会公开募集资金；三是国际信贷筹资，即政府从国际金融机构申请长期低息贷款；四是引入民间投资者，即政府可通过与民间投资者合资建立储备机构，或通过招投标确定民间代储者等方式，将市场上限制的民间资本引入石油储备体系，而民间投资者可通过对石

油储备的管理、维护等工作获利。根据已颁布的石油储备条例，虽然国家鼓励民营石油企业参与石油储备建设，但民营石油企业的介入有可能会对国有石油公司的垄断利益形成一定程度的威胁，来自民间石油企业的融资渠道始终未打开。随着石油储备建设的不断完善，应正确处理国有石油公司及民营石油企业之间的利益协调工作，确保石油储备资金的多方稳定供给。

6.3　小结

本章分析了中国石油产业存在的风险及政策建议。由于欧佩克市场行为的诸多不确定性以及中国石油产业发展存在的不足，目前中国石油产业存在三方面的风险，即价格风险、进口风险和储备风险。首先，由于中国石油价格机制存在缺陷，中国石油价格与国际石油价格的简单接轨使中国石油价格面临欧佩克石油价格波动的风险；其次，由于中国石油产业对外依存度较高且进口来源主要集中于欧佩克国家，欧佩克国家石油产量的锐减甚至中断将影响中国国内石油供应，面对欧佩克国家所处地区的局势动荡，中国石油产业面临进口风险；最后，与发达国家相比，中国石油储备量较低，远不足以保障国内石油安全。

针对中国石油产业存在的风险，首先，中国应通过优化石油定价机制和发展中国石油期货市场等方式争取国际石油定价权，规避石油价格波动风险；其次，中国应深化与中亚里海地区哈萨克斯坦、阿塞拜疆、土库曼斯坦，非洲的苏丹、埃及，以及拉丁美洲的墨西哥和阿根廷等国家的石油贸易与能源合作，拓展石油进口来源，分散石油进口风险；最后，中国应加快推进石油储备体系建设，保障国内石油供应。

第7章 结论及展望

欧佩克是亚非拉主要产油国为维护它们各自和共同的石油权益而成立的一个永久性的政府间组织，欧佩克因拥有丰富的石油资源和统一实施的石油政策而成为国际石油市场上最重要的石油供应组织。本书在系统分析欧佩克市场行为的基础上，进一步分析其对中国石油产业的影响，从而明确目前中国石油产业面临的风险，并以此提出保障中国石油产业安全的政策建议。通过全书6章内容的分析，得出一些重要结论，并明确了未来进一步深入研究的方向。

7.1 主要结论

（1）欧佩克市场行为受内部和外部多重因素影响而具有不确定性

欧佩克是在国际石油卡特尔垄断国际石油市场、掠夺亚非拉产油国石油资源的背景下，亚非拉主要产油国为维护其合理的石油权益而成立的一个永久性的政府间组织。欧佩克在成立之初便显示了亚非拉产油国联合斗争的强大威力，此后历经60余年的荣辱兴衰，目前，欧佩克凭借丰富的石油资源，在国际石油市场上占据举足轻重的地位。

在欧佩克的发展过程中，主要通过石油价格体系和产量配额制度两种行为来实现其卡特尔目标，但价格决定和产量控制这两种市场行为的实施又受欧佩克成员内部和外部非欧佩克产油国及石油需求国等因素影响。就欧佩克内部而言，虽然各成员国拥有保障世界石油供给、维护石油合理价格、振兴民族经济，以及争取国际经济新秩序等方面的共同目标，但由于欧佩克是一个由主权国家组成的国家联盟，各成员国在国情上存在较大差异。成员国之间竞争地位失衡，在石油政策、政治体制和外交政策等方面存在分歧，以及组织内部权威高效监管机制的欠缺，在很大程度上影响欧佩克内部组织结构的稳定及石油政策的有效实施。就外部影响因素而言，在国际石油市场上，欧佩克面临来自非欧佩克产油国和石油消费大国两大强势力量的制衡，其市场行为同样受两大市场主体的影响。本书中构建了多组博弈模型分析欧佩克产油国之间，欧佩克产油国与非欧佩克产油国之间，以及欧佩克产油国与石油需求国之间相互影响、相互制衡的关系。分析结论认为，欧佩克市场行为因受多重因素影响而存在不确定性。

（2）欧佩克市场行为通过价格影响和产量控制机制影响中国石油产业

中国的石油产业是在旧中国极其落后和十分薄弱的基础上发展起来的。新中国成立以来，历经 70 余年的艰难发展，石油产业发展取得举世瞩目的成就，为中国经济持续快速发展做出重要贡献，成为推进工业化进程的战略性基础产业。然而，由于中国经济的持续快速增长，国内石油供需矛盾日益凸显，石油产业对外依存度不断提高，中国石油产业受国际石油市场发展趋势影响的程度也日益加深。

欧佩克作为国际石油市场中最重要的石油供给方和中国最重要的石油进口来源，其市场行为必定会对中国石油产业产生很大影响。一方面，自 1998 年开始，中国石油价格与国际石油价格接轨，欧佩克市场行为的变化通过价格机制传导至国际石油市场引起国际油价波动，进而引起中国石油价格的波动。本书中构建了一个 VAR 模型，引入欧佩克石油价格和中国石油价格两组月度时间序列数据，对这一传导机制进行实证检验，实证结果与理论分析结论基本一致。另一方面，欧佩克多年来与中国保持良好的能源合作关系，是中国最重要的进口来源，欧佩克国家的产量行为会直接影响中国石油进口数量及中国石油企业对外战略的实施，最终影响中国国内石油供应。

（3）中国石油产业存在价格风险、进口风险和储备风险

由于欧佩克市场行为的诸多不确定性以及中国石油产业发展自身存在的不足，欧佩克市场行为对中国石油产业的影响使中国石油产业存在三方面的风险。首先，价格风险。在国际石油市场上，虽然中国既是石油生产大国，又是石油消费和进口大国，但由于中国石油市场和价格机制存在缺陷，中国石油价格与国际石油价格的简单接轨使中国石油价格面临欧佩克石油价格波动的风险。其次，中国石油产业对外依存度较高且进口来源主要集中于欧佩克国家，欧佩克国家石油产量的锐减甚至中断将影响中国国内石油供应，由于欧佩克国家所处地区的局势动荡，中国石油产业面临进口风险。最后，与发达国家相比，中国石油储备量还较低，远不足以保障国内石油安全。

针对中国石油产业存在的风险，首先，中国应通过优化石油定价机制和建立中国石油期货市场等方式争取国际石油定价权，规避由欧佩克市场行为突变而引起的石油价格波动风险；其次，中国应深化与中亚里海地区的哈萨克斯坦、阿塞拜疆，非洲的苏丹、埃及，以及拉丁美洲的墨西哥和阿根廷等国家的石油贸易与能源合作，拓展石油进口来源，分散石油进口风险；最后，中国应加快推进石油储备体系建设，保障国内石油供应。

7.2 研究展望

本书中笔者系统研究了欧佩克市场行为，并基于中国石油产业发展实际，研究欧佩克市场行为对中国石油产业安全的影响。但欧佩克作为一个在国际上发挥着重要作用的产油国政府间联盟，其内部成员国之间，以及与非欧佩克产油国和石油需求国之间的关系复杂多变。中国石油产业发展特别是石油价格机制的改革也正处于关键时期。受论文篇幅、研究重点、数据资料可获性等条件所限，本书中对以下几方面问题的研究不够深入，有待于进一步深化。

（1）突发事件对欧佩克市场行为的影响

突发事件即意外的突然发生的重大或敏感事件，针对欧佩克则主要是自然灾害、生产事故、战争、武装冲突、政治变革、石油禁运、经济制裁、疫情等影响欧佩克石油生产的重大事件。自欧佩克成立以来，欧佩克国家时局动荡所引发的各类突发事件确实是影响欧佩克市场行为的重要因素。

（2）欧佩克市场行为影响国际石油市场，以及国际石油市场影响中国石油市场的量化分析

国际石油市场由石油供给方和石油需求方组成，作为石油供给方的欧佩克对作为石油需求方的中国的影响，必然通过国际市场进行传导和作用，书中对这一传导机制进行了定性分析，但在定量分析部分，对国际市场部分进行了模糊处理，直接建模分析了欧佩克石油价格与中国石油价格之间的关系。在以后的研究中，可尝试将国际石油价格引入模型进行更深入、更细致的分析。

（3）中国石油产业风险评价指标体系的构建

书中就欧佩克市场行为对中国石油产业的影响，对中国石油产业

存在的风险进行定性分析，但究竟影响程度如何、风险有多大，并未做深入探讨。石油产业风险评价指标体系的构建及风险程度的评估，对于防范中国石油产业风险、保障石油产业安全具有重要的现实意义。

参考文献

中文文献

[1] 林伯强、杜立民：《中国战略石油储备的最优规模》，《世界经济》2010年第8期。

[2] 〔美〕杰奎斯·克莱默、德贾瓦德·沙雷西—伊斯法哈里：《石油市场模型》，高明译，北京大学出版社，2004。

[3] 〔美〕卡罗 A. 达哈尔：《国际能源市场价格、政策与利润》，丁晖、王震、郭海涛译，石油工业出版社，2008。

[4] 〔美〕孔博：《解读中国国际石油政策》，裴文斌等译，石油工业出版社，2012。

[5] 〔美〕托伊·法罗拉、〔美〕安妮·杰诺娃：《国际石油政治》，王大锐、王翯译，石油工业出版社，2008。

[6] 《中国石油工业经济若干问题回顾与思考》编辑委员会：《中国石油工业经济若干问题回顾与思考》，石油工业出版社，2010。

[7] 安尼瓦尔·阿木提、张胜旺：《石油与国家安全》，新疆人民出版社，2003。

[8] 曹峰毓：《俄罗斯的"欧佩克+"政策：从积极参与到消极应

对》，《国际论坛》2020 年第 5 期。

［9］ 陈继勇：《浅论世界油价暴跌对国际经济的影响》，《武汉大学学报》1986 年第 6 期。

［10］ 陈柳钦：《保障国家石油安全需完善石油储备体系》，《北京石油管理干部学院学报》2012 年第 2 期。

［11］ 陈沫：《欧佩克的油价政策与中国能源安全》，《西亚非洲》2005 年第 4 期。

［12］ 陈腾瀚：《欧佩克减产协议：历史与现实》，《国际研究参考》2017 年第 1 期。

［13］ 陈腾瀚：《欧佩克内部派系之争的原因、影响及走向》，《现代国际关系》2017 年第 9 期。

［14］ 陈悠久：《石油输出国组织与世界经济》，石油工业出版社，1998。

［15］ 陈余生：《欧佩克行为研究现状及未来研究方向》，《世界石油经济》1992 年第 2 期。

［16］ 陈宇峰、俞剑：《国内外油价波动的内在关联性研究——兼评国内油价管制改革》，《国际商务——对外经济贸易大学学报》2011 年第 4 期。

［17］ 成金华、吴巧生：《中国自然资源经济学研究综述》，《中国地质大学学报》（社会科学版）2004 年第 6 期。

［18］ 褚跃民：《我国石油安全面临的问题与对策》，《求实》2011 年第 1 期。

［19］ 单卫国：《国际油价走势与欧佩克未来前途》，《国际石油经济》2019 年第 2 期。

［20］ 单卫国：《欧佩克对油价的影响力及其政策取向》，《国际石油经济》2000 年第 1 期。

［21］单卫国、程熙琼、王婧：《欧佩克60年石油市场战略演变及未来发展前景》，《国际石油经济》2020年第9期。

［22］刁艳华：《中国石油行业产业结构优化及其规制研究》，《价格月刊》2006年第6期。

［23］董秀成、王守春：《基于LST-GARCH模型的国际油价波动研究》，《数理统计与管理》2011年第3期。

［24］范尔为、王生升：《美国中东石油战略的霸权属性及中国的应对方略》，《政治经济学评论》2017年第2期。

［25］范秋芳：《中国石油安全预警及对策研究》，中国科学技术大学博士学位论文，2007。

［26］范英、焦建玲：《石油价格：理论与实证》，科学出版社，2008。

［27］冯跃威：《后金融危机中国石油产业面临的风险》，《国际石油经济》2011年第8期。

［28］富景筠：《俄罗斯与欧佩克：竞争与合作的复杂关系》，《当代世界》2019年第8期。

［29］富景筠：《新冠疫情冲击下的能源市场、地缘政治与全球能源治理》，《东北亚论坛》2020年第4期。

［30］富景筠、张中元：《世界能源体系中俄罗斯的结构性权力与中俄能源合作》，《俄罗斯东欧中亚研究》2016年第2期。

［31］高洁：《我国国内外石油价格联动机制研究》，四川大学硕士学位论文，2007。

［32］高新伟、李洁仪、朱源：《低油价周期的比较研究》，《价格理论与实践》2017年第11期。

［33］管清友：《加入预期因素的多重均衡模型：市场结构与权力结构——国际市场油价波动的政治经济学分析》，《世界经济与政

治》2007 年第 1 期。

［34］郭启辉：《我国石油产业规制问题》，《当代经济》2011 年第
6 期。

［35］郭瑶、金焕东、罗继雨、赵洁：《拉美油气投资环境新变化与
中拉合作机遇》，《国际经济合作》2018 年第 2 期。

［36］郭依峰：《世界能源战略与能源外交（中东卷）》，知识产权
出版社，2011。

［37］韩冬炎：《中国石油价格形成机理及调控机制的研究》，哈尔滨
工程大学博士学位论文，2004。

［38］韩立岩、甄贞、蔡立新：《国际油价的长短期影响因素》，《中
国管理科学》2017 年第 8 期。

［39］何鸿：《岩油革命与国际原油市场供给新格局》，《中国矿业》
2020 年第 6 期。

［40］何鸿、张寿庭：《欧佩克产量行为研究：基于油价、储采比及
剩余产能的分析》，《资源与产业》2011 年第 10 期。

［41］何鸿、张寿庭等：《欧佩克战略政策的影响因素分析》，《资源
与产业》2010 年第 6 期。

［42］何静、李村璞：《国际油价与欧佩克石油产量的关系研究》，
《经济问题探索》2011 年第 11 期。

［43］何启志、张晶、范从来：《国内外石油价格波动性溢出效应研
究》，《金融研究》2015 年第 8 期。

［44］何贤杰、刘增洁、吴初国、贾庆素：《我国石油安全评价及建
议》，《国土资源情报》2012 年第 10 期。

［45］胡国松、任皓：《石油金权——国际石油贸易真相考证》，石油
工业出版社，2010。

［46］胡杰：《从"贫油国"到石油大国的巨变——中国石油勘探开

发 60 年发展历程》，《中国石油和化工经济分析》2009 年第
10 期。

［47］华晓龙：《中国原油定价机制研究》，经济科学出版社，2011。

［48］霍健：《基于 SCP 范式的"后石油时代"石油产业组织演进研
究》，中国社会科学院研究生院博士学位论文，2017。

［49］吉炳安：《寡头垄断中的"囚徒困境"与卡特尔联盟分析》，
《华中科技大学学报》2001 年第 4 期。

［50］季托、孙彦彬：《国际石油价格预测模型综述》，《工业技术经
济》2011 年第 9 期。

［51］姜振飞、姜恒：《高油价阴影下的中国石油安全战略》，《现代
管理科学》2005 年第 3 期。

［52］蒋为清：《生产要素与欧佩克国家石油产出——基于面板数据
的实证研究》，《西安社会科学》2010 年第 1 期。

［53］焦建玲、范英、张九天、魏一鸣：《中国原油价格与国际原油
价格的互动关系研究》，《管理评论》2004 年第 7 期。

［54］焦建玲、范英等：《中国原油价格与国际原油价格的互动关系
研究》，《管理评论》2004 年第 7 期。

［55］焦建玲、余炜彬、范英、魏一鸣：《关于我国石油价格体系的
若干思考》，《管理评论》2004 年第 3 期。

［56］焦建玲、张峻岭、魏一鸣：《石油储备价值研究：基于供应链
视角》，《管理科学学报》2011 年第 2 期。

［57］孔颖：《影响欧佩克发展的外部因素》，《西亚非洲》2003 年第
2 期。

［58］李畅、杨再斌：《国际石油价格波动特点及影响因素的实证分
析》，《资源科学》2007 年第 1 期。

［59］李纪建、管清友：《石油双重属性与国际油价波动分析——一

个国际政治经济的视角》,《国际石油经济》2007 年第 1 期。

[60] 李鹏远、周平、齐亚彬、唐金荣:《中美两国石油供应风险对比研究及启示》,《中国矿业》2017 年第 12 期。

[61] 李朴民、贾民、张光耀:《中国应对高油价的战略选择》,《宏观经济研究》2005 年第 12 期。

[62] 李天籽、王智辉:《欧佩克对国际石油价格的影响分析》,《东北亚论坛》2007 年第 3 期。

[63] 李学慧:《市场供应稀缺态势下的石油贸易竞争策略规划》,《中国商贸》2011 年第 11 期。

[64] 李雪静、杨阳:《国际油价波动与中国机遇》,《中国金融》2015 年第 21 期。

[65] 李映:《中国石油价格问题的计量经济学模型研究》,暨南大学硕士学位论文,2007。

[66] 李优树、刘芳:《第一次国际油价暴跌原因及其影响》,《国土资源科技管理》2015 年第 3 期。

[67] 李元红:《我国石油安全形势与对策》,《合作经济与科技》2011 年第 3 期。

[68] 李忠民、孙耀华:《基于 SCP 范式的中国石油产业分析》,《兰州商学院学报》2011 年第 27 期。

[69] 李卓:《石油战略储备计划与石油消费的动态路径分析》,《管理科学学报》2008 年第 1 期。

[70] 梁波、王海英:《权力游戏与中国石油产业定价机制的变迁》,《中国流通经济》2017 年第 9 期。

[71] 梁海峰:《国际石油市场变化对中国能源安全的启示》,《中国矿业》2011 年第 9 期。

[72] 梁琳琳:《欧佩克产量行为对国际油价波动影响的实证研究》,

《数量统计与管理》2009 年第 6 期。

[73] 梁琳琳、齐中英:《欧佩克产量对国际油价动态影响的实证分析》,《预测》2008 年第 6 期。

[74] 林永生:《能源价格对经济主体的影响及传导机制》,《北京师范大学学报》(社会科学版)2008 年第 1 期。

[75] 刘朝全、石卫、罗继雨:《"欧佩克+"限产行动力及其市场影响研究》,《国际石油经济》2020 年第 5 期。

[76] 刘东:《欧佩克石油政策的演变及其对国际油价的影响》,《西亚非洲》2012 年第 6 期。

[77] 刘东:《石油卡特尔的行为逻辑:欧佩克石油政策及其对国际油价的影响》,社会科学文献出版社,2015。

[78] 刘恩忠、李世祥、赵子刚、党海龙:《构建我国多元化石油进口体系分析》,《中国石油和化工经济分析》2007 年第 13 期。

[79] 刘建、蒋殿春:《国际原油价格冲击对我国经济的影响——基于结构 VAR 模型的经验分析》,《世界经济研究》2009 年第 10 期。

[80] 刘建、卢波:《非传统安全视角下中国石油安全的测度及国际比较研究》,《国际经贸探索》2016 年第 7 期。

[81] 刘劲松、李孟刚:《资源"走出去"与中国石油产业安全研究》,经济科学出版社,2011。

[82] 刘明:《欧佩克面临的挑战及调整》,《国际经济评论》2003 年第 5~6 期。

[83] 刘希宋、韩冬炎:《石油价格研究》,经济科学出版社,2006。

[84] 刘希宋、韩冬炎、崔立瑶、陈蕊等:《石油价格研究》,哈尔滨工程大学科技成果,2006。

[85] 龙勇、漆东、龙健:《战略联盟中的诚信机制》,《工业技术经

济》2004 年第 3 期。

[86] 吕建中、王炜瀚:《世界石油市场结构:演进、动因及影响》，《国际贸易问题》2008 年第 6 期。

[87] 吕肖东、张涛:《油藏效益产量的确定方法》，《油气田地面工程》2007 年第 9 期。

[88] 吕政、胡晨沛:《结构突变下国际油价波动与中国石油行业发展的多重联动关系》，《统计与信息论坛》2021 年第 6 期。

[89] 马登科、张昕:《国际石油价格动荡之谜:理论与实证》，经济科学出版社，2010。

[90] 马卫锋、黄运成、刘莹:《构建石油金融体系:中国石油安全的战略选择》，《资源科学》2005 年第 6 期。

[91] 毛秀英、付冬芹、陈敏:《欧佩克的卡特尔定价分析》，《技术与市场》2011 年第 5 期。

[92] 戚凯:《国际石油市场的不确定因素与对策建议》，《宏观经济管理》2017 年第 5 期。

[93] 戚凯:《中国对伊拉克石油投资的风险分析》，《阿拉伯世界研究》2017 年第 3 期。

[94] 齐高岱、马运堂、蔡福安编译《中东危机与能源危机——欧佩克 30 年的发展和政策》，经济管理出版社，1991。

[95] 齐中英、朱彬、鞠晓峰:《欧佩克行为对石油价格波动的影响分析》，《哈尔滨工业大学学报》（社会科学版）2006 年第 1 期。

[96] 渠梁、韩德:《国际组织与集团研究》，中国社会科学出版社，1989。

[97] 尚彦军:《跨国石油公司与国际石油机制的变化——1971 年德黑兰谈判解析》，《中国石油大学学报》（社会科学版）2020 年

第 6 期。

[98] 沈明宇：《国际调节理念下的石油产业安全》，《经济经纬》2008 年第 2 期。

[99] 沈沛龙、邢通政：《国际油价波动与中国成品油价格风险研究》，《重庆大学学报》（社会科学版）2011 年第 1 期。

[100] 石冬明：《美国能源管理体制改革及其启示——基于 1973 年石油危机后的视角》，《改革与战略》2017 年第 1 期。

[101] 宋增基、刘芍佳等：《中国经济增长对世界石油价格影响的定量研究》，《中国软科学》2009 年第 7 期。

[102] 苏杰：《加强我国石油安全战略的几点思考》，《石油天然气学报》（江汉石油学院学报）2010 年第 2 期。

[103] 孙竹、李志国：《OPEC 剩余产能与国际原油市场价格短期波动》，《国际经济合作》2011 年第 12 期。

[104] 陶宁丽：《国际油价与欧佩克》，《地图》2006 年第 3 期。

[105] 汪丁丁：《资源的开采、定价和租》，《管理世界》1991 年第 3 期。

[106] 汪寿阳、余乐安等：《国际油价波动分析与预测》，湖南大学出版社，2008。

[107] 汪巍：《欧佩克与国际石油市场发展趋势》，《对外经贸实务》2005 年第 10 期。

[108] 王才良：《世界石油工业 140 年》，石油工业出版社，2005。

[109] 王峰、喻艳莉：《中国石油安全中的进口多元化战略》，《世纪桥》2005 年第 3 期。

[110] 王鸿雁：《欧佩克的卡特尔行为研究综述》，《石油大学学报》（社会科学版）2005 年第 4 期。

[111] 王华：《石油消费国与石油输出国的"博弈"》，《中国石油

化工》2005 年第 10 期。

[112] 王能全：《石油与当代国际经济政治》，时事出版社，1993。

[113] 王胜利：《中国石油产业安全战略分析及对策思考》，《特区经济》2012 年第 2 期。

[114] 王书平：《石油价格——非市场因素与运动规律》，中国经济出版社，2011。

[115] 王新新：《我国石油储备发展的审视与对策分析》，《技术经济与管理研究》2013 年第 2 期。

[116] 王月、曹湘洪、冯连勇：《我国经济和社会发展中必须重视石油峰值问题》，《中国能源》2009 年第 4 期。

[117] 王越、韩志强：《关于新一轮国际低油价下中国石油产业发展的几点思考》，《石油与天然气》2020 年第 4 期。

[118] 王震、许娟、王鸿雁：《欧佩克对国际油价的影响力—基于博弈论的分析》，载《第一届中国能源战略国际论坛论文集》，2006 年 10 月。

[119] 魏宁：《欧佩克市场策略的经济学解读》，《技术与市场》2007 年第 1 期。

[120] 魏巍贤、林伯强：《国内外石油价格波动性及其互动关系》，《经济研究》2007 年第 12 期。

[121] 翁文波：《预测论基础》，石油工业出版社，1984。

[122] 吴汉洪、安劲萍：《卡特尔协议限制竞争行为的规制》，《中国人民大学学报》2006 年第 1 期。

[123] 吴昊、崔宇飞：《全球能源格局调整与东北亚能源合作》，《东北亚论坛》2017 年第 4 期。

[124] 习文静：《石油储备模型研究》，《工业技术经济》2008 年第 12 期。

［125］夏大慰、陈代云：《我国石化工业产业组织研究》，《财经研究》2000 年第 12 期。

［126］夏四友、郝丽莎、唐文敏、崔盼盼、吴凤连：《复杂网络视角下世界石油流动的竞合态势演变及对中国石油合作的启示》，《自然资源学报》2020 年第 11 期。

［127］夏妍：《中国石油价格风险评价与价格预测研究》，江苏大学硕士学位论文，2017。

［128］徐东、高永刚：《关于我国国产原油定价问题研究》，《价格理论与实践》2017 年第 4 期。

［129］徐凯、常军乾：《我国石油安全的灰色物元分析研究》，《中国矿业》2011 年第 3 期。

［130］徐小杰：《金融危机对石油产业的影响与有关建议》，《国际经济评论》2009 年第 3 期。

［131］徐孝明：《论 20 世纪 70 年代初国际石油权力结构的变迁——对"德黑兰协定"和"的黎波里协定"的考察》，《湛江师范学院学报》2012 年第 2 期。

［132］许金华、范英：《油价结构性变化检验与动态监控研究》，《数理统计与管理》2010 年第 1 期。

［133］许勤华、李坤泽：《美国退出中的国际原油定价机制变化及其地缘影响》，《国际石油经济》2020 年第 9 期。

［134］薛力：《中国的能源外交与国际能源合作》，中国社会科学出版社，2011。

［135］杨光、姜明新：《石油输出国组织》，中国大百科全书出版社，1995。

［136］杨文彬：《欧佩克在世界权力结构中的地位变迁》，《西亚非洲》2003 年第 1 期。

[137] 杨夏鸣：《高价原油：原因、影响及中国的对策选择》，《世界经济与政治论坛》2005年第2期。

[138] 杨玉峰：《从不同视角看全球石油市场》，《中国能源》2011年第9期。

[139] 杨志、白泽生：《石油问题的经济学研究》，石油工业出版社，2009。

[140] 于宏源：《地缘政治视域下国际石油价格的震荡及应对》，《国际展望》2020年第6期。

[141] 于宏源、李威：《创新国际能源机制与国际能源法》，海洋出版社，2010。

[142] 余际从、雷涯邻：《经济全球化与国家油气安全战略》，地质出版社，2003。

[143] 余建华：《欧佩克发展历程与新世纪挑战》，《阿拉伯世界研究》2006年第6期。

[144] 曾燕萍、安振：《"一带一路"新形势下中国石油运输安全战略研究》，《国际经济合作》2018年第1期。

[145] 张宏民：《石油市场与石油金融》，中国金融出版社，2009。

[146] 张建新：《全球能源安全逆向演变与中国战略》，《人民论坛·学术前沿》2016年第22期。

[147] 张蕾累：《中国石油市场价格机制现状及改革措施分析》，对外经济贸易大学硕士学位论文，2007。

[148] 张茂荣：《疫情下国际能源格局新变化及对中国的影响》，《国际石油经济》2020年第11期。

[149] 张庭婷：《"一带一路"与中国石油储备——中国与海湾六国能源合作研究》，上海交通大学出版社，2018。

[150] 张意翔、孙涵、成金华：《国内外原油价格关系的动态分析》，

《管理学报》2007年第7期。

［151］张宇燕、管清友：《世界能源格局的演进、现状及其未来》，《中国远洋航务》2007年第8期。

［152］张跃军、范英、魏一鸣：《基于GED-GARCH模型的中国原油价格波动特征研究》，《数理统计与管理》2007年第3期。

［153］张照志：《欧佩克卡特尔特征研究》，《资源与产业》2010年第6期。

［154］张照志：《欧佩克石油政策演变规律及发展趋势》，《中国矿业》2010年第10期。

［155］张照志：《影响欧佩克石油政策的主要因素及其未来政策走向》，《资源科学》2011年第3期。

［156］张照志、王安建：《欧佩克卡特尔特征研究》，《资源与产业》2010年第12期。

［157］张照志、王安建：《欧佩克石油生产配额制度与油价关系研究》，《地球学报》2010年第10期。

［158］赵耀华、蒲勇健：《博弈论与经济模型》，中国人民大学出版社，2010。

［159］赵中伟：《欧佩克国家经济多元化战略对国际油价的长期影响》，《经济评论》2009年第2期。

［160］郑功：《20世纪70年代的两次石油危机与美国中东石油政策的调整》，南京大学博士学位论文，2015。

［161］中国国际石油化工联合有限责任公司、中国社会科学院数量经济与技术经济研究所：《中国石油产业发展报告（2019）》，社会科学文献出版社，2019。

［162］中国石油集团经济技术研究院（ETRI）：《2019国内外油气行业发展报告》，石油工业出版社，2020。

［163］ 中国石油勘探开发研究院（RIPED）：《全球油气勘探开发形势及油公司动态（2019 年）》，石油工业出版社，2019。

［164］ 周云亨、朱尔璞：《新冠危机中 IEA 成员国增储表现不一》，《中国石化》2021 年第 1 期。

［165］ 朱彤：《OPEC 策略行为理论研究评述》，《经济理论与经济管理》2014 年第 2 期。

［166］ 朱雄关：《中国与"一带一路"沿线国家能源合作》，社会科学文献出版社，2019。

英文文献

［1］ Abbas Aflatooni, Leili Nikbakht, Oil Prices and Exchange Rates: The Case of OPEC. SSRN Working paper. available at: http: // ssrn. com/abstract = 1476839.

［2］ Adelman M. A. , "Modelling world oil supply", *Energy Journal* 1993, 14: 1-32.

［3］ Ahmad Saleh Alsalem, Subhash C. Sharma, Marvin D. Troutt. , "Fairness measures and importance weights for allocating quotas to OPEC member countries", *The Energy Journal* Vol. 18, No. 2. 1997.

［4］Alan J. MacFadyen, "OPEC and cheating: Revisiting the kinked demand curve", *Energy Policy* August 1993: 858-867.

［5］ Alberto Behar, Robert A. Ritz, "OPEC vs US shale: Analyzing the shift to a market-share strategy", *Energy Economics* 2017, （63）: 185-198.

［6］ Alhajji, A. F. , David Huettner, "OPEC and other commodity cartels: a comparison", *Energy Policy* 2000, 28 （12）: 1151-1164.

［7］ Amine Loutia, Constantin Mellios, Kostas Andriosopoulos, "Do

OPEC announcements influence oil price?", *Energy Policy* 2016, (90): 262–272.

[8] Ansgar Belke, Daniel Gros. A Simple model of an oil based global savings glut-the "China Factor" and the OPEC catel. Ruhr-Universität Bochum (RUB), Department of Economics Universitätsstr. 150, 44801 Bochum, Germany.

[9] Antonio Spilimbergo, "Testing the hypothesis of collusive behavior among OPEC members", *Energy Economics* 2001, (23): 339–353.

[10] Arda Saygın Köstem. Decomposition of Oil Price Changes. Wien, im November 2009.

[11] Ariel Cohen, James Phillips, Owen Graham. Iran's Energy Sector: A Target Vulnerable to Sanctions. Backgrounder No. 2508, February 14, 2011.

[12] Behar, A., Ritz, R. A., "OPEC vs US shale: analyzing the shift to a market-share strategy", *Energy Economics* 2017, (63): 185–198.

[13] Berg, E., Kverrndokk, S., Rosendahl, K. E., "Gains from cartelization in the oil market", *Energy Policy* 1997, 25 (13), 1075–1088.

[14] Bohi, D. R. M. A. Toman, "Energy security: externalities and policies", *Energy Policy* 1993, 21 (11): 1093–1109.

[15] C. A. Dahl, M. K. Yücel, "Testing alternative hypotheses of oil producer behavior", *The Energy Journal* 1991, 12 (10): 117–138.

[16] C. A. Dahl, M. K. Yücel. Modeling Macroeconomic Impacts of U. S. Oil Protectionist Policies. International Issues in Energy Policy, Development, and Economics. Boulder: Westview Press. 1992: 12.

[17] C. W. Yang, M. J. Hwang and B. N. Huang, "An Analysis of Factors Affecting Price Volatility of the US Oil Market", *Energy Economics* 2002, (24): 107-119.

[18] Celso Brunetti, Bahattin Büyükşahin, Michel A. Robe, Kirsten R. Soneson., "Do OPEC Members Know Something the Market Doesn't? "Fair Price" Pronouncements and the Market Price of Crude Oil. Working Papers Series, JEL codes: E31, Q4, G140, August 29, 2010.

[19] Charles F. Mason, Stephen Polasky, "What motivates membership in non-renewable resource cartels? The case of OPEC", *Resource and Energy Economics* 2005, 27 (4): 321-342.

[20] Chris Manolis, Arne Nygaard, Bard Stillerud, "Uncertainty and vertical control: an international investigation", *International Business Review* 1997, 6 (5): 501-518.

[21] Colin J. Campbell, "The end of cheap oil", *Scientific American* 1998, 278 (3): 78-83.

[22] Craig B. Hatfield, "Oil Back on the Global Agenda", *Nature* 1997-05, 387 (8): 121.

[23] Daniel Huppmann, Franziska Holz. A Model for the Global Crude Oil Market Using a Multi-Pool MCP Approach. German Institute for Economic Research (DIW Berlin) Mohrenstr. 58, 10117 Berlin, Germany.

[24] Dasgupta, P. S., G. Heal, "Optimal Depletion of Exhaustible Resources", *Review of Ecconomic Studies* 1974 (2): 3-28.

[25] Dawud Ansari, "OPEC, Saudi Arabia, and the shale revolution: Insights from equilibrium modelling and oil politics", *Energy Policy*

2017, (111): 166-178.

[26] Deaves, R., Krinsky, I. The behavior of oil futures returns around OPEC conferences. J. Futur. Mark, 1992, 12 (5), 563-574.

[27] Dées, S., Karadeloglou, P., Kaufmann, R. K., Sánchez, M., "Modelling the world oil market: Assessment of a quarterly econometric model", *Energy Policy* 2007, 35, 178-191.

[28] Derbali, A., Wu, S., Jamel, L., "OPEC news and predictability of energy futures returns and volatility: evidence from a conditional quantile regression", *Journal of Economics, Finance and Administrative Science*, 2020, https://doi.org/10.1108/JEFAS-05-2019-0063.

[29] Dermot Gately. A ten-year retrospective: OPEC and the world oil market. *Journal of Economic Literature* Vol. XXII, 1984, (9): 1100-1114.

[30] Donald D. Bergh. Product-Market Uncertainty, Portfolio Restructuring, and Performance: An Information-processing and Resource-based View. *Journal of Mangement* 1998, 24 (2): 135-155.

[31] Douglas B. Reynolds, Michael K. Pippenger, "OPEC and Venezuelan oil production: Evidence against a cartel hypothesis", *Energy Policy* 2010, (38): 6045-6055.

[32] Elin Berg et al., "Gains from Cartelization in the oil market", *Energy Policy* 1997, 25 (10): 1075-1091.

[33] Ellinor Zeino-Mahmalat. Gain Seeking in a "Double Security Dilemma": The Case of OPEC. GIGA Working Papers, 71/2008.

[34] Engle. R. F., Granger. C. J., "Cointegration and error correction: Representation, estimation and testing", *Econometrica* 1987, 55: 119-139.

[35] Eva Regnier, "Oil and energy price volatility", *Energy Economics* 2007, 29（3）：405-427.

[36] Ezzati. A., "Future OPEC price and production strategies as affected by its capacity to absorb oil revenues", *European Economic Revies* 1976, 8（2）：112-129.

[37] F. Brevik, A. Kind, "What is Going on in the Oil Market?", *Financial Markets and Portfolio Management* 2004, 18（4）：442-457.

[38] F. Wirl. Dynamic Demand and Optimal OPEC Pricing: An Empirical Investigation. *Energy Economics* 1990, 12（3）：174-176.

[39] Frondel, M., Horvath, M. The U. S. Fracking Boom: Impact on Oil Prices. Discussion Paper SFB 823, 2018,（Accessed 6 March 2019）. https://eldorado. tu-dortmund. de/bitstream/2003/37078/1/DP_ 1618_ SFB823_ Frondel_ Horvath. pdf.

[40] G. Maggio, G. Cacciola, "A variant of the Hubbert curve for world oil production forecasts", *Energy Policy* 37（2009）4761-4770.

[41] Gal Hochman, David Zilberman. OPEC and cheap fuel policies. The Energy Biosciences Institute and the USDA Economic Research Service under Cooperative Agreement No. 58-6000-6-0051, September 2011.

[42] Gately, D., "A ten-year retrospective on OPEC and the world oil market", *Journal of Economic Literature* 1984, 22（3）：1100-1114.

[43] Gately, D., "OPEC: Retrospective and prospects 1972 - 1990", *European Economic Review* 1983,（21）：313-331.

[44] Gately. D., "Strategies for OPEC's pricing and output decisions", *The Energy Journal* 1995, 16（3）, 1-38.

[45] Giacomo Luciani. Global oil supplies: The impact of resource nationalism and political instability. SSRN Working paper, No. 350, May 2011.

[46] Granger C. W. , "Spurious regression in Econometrics", *Journal of Econometrics* 1974, 2 (7): 111-120.

[47] Gray, L. C. , "Rent Under the Assumption of Exhtaustibility", *Quarterly Journal of Economics* 1914 (28): 466-489.

[48] Green, D. , "The world oil market: an examination using small scale models", *The Energy Journal* 1988, 9 (3): 61-76.

[49] Griffin, J. M. , "OPEC behavior: a test of alternative hypotheses", *American Economic Review* 1985, 75 (5): 954-963.

[50] Griffin, J. M. , Teece, D. J. , "OPEC behavior and world oil prices", *International Journal of Middle East Studies* 1985, 5 (7): 120-122.

[51] Griffin. J. M. , "OPEC and world oil prices: is the Genie back in the bottle? ", *Energy Studies Review* 1992, 4 (1): 27-39.

[52] Griffin, J. M. , Xiong, W. , "The incentive to cheat: an empirical analysis of OPEC", *Journal of Law & Economics* 1997, 40 (2): 289-316.

[53] Griffin, J. M. , "OPEC and world oil prices: is the Genie back in the bottle?", *Energy Studies Review* 2006, 4 (1): 27-39.

[54] Gülen, S. G. , "Is OPEC a cartel? Evidence from cointegration and causality tests", *The Energy Journal* 1996, 17 (2), 43-57.

[55] Gupta, R. , Yoon, S. -M. , "OPEC news and predictability of oil futures returns and volatility: evidence from a nonparametric causality-in-quantiles approach", *The North American Journal of*

Economics and Finance 2018, 45（C）: 206-214.

[56] Gupta, R., Lau, C. K. M., "Yoon, S. -M. OPEC news announcem ent effect on volatility in the crude oil market: a reconsideration", *Advances in Decision Sciences* 2019, 23（4）: 1-23.

[57] Hamed Ghoddusi, Masoud Nili, Mahdi Rastad., "On quota violations of OPEC members", *Energy Economics* 2017（68）: 410-422.

[58] Hadi Salehi Esfahani, Kamiar Mohaddes, M. Hashem Pesaran. An Empirical Growth Model forMajor Oil Exporters. CESIFO working paper NO. 3780 category 12: empirical and theoretical methods, march, 2012.

[59] Harald Schmidbauer, Angi Rösch., "OPEC news announcements: Effects on oil price expectation and volatility", *Energy Economics* Volume 34, Issue 5, September 2012, Pages 1656-1663.

[60] Harri Ramcharran, "OPEC's production under fluctuating oil prices: further test of the target revenue theory", *Energy Economics* 2001,（23）: 667-681.

[61] Harri Ramcharran, "Oil Production Responses to Price Changes: an Empirical Application of the Competitive Model to OPEC and Non-OPEC Countries", *Energy Economics* 2002, 24（2）: 97-106.

[62] Hnyilicza, E., Pindyck, R. S., "Pricing policies for a two-part exhaustible resource cartel: The case of OPEC", *European Economic Review* 1976, 8, 139-154.

[63] Horan, S. M., Peterson, J. H., Mahar, J., "Implied volatility of oil futures options surrounding OPEC meetings", *Energy J* 2004,

25（3），103-125.

［64］Hotelling, H., "The economics of exhaustible resources", *Journal of Political Economy* 1931, 39：137-175.

［65］Hubbert M K., "Energy from fossil fuels", *Science* 1949, 109（2823）：103-109.

［66］IEA. Global Oil Demand to Decline in 2020 as Coronavirus Weighs Heavily on Markets. https：//www. iea. org/news/global-oil-demand-to-decline-in-2020-as-coronavirus-weighs-heavily-on-markets，2020-03-09.

［67］J. D. Hamilton. Causes and Consequences of the Oil Shock of 2007-2008. Working Paper. Department of Economics, UC San Diego，2007.

［68］James L. Smith. Inscrutable OPEC? Behavioral Tests of the Cartel Hypothesis. Working paper, November 13, 2002.

［69］Ji, Q., Guo, J.-F., "Oil price volatility and oil-related events：an internet concern study perspective. Appl", *Energy* 2015,（137）：256-264.

［70］Jones, C. T., "OPEC behavior under falling prices：implications for cartel stability", *Energy Journal* 1990,（7）：117-134.

［71］Johany. A. D., "OPEC and the price of oil：cartelization or alteration of property rights", *Journal of Energy and Development* 1979, 5（1）：72-80.

［72］John Gault, Bahman Karbassioun, Charles Spierer, Jean-Luc Bertholet, "OPEC production quotas and their application to non-OPEC countries", *Energy Policy* January/February 1990：73-79.

［73］Gault J. et al., "How does OPEC allocate quotas?", *Journal of*

Energy Finance and Development 1999, 4: 137-148.

[74] Simpson J. Do the major oil companies anticipate OPEC production allocations? Working paper available at: http: // ssrn. com/abstract = 1162084.

[75] Jose Noguera, Rowena A. Pecchecnino, "OPEC and the international oil market: Can a cartel fuel the engine of economic development?", *International Journal of Industrial Organization* 2007, (25): 187-199.

[76] Jostein Tvedt, "The effect of uncertainty and aggregate investments on crude oil price dynamics", *Engergy Economics* 2008, 24 (6): 615-628.

[77] Kathleen L. Abdalla, "The changing structure of the international oil industry-Implications for OPEC", *Energy policy* 1995, 23 (10): 871-877.

[78] Kaufmann, R. K., Dées, S., Karadeloglou, P., Sánchez, M. Does OPEC matter? An econometric analysis of oil prices. Energy J. 2004, 25 (4). https://doi. org/10. 5547/ISSN0195-6574-EJ-Vol25-No4-4.

[79] Khalid M., Kisswani, "OPEC and Political Considerations when Deciding on Oil Extraction", *Journal of Economics and Finance* September 2011.

[80] Khalid M., Kisswani, "Does OPEC act as a cartel? Empirical investigation of coordination behavior", *Energy Policy* 2016, (97): 171-180.

[81] Konstantinos Gkillas, Rangan Gupta, Christian Pierdzioch, Seong-Min Yoon, "OPEC news and jumps in the oil market", *Energy Economics* 2021, (96): 1-9.

［82］ Kyle Hyndman, "Disagreement in bargaining: An empirical analysis of OPEC", *International Journal of Industrial Organization* 2008, (26): 811-828.

［83］ L. Kilian and B. Hicks. Did Unexpectedly Strong Economic Growth Cause the Oil Price Shock of 2003－2008? SSRN Working Paper, University of Michigan and CEPR, 2009.

［84］ Lin, S. X., Tamvakis, M., "OPEC announcements and their effects on crude oil prices", *Energy Policy* 2010, 38, 1010-1016.

［85］ Loderer, C., "The utility of wealth", *Journal of Political Economy* 1985, 60: 991-1008.

［86］ Loderer, C. A test of the OPEC cartel hypothesis: 1974－1983. J. Finance XL, 1985, (3), 991-1006.

［87］ Loutia, A., Mellios, C., Andriosopoulos, K., "Do OPEC announcements influence oil prices?", *Energy Policy* 2016, (90): 262-272.

［88］ Luís Aguiar-Conraria, Yi Wen. OPEC's Oil Exporting Strategy and Macroeconomic (In) Stability. Federal Reserve Bank of St. Louis Working Paper Series: 2011-013A.

［89］ Luis A. Gil-Alana, Yadollah Dadgar, Rouhollah Nazari., "An analysis of the OPEC and non-OPEC position in the World Oil Market: A fractionally integrated approach", *Physica* 2020, (A 541): 1-11.

［90］ Manfred Horn, "OPEC's optimal crude oil price", *Energy Policy* 2004 (32): 269-280.

［91］ Maull. H W. Raw materials, energy and western security. The Macmillan Press Ltd, 1984.

[92] Marc H. Vatter, "OPEC's kinked demand curve", *Energy Econpmics* 2017 (63): 272-287.

[93] Marie N. Fagan, "Resource depletion and technical change: Effects on U. S. crude oil finding costs from 1977 to 1994", *Energy Journal* 1995, 18 (4): 91-95.

[94] Marshall I. Goldman, Petrostate: Putin, Power, and the New Russia, New York: Oxford University Press, 2008, p. 83.

[95] Massimo Filippini, Mozhgan Alaeifar, Mehdi Farsi. Market behavior of OPEC countries: An Application of Panel data Models. 31st IAEE International Energy Conference: Bridging Energy Supply and Demand, Istanbul, June 18-20, 2008.

[96] Matteo Manera, Chiara Longo, Anil Markandya, Elisa Scarpa. Evaluating the Empirical Performance of Alternative Econometric Models for Oil Price Forecasting. Fondazione Eni Enrico Mattei Working Papers, 2007.

[97] Mensi, W., Hammoudeh, S., Yoon, S. -M., "How do OPEC news and structural breaks impact returns and volatility in crude oil markets? Further evidence from a long memory process", *Energy Economics* 2014 (42): 343-354.

[98] Mehrzad Zamani. An Econometrics Forecasting Model of Short-Term Oil Spot Price. IIES Energy Economist, 125 Zafar Tehran Iran, 6th IAEE European Conference 2004.

[99] Melvin A. Conant, Fern Racine Gold. The geopolitics of energy. Boulder, Colo. Westview Press, 1978.

[100] Michael C. Lynch, "Petroleum resources pessimism debunked in Hubbert model and Hubbert modelers' assessment", *Oil & Gas*

Journal 2003, 101 (27): 38-47.

[101] Michael Ye, John Zyren, Joanne Shore. Forecasting short-run crude oil price using high- and low-inventory variables. *Energy Policy* 2006 (34): 2736-2743.

[102] Mohammad Hassani, Afsaneh Dabbaghi. Iran's Oil Revenues Fluctuations: Analysis of External and Internal Factors (1970 - 2007). Working paper, 2009.

[103] Mohammad Hassani, Amirali Nojoomi, "AN ARDL Model of Factor Determining Iran's Oil Export Revenues (1971-2008) ", *International Review of Business Research Papers* 2010, (9): 17-35.

[104] Morteza Behrouzifar, Ebrahim Siami Araghi, Ali Emami Meibodi., "OPEC behavior: The volume of oil reserves announced", *Energy Policy* 2019, (127): 500-522.

[105] Nahla Samargandi, "Energy intensity and its determinants in OPEC countries", *Energy* 2019, (186): 1-10.

[106] Noha H. A. Razek, Nyakundi M. Michieka, "OPEC and non-OPEC production, global demand, and the financialization of oil", *Research in International Business and Finance* 2019, (50): 201-225.

[107] OPEC. Annual Statistical Bulletin2020. https://asb. opec. org/.

[108] OPEC. OPEC Statute. 2012.

[109] Paresh Kumar Narayan, Seema Narayan, "Modelling oil price volatility", *Energy Policy* 2007, 35 (12): 6549-6553.

[110] Pavel Molchanov. A statistical analysis of OPEC quota violations. Duke University working paper, April, 2003.

［111］Pindyck, R. S., "Gains to producers from the cartelization of exhaustible resources", *Review of Economic Statistics* 1978, 60 (2): 238-251.

［112］Porter R H., "Optimal cartel trigger-price strategies", *Journal Economy Theory* 1983, 29 (4): 313-338.

［113］Qiang Ji, Hai-Ying Zhang, Dayong Zhang., "The impact of OPEC on East Asian oil import security: A multidimensional analysis", *Energy Policy* 2019, (126): 99-107.

［114］R. B. Barsky, L. Kilian, "Oil and the Macroeconomy Since the 1970s", *Journal of Economic Perspectives* 2004, 18 (11): 115-134.

［115］R. Bacon, "Modelling the Price of Oil", *Oxford Review of Economic Policy* 1991, 7 (2): 17-34.

［116］Rafael Sandrea, "OPEC's Next Challenge-Rethinking Their Quota System", *Oil & Gas Journal* 2003, 06: 1-17.

［117］Rakesh Bharati, Susan J. Crain, Vincent Kaminski. OPEC Credibility and Clustering in Crude Oil Prices. Working paper, December 30, 2008.

［118］Rangan Gupta, Seong-Min Yoon, "OPEC news and predictability of oil futures returns and volatility: Evidence from a nonparametric causality-in-quantiles approach", *North American Journal of Economics and Finance* 2018, (45): 206-214.

［119］Ratti, R. A., Vespignani, J. L., "OPEC and non-OPEC oil production and the global economy", *Energy Economics* 2015, (50): 364-e78.

［120］Refk Selmi, Jamal Bouoiyour, Amal Miftah, "Oil price jumps and the uncertainty of oil supplies in a geopolitical perspective: The role of OPEC's spare capacity", *International Economics* 2020, (164): 18-35.

[121] Reza Ekhtiari Amiri Ku Hasnita Binti Ku Samsu Hassan Gholipour Fereidouni, "Iran's economic considerations after the war and its role in renewing of Iran-Saudi diplomatic relations", *Crooss-Cultural Communication* Vol. 6, No. 3, 2010, pp. 45-54.

[122] Richard A. Kerr, "The next oil crisis loom large-and perhaps close", *Science* 1998, 281 (21): 11, 28-31.

[123] Richard C. Duncan, "Three oil forecasts predict peak oil production", *Oil & Gas Journal* 2003, 101 (21): 18-21.

[124] Robert K. Kaufmann, "A model of the world oil market for Project LINK", *Economic Modelling* 1995, Vol. 12, No. 2, pp. 165-178.

[125] Robert K. Kaufmann., "Does OPEC matter? An Econometric Analysis of Oil Prices", *The Energy Journal* 2005, 25 (4): 67-92.

[126] Robert K. Kaufmann, Andrew Bradford, Laura H. Belanger, John P. Mclaughlin, Yosuke Miki, "Determinants of OPEC production: Implications for OPEC behavior", *Energy Economics* 2008, (30): 333-351.

[127] Rolf Golombek, Alfonso A. Irarrazabal, Lin Ma, "OPEC's market power: An empirical dominant firm model for the oil market", *Energy Economics* 2018, (70): 98-115.

[128] Ronald a. Ratti, Joaquin L. Vespignani, "OPEC and non-OPEC oil production and the global economy", *Energy Economics* 2015, (50): 364-378.

[129] Russell Brown. Critical path to the post-petroleum age. cited in ASPO newsletter, NO. 35. 2003-11: 9.

[130] S. Gürcan Gülen. Is OPEC a Cartel? Evidence from Cointegration and Causality Tests. Department of Economics Boston College, May 1996.

[131] Salant, S., "Exhaustible resources and industrial structure: A Nash-Cournot approach to the world oil market", *Journal of Political Economy* 1976, 84 (10): 1079-1093.

[132] Sahel Al Rousan, Rashid Sbia, Bedri Kamil Onur Tas, "A dynamic network analysis of the world oil market: Analysis of OPEC and non-OPEC members", *Energy Economics* 2018, (75): 28-41.

[133] Salman, R., "OPEC: time to move to production management", *Middle East Economic Survey* 2009, (3): D6-D7.

[134] Samuel J. Okullo, Frédéric Reynès, "Imperfect cartelization in OPEC", *Energy Economics* 2016, (60): 333-334

[135] Saša Žiković, Bora Aktan. Extreme movements and measuring risk in WTI oil prices. Working Paper, JEL: C14, C22, C46, G17, G32.

[136] Schmidbauer, H., Rösch, A., "OPEC news announcements: effects on oil price expectation and volatility", *Energy Economics* 2012, 34 (5): 1656-1663.

[137] Sel Dibooglu, Salim N. AlGudhea, "All time cheaters versus cheaters in distress: An examination of cheating and oil prices in OPEC", *Economic Systems* 2007, 31 (3): 292-310.

[138] Sharon Xiaowen Lin, Michael Tamvakis, "OPEC announcements

and their effects on crude oil prices", *Energy Policy* 38 (2010):
1010-1016.

[139] Stephane Dees, Pavols Karadeloglou, Robert K. Kaufmann,
Marcelo Sanchez, "Modelling the world oil market: Assessment of
a quarterly econometric model", *Energy Policy* 2010, 35 (1):
178-191.

[140] Stephen Haber, Noel Maurer, Armando Razo, "When the law
does not matter: the rise and decline of the Mexican oil industry",
Journal of Economic History 2003, 63 (1): 1-32.

[141] Stephen P. A. Brown, Hillard G. Huntington, "OPEC and world
oil security", *Energy Policy* 2017 (108): 512-523.

[142] Sweeney, J. L., "Economics of Depletable Resources: Market
Forces and Intertemporal Bias", *Review of Economic Studies* 1977
(2): 125-141.

[143] Tobias Rehrl, Rainer Friedrich, "Modelling long-term oil price
and extraction with a Hubbert approach: The LOPEX model",
Energy Policy 34 (2006) 2413-2428.

[144] Tony Klein, "Trends and contagion in WTI and Brent crude oil
spot and futures markets-The role of OPEC in the last decade",
Energy Economics 2018, (75): 636-646.

[145] Vincent Brémond, Emmanuel Hache, Valérie Mignon, "Does
OPEC still exist as a cartel? An empirical investigation", *Energy
Economics* 2011, 3 (19): 1-7.

[146] Wang, T., Wu, J., Yang, J. Realized volatility and correlation
in energy futures markets. J. Futur. Mark, 2008, 28 (10),
993-1011.

［147］Wilfrid L. Kohl，"OPEC behavior, 1998 – 2001", the *Quarterly Review of Economics and Finance* 2002, 42（3）: 209-233.

［148］Wirl, F., Kujundzic, A., "The impact of OPEC Conference outcomes on world oil prices 1984-2001", *Energy* 2004. 25（1）, 45-62.

［149］Werner Zittel and Jorg Schindler. Future world oil supply. International Summer School On the Politics and Economics of Renewable Energy at the University Salzburg, 2002-07-15.

［150］Zili Yang, "How Does ANWR Exploration Affect OPEC Behavior? A Simulation Study of an Open-loop Cournot-Nash Game", *Energy Economics* 30（2008）321-332.

后　记

本书是在我的博士学位论文和云南师范大学博士科研启动项目成果的基础上修改完成的。自 2013 年成稿至今，书稿分别在 2015 年、2018 年和 2020~2021 年经过三次重大增补和修改，陪伴我度过最重要的人生阶段——完成了从学生到高校教师，从单身到为人妻、为人母的角色转变。在本书即将出版之际，向所有给予我关心、帮助和指导的老师及至爱亲朋致以最诚挚的感谢。

感谢我的博士研究生导师——中国人民大学经济学院吴汉洪教授。能够成为吴老师的学生是非常幸运的事，感谢吴老师的谆谆教诲和倾囊相授，无论是在中国人民大学攻读博士学位期间，还是毕业工作以后，吴老师给予我无私的帮助、教导和启迪。吴老师渊博的学识、严谨的治学态度、正直谦逊的儒雅风度将会一直影响我，为我带来榜样的正能量。

感谢云南师范大学领导的支持和同事们的帮助，本书的出版得到"云南师范大学学术精品文库"项目的支持，学校相关部门为本书的出版提供了良好条件。

感谢社会科学文献出版社的吴云苓编辑及相关工作人员，他们认真负责的工作态度和高效有序的工作方式保证了本书的顺利出版。感谢他们在本书出版过程中的辛苦付出。

特别感谢我的家人。感谢我深爱的父母，感谢他们对我的养育之恩，如今他们又继续辛苦帮我一起照顾我年幼的儿女，他们的支持与鼓励是我继续前行的坚强后盾和不竭动力；感谢我的丈夫张庆雄先生，感谢他一直以来对我的爱与陪伴；感谢我的女儿张藤兮和儿子张埔熙，他们是我辛苦日子里的甜，感谢他们让我变得既柔软又坚强。

另外，本书在撰写过程中参考了大量国内外相关研究成果，借此机会，对这些成果的作者表示感谢。

本书的出版是我对"欧佩克市场行为和中国石油产业安全"专题进行研究的阶段性成果。国际石油市场风云变幻，欧佩克组织正处于内部冲突与协调、外部抗争与协作的动态发展过程中，而中国的石油产业蓬勃发展，机遇与挑战并存。我对相关领域的研究也将伴随整个石油领域的持续发展而不断深化。鉴于本人研究水平和能力所限，书中难免存在疏漏，甚至谬误，恳请社会各界专家、学者们不吝赐教。感谢！

路漫漫其修远兮，吾将上下而求索。

姜艳庆

2021 年 10 月 12 日

图书在版编目（CIP）数据

欧佩克市场行为与中国石油产业安全／姜艳庆著
.--北京：社会科学文献出版社，2021.12
（云南师范大学学术精品文库）
ISBN 978-7-5201-9298-9

Ⅰ.①欧…　Ⅱ.①姜…　Ⅲ.①石油输出国组织-市场
行为-影响-石油工业-产业发展-安全评价-中国
Ⅳ.①F426.22

中国版本图书馆 CIP 数据核字（2021）第 227900 号

·云南师范大学学术精品文库·
欧佩克市场行为与中国石油产业安全

著　　者／姜艳庆

出 版 人／王利民
组稿编辑／邓泳红
责任编辑／吴云苓　张　超
责任印制／王京美

出　　版／社会科学文献出版社·皮书出版分社（010）59367127
　　　　　地址：北京市北三环中路甲 29 号院华龙大厦　邮编：100029
　　　　　网址：www.ssap.com.cn
发　　行／社会科学文献出版社（010）59367028
印　　装／三河市龙林印务有限公司

规　　格／开 本：787mm × 1092mm　1/16
　　　　　印 张：21　字 数：270 千字
版　　次／2021 年 12 月第 1 版　2021 年 12 月第 1 次印刷
书　　号／ISBN 978-7-5201-9298-9
定　　价／128.00 元

读者服务电话：4008918866